U0514398

常态下地方经济增长质量和效益的监测预警及政策体系研究

Research on the Monitoring, Early Warning and Policy System of the Quality and Efficiency of local

ECONOMIC GROWTH

Under the New Normal

任保平 等 ◎著

中国财经出版传媒集团

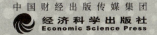

经济科学出版社

Economic Science Press

图书在版编目（CIP）数据

新常态下地方经济增长质量和效益的监测预警及政策体系研
究/任保平等著． -- 北京：经济科学出版社，2022.4
ISBN 978 - 7 - 5218 - 3618 - 9

Ⅰ.①新… Ⅱ.①任… Ⅲ.①区域经济－经济增长质
量－研究－中国 Ⅳ.①F127

中国版本图书馆 CIP 数据核字（2022）第 063960 号

责任编辑：杨　洋　卢玥丞
责任校对：孙　晨
责任印制：王世伟

新常态下地方经济增长质量和效益的监测预警及政策体系研究
任保平　等著
经济科学出版社出版、发行　新华书店经销
社址：北京市海淀区阜成路甲 28 号　邮编：100142
总编部电话：010 - 88191217　发行部电话：010 - 88191522
网址：www. esp. com. cn
电子邮箱：esp@ esp. com. cn
天猫网店：经济科学出版社旗舰店
网址：http://jjkxcbs. tmall. com
北京季蜂印刷有限公司印装
710×1000　16 开　14.5 印张　280000 字
2022 年 7 月第 1 版　2022 年 7 月第 1 次印刷
ISBN 978 - 7 - 5218 - 3618 - 9　定价：68.00 元
（图书出现印装问题，本社负责调换。电话：010 - 88191510）
（版权所有　侵权必究　打击盗版　举报热线：010 - 88191661
QQ：2242791300　营销中心电话：010 - 88191537
电子邮箱：dbts@ esp. com. cn）

目录
CONTENTS

第一章

导　论

　　党的十八大以来，加快转变经济发展方式、提高经济增长质量与效益再次成为学术界讨论的热点问题。在《中共中央关于制定国民经济和社会发展第十三个五年规划的建议》的说明中，习近平总书记指出，"'十三五'时期，我国发展既要看速度，也要看增量，更要看质量，要着力实现有质量、有效益、没水分、可持续的增长，着力在转变经济发展方式、优化经济结构、改善生态环境、提高发展质量和效益中实现经济增长"①。党的十九大提出我国经济已经由高速增长阶段转向高质量发展阶段。党的十九届六中全会通过的《中共中央关于党的百年奋斗重大成就和历史经验的决议》强调，"必须实现创新成为第一动力、协调成为内生特点、绿色成为普遍形态、开放成为必由之路、共享成为根本目的的高质量发展，推动经济发展质量变革、效率变革、动力变革。实现高质量发展是我国经济社会发展历史、实践和理论的统一，是开启全面建设社会主义现代化国家新征程、实现第二个百年奋斗目标的根本路径。"② 实现提高经济增长质量的目标需要运用宏观经济监测预警的理论与方法，加强对中国经济增长质量和效益的监测预警研究。

第一节　研究的价值和意义

一、理论价值与意义

　　本书基于中国经济新常态的特征和现状，在研究提升经济增长质量与效益的理论机理基础上，构建新常态背景下地方经济增长质量与效益的监测预警系统，

---

① 习近平. 关于《中共中央关于制定国民经济和社会发展第十三个五年规划的建议》的说明 [N].
人民日报，2015 – 11 – 4.
② 中共中央关于党的百年奋斗重大成就和历史经验的决议 [M]. 北京：人民出版社，2021：34.

在理论研究中具有重要的价值和意义：

第一，完善了以经济增长质量与效益为核心的监测预警理论。现有的宏观经济监测预警理论主要是数量型和速度型的，而且现有关于经济增长质量和效益的界定，虽然经历了从狭义到广义的演变过程，但是并没有完全考虑新常态经济转型和经济增速下滑的背景，所以需要针对中国经济转型和经济发展新常态的背景提出更为全面的经济增长质量与效益的界定，尤其是要体现经济增长转入中低速背景下，中国经济结构、收入分配、社会福利及生态环境等方面随着新常态下经济增长表现出的新特征，探讨以经济增长质量和效益为目标的监测预警机制，进一步完善以经济增长质量与效益为核心的宏观经济预警监测理论。

第二，促进了大数据支持下的经济增长质量与效益的监测预警系统的理论研究。现有宏观经济的预警监测理论不仅是以数量和速度为核心，而且是建立在"小数据"分析基础上，由于信息化的发展、互联网技术的进步与应用，宏观经济预警监测面对海量数据，需要充分利用大数据，构建大数据支持下的经济增长质量与效益的监测预警系统，对宏观经济预警监测的海量数据进行分析，提高宏观经济预警监测的科学性，促进了大数据支持下经济增长质量与效益的监测预警系统的理论研究。

第三，拓展了宏观经济监测预警系统设计理论的应用领域。目前关于经济监测预警机制的研究主要集中在关于宏观经济景气的预警机制研究，其中也涉及金融风险预警等，而且这些预警主要是以数量增长为核心，以整体国民经济系统为研究对象。而没有将经济监测预警机制与质量效益结合起来，没有利用大数据分析，更没有重点研究地方经济的预警监测。正是基于此，本书将监测预警机制与经济增长质量和效益有机结合，不仅为准确评价经济增长质量和效益提供了价值判断，而且把经济的监测预警扩展到大数据和新常态背景下，扩展到地方经济，拓展了宏观经济监测预警系统设计理论的应用领域。

二、应用价值与意义

中央政府报告多次强调发展地方经济的同时，要注意提高经济增长的质量与效益，但是无论是理论研究还是政策分析，都没有明确向中央和地方政府指出究竟什么样的经济增长是有质量和效益的增长，地方经济的增长和效益的状态是什么，不同地方经济提高质量和效益的重点问题在哪里。基于此，本书在经济增长新常态背景下，考虑资本收益递减、人口红利及土地红利等的消失对中国经济增长的影响，构建地方经济增长质量与效益的监测预警系统，为国家和地方政府在提高经济增长质量和效益方面的决策提供服务。从经济、社会、生态等多个维度对地方经济增长质量与效益进行预警和监测，对提高地方经济的质量和效益具有重要的应用价值和意义：

第一，本书研究建立地方经济增长质量与效益的监测预警系统，在新常态下对评价地方经济增长质量与效益具有重要的应用价值和意义。现有关于经济增长质量与效益的评价主要是从经济增长效率的角度进行分析，即使最新的研究将环境生态成本融入了经济增长质量与效益的评价，仍没有对经济增长的社会效益作出准确评价。基于此，本书构建的监测预警系统，不仅能够全面反映地方经济增长质量与效益的整体情况，还能够对经济增长质量的不同维度和指标进行连续观测，从而为分析地方经济增长质量与效益的整体、局部特征和发展状态提供可靠的分析依据。

第二，本书通过构建地方经济增长质量和效益的监测预警系统，在对地方经济增长质量各维度及相应指标的发展趋势做出较为准确的预测和分析方面具有重要的应用价值和意义。现有评价经济增长质量与效益的方法，如 DEA、SFA 及修正的三阶段 DEA 等方法，主要是基于过去经济实践和统计数据的分析，也可以说是对经济发展过程的评价。但是经济增长质量和效益的监测预警系统，不仅可以对现有发展状态进行判断和评价，还可以利用信息化、互联网和大数据分析，基于时间序列模型，对未来经济增长质量和效益的整体发展趋势、各维度未来发展方向进行预测，并通过红色、黄色、蓝色等标识提供地方经济增长过程中各维度偏离增长质量与效益的预警信息。

第三，利用大数据分析，在通过预警机制的信号识别系统能够为地方政府经济发展和政策的调整提供现实依据和方向指导方面具有重要的应用价值和意义。现有宏观经济政策和地方经济政策的调整，主要利用小数据分析，针对当前经济增长质量和效益过程中存在的问题进行"事后"调整，而本书欲通过建立经济增长质量和效益的监测预警系统，充分利用大数据分析，不仅可以帮助地方政府针对经济发展过程中存在的问题进行相应的宏观调控，还可以通过预警系统提供的预警信息，明确警限、寻找警源、分析警兆、通报警情，对未来可能影响经济增长质量的不稳定因素进行"事前"干预，保障地方政府的经济调控政策始终集中在提高经济增长质量和效益的方向上。

第二节 研究的主要问题和内容

一、研究的主要问题

一是研究如何克服现有宏观经济监测预警理论的缺陷，构建以提升经济增长质量和效益为目标的宏观经济监测预警的理论机理。针对现有宏观经济监测预警理论主要从数量和速度视角来研究宏观经济景气循环的监测预警，而无法有效应用于经济增长的质量和效益方面的监测预警，本书在理论上分析了经济增长质量和效益的内涵特征和价值判断，厘清经济增长质量和效益的判断维度，运用经济预测学的理论与方法，构建经济增长质量监测预警的理论模型，并在此基础上研究以经济增长数量和效益为目标的宏观经济监测预警的理论机理，进而为新常态背景下我国地方经济增长质量和效益的监测预警提供理论依据。

二是研究如何构建经济增长质量和效益的监测预警指标体系。针对现有关于经济增长质量和效益的研究重视历史和现状的测度评价，而忽视对未来的预测和预警的现状，本书依据经济增长质量和效益的理论分析框架，通过构建地方经济增长质量和效益的监测预警指标体系，在对新常态下我国地方经济增长质量和效益进行测度和评价基础上，进一步对未来的变化状况进行仿真模拟和预测，从而能够更为准确地把握我国地方经济增长质量和效益的基本状态和未来趋势。

三是研究如何把监测预警对象从宏观经济整体监测预警转向地方经济监测预警，从而构建地方增长质量和效益的监测预警系统。针对过去我国地方经济增长过程中重数量而轻质量的政策导向，本书构建经济增长质量和效益的监测预警系统，运用地方经济的数据，对省域、区域、重点城市的经济增长质量和效益进行监测预警，明确警情、寻找警源、分析警兆、预报警度，对地方经济经济增长质量和效益各项指标信息进行综合分析，对地方经济增长中在质量效益方面的偏离程度、风险状态进行综合判断，从而为地方经济增长质量和效益提升的监测预警系统和政策支撑体系构建提供现实依据。

二、研究的主要内容

本书的主要内容包括：

一是经济增长质量和效益监测预警的理论机理分析。数量型增长和质量效益型增长是经济增长理论同一问题的两个方面，一个完整的经济增长理论应该包括数量增长和质量效益提升两个方面。监测预警地方经济增长的质量和效益，意味着对地方经济增长的关注点由关注经济增长速度、规模和动力延伸到了关注经济增长的优劣判断。基于此，本书在理论上通过对经济增长质量和效益的基本内涵和价值判断进行分析，从经济增长的效率提高、结构优化、稳定性提高、福利分配改善、资源和生态环境代价低、国民经济素质提高的几个维度构建经济增长质量和效益监测预警的理论维度。通过构建地方经济增长质量监测预警模型，阐释地方经济增长质量和效益监测预警的理论机理，为地方经济增长质量和效益的监测预警提供理论依据。

二是新常态下我国地方经济增长质量和效益监测预警指标体系的构建。在经济新常态转型大背景下，经济增长研究重点从关注数量转向了关注质量和效益。但目前宏观经济监测预警指标体系缺乏对经济增长质量和效益监测预警，这成为了新常态下宏观经济监测预警中的难题。因此，针对这一问题，本书建立了经济增长质量和效益监测预警指标体系，选择合适的监测预警方法，从省域、区域和重点城市三个层面具体测度地方经济增长质量和效益的状况，并构建基于 SD 模型的经济增长质量和效益仿真模拟模型，对三个层面的地方经济增长质量和效益进行预测，进而为后续的监测预警系统构建和政策措施的制定提供实证基础。

三是新常态下我国地方经济增长质量和效益预警系统的构建。要进行地方经济增长质量和效益的监测，就要确立经济增长质量合理区间，这样才能对地方经济增长和效益的进行监测预警，从而为提高地方经济增长质量提供决策参考。为了实现这一目标，本书选取适宜的宏观经济监测预警方法，开发监测预警平台。利用现代数据分析技术确定地方经济增长质量和效益的预警警限、警度和警级，进而构建经济增长质量和效益的预警系统，并对系统进行运行测试，保证系统的稳定性和可靠性，在此基础上将地方经济增长质量和效益的基本数据输入预警系统，对新常态下我国三个层面的地方经济增长质量和效益进行模拟监测和预警。

四是新常态下我国地方经济增长质量和效益的政策支撑体系构建。新常态是中国经济结构重构、增长动力重塑和经济再平衡的过程，是以速度换取质量的过程。因此，要主动适应新常态，构建以推动经济增长质量和效益提升为导向的政策支撑体系。并以这些政策体系为基础，探索新常态下政策目标从短期向长期的转型、政策导向从需求向供给的转型，进而提出相应具体的人力资本政策、技术创新政策、产业政策和区域政策，为地方经济增长质量和效益的提升提供政策依据。

第三节　总体研究框架

本书按照"理论研究——实践研究——政策研究"的逻辑来构建研究框架。

第一层次理论研究：理论机理研究。拓展宏观经济监测预警理论，构建经济增长质量和效益监测预警的理论框架，建立经济增长质量效益监测预警的数理模型，形成经济增长质量和效益监测预警的基本逻辑。并进一步研究向质量型增长监测预警的转型路径，在此基础上研究经济增长质量和效益监测预警的理论机制。

第二层次实践研究：新常态下地方经济增长质量和效益的测度模拟和监测预

警。依据经济增长质量和效益的理论维度，结合中国经济新常态的特征，构建相应的监测预警指标体系。在现有宏观经济监测预警的理论基础上形成经济增长质量监测预警的方法。对新常态下我国地方经济增长质量和效益进行监测评价和仿真模拟，探索地方经济增长质量和效益的基本状态和变化趋势。构建新常态下我国地方经济增长质量的预警系统，通过分析提升地方经济增长质量的制约因素，研究新常态下我国地方经济增长质量的提升问题。

第三层次政策研究：新常态下地方经济增长质量和效益提升的政策支撑体系构建。构建包括结构转化、创新驱动、经济社会协调发展和福利分配改善等方面的政策支撑体系，探索新常态下政策目标和导向应该实现的相应转型，以及在此基础上从宏观到微观的相应政策优化。

第四节　研究思路和研究方法

一、总体思路

本书沿着"理论机理分析——测度评价与模拟预测分析——预警系统构建——政策支撑体系构建"的研究思路进行研究：

首先，拓展现有的宏观经济增长监测预警理论框架，依据经济增长质量和效益的内涵、理论维度，结合宏观经济监测预警理论，构建经济增长质量和效益的监测预警模型，研究经济增长质量和效益监测预警的理论机理，建立地方经济增长质量和效益的监测预警分析框架。

其次，基于新常态下质量效益型发展导向的大背景，根据所构建的经济增长质量监测预警的指标体系，对新常态下我国地方经济增长质量和效益进行测度，并构建系统动力学仿真模型，利用大数据分析技术，对地方经济增长质量和效益未来的变化趋势进行模拟和预测。

再次，对新常态下地方经济增长质量和效益进行具体的预警分析，通过确立新常态下我国地方经济增长质量和效益的衡量标准和合理区间，基于宏观经济预警的方法和思路，构建地方经济增长质量和效益的预警系统，从而为决策提供参考。

最后，依据监测预警分析结果，从结构转化、创新驱动、经济社会协调发展和重构福利分配四大层面构建新常态下提升我国地方经济增长质量和效益的政策支撑体系，从而实现政策导向的转变和具体政策措施的调整。

二、研究视角与研究路径

本书对中国地方经济增长质量和效益的监测预警研究在视角和路径上实现了四个转变：

第一，研究背景从旧常态下的数量增长导向转变为新常态下的质量效益型增长导向。追求质量和效益是新常态背景下经济增长的关键，本书对我国地方经济增长监测预警的研究主要以新常态下的质量效益导向，研究我国地方经济增长质量和效益的监测预警系统，以及我国地方经济增长质量的提升机制。

第二，研究着眼点从短期波动的监测预警转向长期质量提升的监测预警。传统的宏观经济监测预警模型大多关注短期的经济基本面，其构成要素包括各项短期经济指标，而本书的一个创新点是对影响经济增长质量和效益的长期因素进行监测预警，从而实现经济长期可持续的发展。基于此，本书的政策着眼点也从短期的货币政策、财政政策扩展到了扩大生产可能性边界的产业政策、人力资本政策和技术进步政策方面。

第三，研究方法从偏重定性分析转向定性分析与大数据分析的结合。针对当前宏观经济监测预警偏重数量和速度的特征，以及经济增长质量和效益的相关研究偏重定性分析的特点，本书将宏观经济监测预警的方法与经济增长质量和效益的评价方法相结合，注重定性分析与大数据分析的结合，运用现代数据挖掘和深度学习的分析技术进行地方经济增长的质量和效益的监测预警，并通过构建系统动力学仿真模型对地方经济增长质量和效益进行模拟预测。

第四，研究重点从整体宏观经济监测预警转向地方经济监测预警。现有经济增长质量和效益的研究和测度主要集中于整体宏观经济上，而忽视经济增长质量和效益的空间分布状态，缺乏从地方经济视角进行经济增长质量和效益中微观角度的研究。本书将经济增长的质量和效益从过去的重视整体研究，转向地方经济、区域经济及重点城市经济增长质量和效益的监测预警研究。

三、研究方法和技术路线

（一）具体的研究方法

第一，宏观经济预警方法。运用宏观经济预警方法来实现新常态下我国地方经济增长质量和效益监测预警体系构建，重点运用了人工神经网络（ANN）预警方法，并在基于 ANN 预警方法基础上，采用了 BP 神经网络预警方法来建立具体的网络预测模型。

第二，系统动力学分析方法。基于系统动力学，构建经济增长质量和效益的SD仿真模型，具体分析经济增长质量和效益系统的因果反馈及效率、结构、波动性、福利变化与成果分配、资源和生态环境代价、国民经济素质等六个子系统的内部机制。并模拟经济增长质量和效益的运行机制，并进一步调整系统内部的关键参数。

第三，典型地区调研与问卷调查法。由于中国地域广大，经济发展区域差异性较大，这就需要对不同地区进行调研考察，需要针对不同的要素禀赋结构提出具体的增长动力形成机制，以提升各地经济增长的质量和效益；同时根据研究需要，一些行业和地区的数据必须通过实地调研和问卷调查来获取，特别是一些微观行业和企业数据，从而弥补国家统计部门统计数据的不足，为本书研究提供更完善的数据支持。

第四，数理分析法。通过最优化和动态随机一般均衡分析（DSGE），构建经济增长质量和效益监测预警的理论模型，并在此基础上研究地方经济增长质量和效益监测预警的理论机理。运用非参数估计和半参数估计方法对经济增长质量和效益涉及的效率维度进行测算。

第五，统计与计量分析法。建立监测预警指标体系，运用多指标综合评价方法对地方经济增长质量和效益进行测度和评价。在对各省区和重点城市的经济增长质量和效益的结果进行聚类分析的基础上，分析新常态下我国地方经济增长质量和效益的特征。

第六，仿真与可视化技术。从地方经济增长质量和效益监测预警的角度，按照经济增长质量和效益的监测、预测、预警、政策四个模块，开发地方经济增长质量和效益监测预警平台，建立监测预警的数据库。在建立系统的经济增长质量和效益监测预警数学模型基础上，将它转换为适合在计算机上编程的仿真模型，然后对模型进行仿真试验，以实现对地方经济增长质量和效益监测预警。

（二）技术路线

首先，本书通过演绎和归纳方法对现有文献进行梳理，将宏观经济监测预警理论与经济增长质量理论相结合，对现有的宏观经济监测预警理论进行拓展，构建经济增长质量和效益的监测预警模型，形成以经济增长质量和效益为目标的监测预警分析框架。

其次，通对新常态下我国地方经济增长质量和效益进行测度和评价，通过聚类分析得出其基本特征并进行分类，进一步基于系统动力学构建仿真模型，对我国地方经济增长质量和效益进行仿真模拟预测，分析我国地方经济增长质量和效益的未来趋势和特征。

最后，通过基于ANN的BP神经网络方法构建新常态下我国地方经济增长质量和效益的预警系统，并进行预警分析和判断，明确警情、寻找警源、分析警兆、预报警度，判断问题和风险，为决策提供依据。依据测度模拟结果及监测预警的具体状况提出新常态下提升我国地方经济增长质量和效益的政策支撑体系。

第五节　研究的创新之处

第一，在问题选择方面，从经济增长质量和效益的角度提出了新常态背景下经济增长监测预警研究的新视角。现有关于宏观经济监测预警的研究都是基于数量和速度角度来进行的，监测预警指标往往关注的是增长数量和速度，而忽视了对经济增长质量和效益的监测预警。

因此本书结合现有的宏观经济监测预警理论与方法，提出了经济增长质量和效益监测预警研究的新视角，构建了经济增长质量和效益监测预警的理论维度和理论框架，从而为经济增长质量和效益的监测预警提供理论基础。

第二，在研究框架方面，构建了"理论研究——实践研究——政策研究"的经济增长质量和效益监测预警的新框架。对于经济增长质量和效益的研究，目前的文献主要是从规范分析的角度进行研究，或是通过一些经济指标进行统计分析，这样虽然能够给政策抉择提供方向上的指导，但不能起到更具体和精确的参考作用。

基于此，本书立足于现有经济增长和经济发展理论及经济预警理论研究的最新成果，构建了从经济增长质量和效益监测预警机理分析到测度模拟分析再到监测预警分析这一层层递进的研究框架：首先，通过经济增长质量和效益监测预警的理论框架分析提供课题的理论基础；其次，构建了经济增长质量和效益监测预警的指标体系，并运用大数据分析方法对三个层面的地方经济增长质量和效益进行了测度和评价，从而为本书提供了实证基础；最后，根据基于系统动力学构建了仿真模型，对未来地方经济增长质量和效益的变化趋势进行了模拟，并在此基础上采用大数据分析技术与方法构建了经济增长质量和效益监测预警系统，从而能够比较精确地确定政策的力度，为更科学地构建政策支撑体系提供基础。

第三，在研究方法方面，把系统动力学分析方法、经济监测预警方法和经济增长质量评价方法结合起来进行研究。从现有的研究成果来看，现有对宏观经济监测预警主要是基于数量和速度指标的，而对经济增长质量和效益的分析主要是运用逻辑演绎和归纳进行定性分析，或是通过一些统计方法进行测度层面的定量分析。但通过对增长质量和效益的评价仅能反映发展的当前状态，还比较难以对地方经济未来发展过程中的决策提供重要参考。本书在研究方法方面，把系统动力学分析方法、经济监测预警方法和经济增长质量评价方法结合起来进行研究，来构建基于质量和效益的监测预警方法。

第四，在研究工具方面，采用大数据分析方法开发了地方经济增长质量与效益监测预警的系统。以经济增长质量与效益监测预警的大数据分析为背景，采用现代计算技术和计量经济学的分析工具，把数据挖掘、数据分析、仿真预测与政策模拟结合起来，开发经济增长质量与效益监测预警的平台，对新常态下我国地方经济增长质量与效益进行监测预警、仿真模拟和未来预测。本系统具有监测、景气、预测、预警、对策、数据、关于、成果共八大功能模块，通过统计数据、调查数据、互联网数据三种不同来源数据，对全国八大区域、31 个省（区、市）、37 个重点城市的经济增长质量和效益进行监测预警。

基于此，本书运用系统动力学的基本方法对各地经济增长质量和效益进行模拟，从而获得其未来变化趋势，在此基础上构建了新常态下我国地方经济增长质量和效益的监测预警系统，从而能够更加明确地方经济发展中的具体决策选择，为政策支撑体系构建提供依据，以此实现研究方法和分析工具层面的创新。

第二章

文 献 述 评

第一节 新常态下经济增长研究的综述

习近平总书记指出："我国发展仍处于重要战略机遇期，我们要增强信心，从当前我国经济发展的阶段性特征出发，适应新常态，保持战略上的平常心态。"[①] 面对我国经济发展长期积累的不平衡、不协调、不可持续的突出问题，以及增长速度换挡期、结构调整阵痛期、前期刺激政策消化期"三期叠加"的复杂局面，传统发展模式难以为继。对此，党中央审时度势作出"我国经济发展进入新常态，已由高速增长阶段转向高质量发展阶段"的重要判断[②]。从当前我国经济发展的阶段性特征出发，"要把适应新常态、把握新常态、引领新常态作为贯穿发展全局和全过程的大逻辑"[③]，从而为推动经济发展的质量变革、效率变革、动力变革奠定坚实基础。

鉴于此，围绕近年来的相关研究文献，本书从新常态内涵、特征、发展机遇及新常态下经济增长潜力开发这四个方面来对新常态下我国经济增长问题进行梳理总结和综述性分析。

一、关于经济发展新常态内涵不同观点的研究

新常态是我国经济发展进入新阶段所呈现出的一种新状态，具有丰富的内涵。如何对经济发展新常态的内涵进行界定和解读，将直接决定着相关问题的研

---

① 中共中央文献研究室．习近平关于社会主义经济建设论述摘编［M］．北京：中央文献出版社，2017：73.
② 中共中央关于党的百年奋斗重大成就和历史经验的决议［M］．北京：人民出版社，2021：34.
③ 中共中央宣传部．习近平总书记系列重要讲话读本（2016 年版）［M］．北京：学习出版社人民出版社，2016：141.

究视角、研究范围、研究方法和研究内容。因此，现有的文献从不同的视角切入，对经济发展新常态的内涵有着各种不同的研究，主要形成了五种论点，分别是经济发展阶段论、经济增长质量论、制度改革论、过程目标论和战略思维论。

（一）经济发展阶段论

一些学者在对我国经济长期以来发展的历程进行研究后认为，经济发展新常态是各种客观条件改变后产生的，是我国经济发展必然要经历的一个阶段。在历经 30 多年高速成长后，我国经济已进入到更高水平的发展阶段，这是经济运行必然导致的一个结果（李元华，2015）。贾康（2015）也持类似观点，我国经济出现了阶段性变化，从而形成了"以中高速增长的新阶段取代高速增长旧阶段的一种稳定状态"。中国经济正处于高速增长向中高速增长的转换期，新常态就是在此背景下形成的一种新的稳定的增长轨道或状态。这也是一种符合经济内在逻辑的变化过程（王一鸣，2014）。在经济增长阶段转换的背景下，新常态就是进入中高速阶段后我国经济所形成的一种新的稳定的增长轨道或状态（刘世锦，2014）。宏观调控方面，短期而言，经济稳定是重点，但宏观调控政策的取向也出现了不同的特征和变化；长期来看，新常态下的"稳增长"应着重依靠改革开放、拓展经济增长空间得以实现。这也可以理解中国经济在面临各种新机遇、新条件和新失衡后，出现并将长期稳定存在的状态（刘伟和苏剑，2014）。至于新常态形成的原因，石建勋、张悦（2015）提出了一个倒逼机制，认为新常态形成的两个关键因素是相对饱和的国内传统产业和消失的人口红利。新常态是结构矛盾凸显、红利逐渐减少等各种因素共同作用所导致的，说明我国市场化水平又上了一个新的台阶（齐建国等，2015）。

另一些学者在通过对其他经济体发展历程的研究后，将新常态下的中国经济置于世界经济的大环境中加以考察分析。他们认为"新常态"是许多发达经济体在经济增长中都会经历的过程，所以也将成为我国经济发展的一个必经阶段。根据张占斌、周跃辉（2015）的研究，长期高速增长后转变到中高速或低速增长，是世界各经济体普遍存在的一个规律，对我国而言也不例外，因此进入新常态也是经济发展的必然趋势。郭旭红（2015）在对亚洲"四小龙"和日本等经济体的经验总结后，提出我国的经济发展新常态是一种不可逆的稳定发展状态，是符合经济发展规律的。刘勇（2015）认为新常态是我国经济发展一个必然要经历的阶段，而进入新常态则是由经济体量增大，企业效率较低和外向型经济受世界金融危机影响增大共同作用的结果。

（二）经济增长质量论

经济进入新常态体现了我国经济由粗放型增长向集约型增长的重要转变，经济增长质量受到前所未有的关注。我国经济学界的泰斗厉以宁（2014）认为，与我国经济长期保持的高速增长相对而言，新常态下需更加注重质量上的提升和结构上的完善。我国经济学界的另一位泰斗吴敬琏（2015）提出，理想的经济发展新常态是能够在增速放缓的同时实现增长的质量提升、结构优化和效率提升，让人民得到更多实实在在的好处。南京大学人文社会科学资深教授洪银兴（2014）认为经济转向中高速增长是进入新常态的客观现实和标志性特征，因此就需要形成中高速增长、发展战略、宏观调控和发展动力四个层面的新常态相互支撑、协同促进的局面。李建波（2015）认为在历经30多年的高速增长后，支撑我国经济发展的客观条件都发生了根本上的变化，原有的发展方式难以为继。因而适应新变化、利用新条件、实现新均衡已迫在眉睫，而新常态正是在增长速度上、增长方式上和增长质量上共同达到一种更为合理的新状态。

（三）制度改革论

少数学者认为新常态的提出为我国下一步推进制度层面的改革提供了前提。李静、李文溥（2015）认为新常态是全面深化改革、从政府主导经济向现代市场经济转变、从中等收入经济体向发达经济体过渡的新的发展路径。与发达国家的状况不同，中国经济发展新常态的主题是"低增长时代寻求经济体制的改革"，试图为新一轮的增长创造制度基础（李稻葵，2014）。新常态的核心是"经济增长模式的转换"，这分别体现在增速的降低、结构的优化和动力的变革等方面，所面临的挑战也日趋复杂，这些都是我国经济转型进入关键期，经济体制改革进入深水区的鲜明特征（冯之浚和方新，2015）。

（四）过程目标论

个别学者提出，进入新常态是一个过程，新常态是经济发展未来的目标，而目前尚未进入新常态阶段。这与大多数学者所认为的2012年后我国经济已经进入新常态阶段的观点大相径庭。目前中国经济正处于向新常态过渡的阶段，这一阶段的核心要务是提升经济增长质量，具体而言就是在经济结构调整升级、增长动力转向创新驱动等方面有所作为（黄群慧，2014）。杨伊佳（2015）提出新常态是发展中的调整和调整中的发展相统一的历史过程，经济增长方式的转变是体现新常态的根本性特征和推动新常态形成与发展的逻辑主线，这既是世界经济发展一般规律的要求，也是中国经济发展的客观趋势。通过对我国经济发展的阶段变化、结构变化和制度环境变化各方面进行分析，李佐军（2015）也认为，目前我国经济并未迈入新常态阶段，进入新常态是未来中国经济的一个目标任务。

(五) 战略思维论

前述观点均是各位学者在对我国经济的发展历程和现状做出梳理后，而对新常态这一经济状态提出的见解。习近平总书记在省部级主要领导干部学习贯彻党的十九届五中全会精神专题研讨班开班式上发表重要讲话时强调："全党必须完整、准确、全面贯彻新发展理念。"① 新发展理念是中国共产党对经济发展理论的重大创新，具有丰富的科学内涵，要把新理念贯穿发展全过程和各领域，实现更高质量、更有效率、更加公平、更可持续、更为安全的发展（陈理，2021）。

二、关于经济发展新常态特征不同观点的综述

有学者认为新常态是对中国经济发展特征的一种精准概括（周文和方茜，2018）。2014 年 11 月，习近平总书记在亚太经合组织工商领导人峰会开幕式上的演讲中深刻总结了中国经济新常态呈现出的三个主要特点："一是从高速增长转为中高速增长。二是经济结构不断优化升级，第三产业、消费需求逐步成为主体，城乡区域差距逐步缩小，居民收入占比上升，发展成果惠及更广大民众。三是从要素驱动、投资驱动转向创新驱动。"② 围绕这一重要论述，学术界主要从经济增长速度、经济结构、经济增长方式、经济增长动力和风险与挑战等方面对经济发展新常态的特征展开分析。

(一) 经济增速的新常态

经济增速放缓是中国经济发展进入新常态最为直观的一个特征，关于我国经济增速下滑的原因，学者们所持的观点不尽相同。厉以宁（2014）认为出口的下降和产品过剩造成了经济增速的下滑。洪银兴和陈耀（2014）提出我国原有经济增长动力衰减是增速下滑的主要原因，具体表现为人口红利的消退和资源供给约束的趋紧。王一鸣（2014）则提出经济增速趋缓的一个重要原因是全球金融危机导致的外部需求不足，国内劳动人口减少和储蓄率下降。孙久文（2015）也将经济增速放缓的主要原因归结于世界经济增长乏力和国际贸易恢复缓慢。林毅夫（2015）认为国家外部因素是导致增长率下降的主要原因，我国经济的增长潜力还有待进一步激发。尽管有关我国经济增速下滑的原因众说纷纭，但学术界普遍认为经济增速换挡回落是经济发展中的一个规律，这一点对我国而言也不例外。

---

① 张洋. 深入学习坚决贯彻党的十九届五中全会精神　确保全面建设社会主义现代化国家开好局 [N]. 人民日报，2021 - 01 - 12 (001).
② 习近平. 谋求持久发展　共筑亚太梦想 [N]. 人民日报，2014 - 11 - 10 (002).

杨瑞龙（2015）认为我国经济下行主要不是周期性因素造成，而是由改革红利、全球化红利、人口红利、工业化红利等衰减而引发的潜在经济增长率下行所导致。中国经济现在已到了潜在增长率下降的阶段，因此这种经济下行是难以避免的。

（二）经济结构的新常态

中国经济进入新常态，不单单表现在经济增速的放缓，更表现在经济结构的优化（赵振华，2015），经济进入新常态也是进行经济结构优化调整的最佳时机（李建波，2014）。一方面，中国经济增长长期由第二产业主导，而2013年我国第三产业产值首次超过了第二产业，这成为我国工业化和产业转型进程中一个关键的转折点（黄群慧，2014）。然而，我国的产业发展在未来很长一段时期内仍然面临着工业部门产能过剩和服务业部门供给不足的矛盾，需要不断地调整产业结构（冯之浚和方新，2015）。近年来，以电子商务为代表的新兴产业迅猛发展，有力地促进了我国经济结构的优化升级（张占仓，2015）。另一方面，由于户籍管制的放松和新型城镇化的发展，未来我国区域经济发展的格局将出现巨大变化（李稻葵，2014）。具体表现在，传统意义上的东中西部格局将逐渐被打破，长江经济带等作为发展的重点区域将逐步崛起（陈启清，2014）。从历史经验来看，无论是对于发达经济体还是发展中经济体，无论是处于工业化后期还是工业化初期，经济结构调整的过程都是不可避免的。由此而论，经济结构的不断调整优化也必将是新常态下我国经济发展的一个重要特征。

足可见，新常态下我国服务业、战略性新兴产业和现代制造业的升级和培育迫在眉睫，因此政府应实施适应新形势的配套改革措施，为产业结构调整提供更加便利的条件（魏杰和杨林，2015）。

（三）经济增长方式的新常态

新常态背景下，经济发展的根本性问题是能否实现经济增长方式转变，经济增长能否有效提升人们的幸福感（贾康，2015）。原有的增长方式根本无法保证长期生产率的提升，同时还导致了严重的资源浪费和环境破坏，资源、环境及劳动力的约束日益凸显，经济发展新常态为经济增长方式的转变提出了新的要求。具体体现在经济增长质量不断提升，以及经济效益、生态效益和社会效益三者的全面提高（简新华和郭洋志，2015），将从要素规模驱动转向创新驱动（张来明和李建伟，2015）。此外，也可以在有效转变增长方式，提高经济增长质量过程中减轻增速放缓带来的冲击（吴敬琏，2015）。

（四）经济增长动力的新常态

增长动力的转变是新常态下我国经济增长的一个显著特征，具体表现为经济增长由主要依靠投资出口拉动转变为依靠国内消费和投资出口协调拉动，经济增长单纯依靠要素驱动的状况得以改变，创新驱动在引领经济发展中发挥主导作用。一方面，国际金融危机的持续影响导致世界市场持续低迷，对我国的出口造成巨大冲击（李稻葵，2014）。新常态背景下，出口拉动经济增长受限，投资对增长的促进作用也会有所减弱，消费逐渐取代投资占据主导地位，成为拉动经济增长的重要动力（洪银兴，2014）。另一方面，依靠要素投资拉动经济增长已不合时宜，增长动力必须寻求转换，科技创新引领发展的时代业已到来（李建波，2014）。新常态下，加强对外经济合作，也是实现创新驱动的重要途径。2017年5月14日，习近平主席在"一带一路"国际合作高峰论坛开幕式发表的主旨演讲中强调我国坚持创新驱动的发展战略，要将"一带一路"建成创新之路[①]。具体来讲，通过促进科技同产业、科技同金融的深度融合，合理优化创新环境，努力集聚创新资源。此外，中国将启动"一带一路"科技创新行动计划，加强同世界各国在数字经济、人工智能等前沿领域的合作，在创新驱动经济增长的过程中实现共赢发展。

（五）风险与挑战的新常态

在新常态下，我国经济必将面临一些前所未有的风险和挑战，集中表现在金融领域。金融对一个经济体而言是重要的核心竞争力。2017年7月，习近平总书记在全国金融工作会议上提出了做好金融工作的四项重要原则，其中一项就是"强化监管，提高防范化解金融风险的能力"。习近平总书记强调，"科学防范并化解系统性金融风险是贯穿金融发展始终的一个永恒主题。"[②] 因此要着力完善金融安全防线和风险应急处置机制，其关键在于健全风险监测预警和早期干预机制。就现阶段的情况来看，我国主要面临着高杠杆和泡沫化两大金融风险。首先，金融领域资源错配现象严重，资金大规模向垄断行业和国有企业流动，中小企业融资难的问题相当突出（郑嘉伟，2015）。受此限制，中小企业往往只能通过民间借贷等有限的途径来筹措资金，中小企业就必须要承担较高的联保联贷风险（连平，2014）。针对这一问题，国家通过供给侧结构性改革做为解决途径——推动经济去杠杆，要把国有企业降杠杆作为重中之重。其次，我国地方政府负有偿还责任的债务规模远高于同期地方的财政收入和经济总量（李元华，2015）。最后，受近年来房地产价格过热和土地财政等因素的作用，我国房地产市场风险增大，对经济总体运行带来的潜在不利影响增多。因此，要不断调整和优化中长期供给

---

① 习近平. 携手推进"一带一路"建设［N］. 人民日报，2017－05－15（003）.
② 服务实体经济防控金融风险深化金融改革 促进经济和金融良性循环健康发展［N］. 人民日报，2017－07－16（001）.

体系，合理引导投资行为，从而实现房地产市场的动态均衡和持续稳定。作为实际工作中的一个挑战，清理地方融资平台，化解金融风险将面临巨大阻力，其艰难程度不言而喻（刘世锦，2014）。

三、关于经济发展新常态机遇不同观点的综述

新常态下，我国经济面临的不单单是风险与挑战，各种发展机遇也将随之而来。近年来已有的文献主要从全面深化经济体制改革、优化经济空间发展格局、加快新型城镇化进程和扩大对外开放四个方面来阐述新常态下我国经济发展迎来的新机遇。

（一）全面深化经济体制改革

"九五"计划伊始，我国就着力借助经济体制改革推动经济发展转型，但多年来经济体制改革的成果却不尽如人意（吴敬琏，2015）。现如今我国经济发展进入新阶段，深化经济体制改革势在必行。党的十八届三中全会为我国全面推进并深化经济领域的体制改革指明了方向。学界目前对我国经济体制改革的研究主要集中在三个方面：其一，加快市场化改革。就是明确政府和市场的关系，继续简政放权，更多地通过市场来进行资源配置（高建昆和程恩富，2015）。同时，政府也要建立健全相关配套制度，消除市场壁垒，维护公平竞争的市场环境方面发挥作用（郑嘉伟，2015）。其二，推进国有企业改革。优化市场结构是优化资源配置、提高市场竞争效率的前提（张占斌和周越辉，2015）。因此，一方面要推进国有企业改革，提升国有企业效率；另一方面也要维护市场公平竞争，提升市场效率（金碚，2015）。其三，坚持金融体制改革。目前我国的金融业仍未实现完全的市场化，这一情况极其不利于资源配置效率的提高（钟经文，2014）。为了使资本市场更好地服务于实体经济的发展，必须全面推动金融的市场化，同时注重经济效益和社会效益（厉以宁，2014）。

（二）优化经济发展空间格局

我国经济发展的一个重要特征是空间差距较大，除了长期存在的城乡发展差距、东中西部区域间差距、各城市群间发展差距外，近年来还表现在南北经济增速由之前的"北快南慢"加速向"南快北慢"格局转变，南北方区域经济发展差距不断扩大（郑艳婷等，2021），这些差距长期制约着我国区域经济的均衡发展。对此，党的十九届五中全会通过的《中共中央关于制定国民经济和社会发展第十四个五年规划和二〇三五年远景目标的建议》中提出，要"坚持实施区域重大战略、区域协调发展战略、主体功能区战略，健全区域协调发展体制机制，完善新

型城镇化战略，构建高质量发展的国土空间布局和支撑体系"①。进入"十四五"时期后，推动区域协调发展仍然是一项重要的任务。一方面，区域间存在的发展差距能提供红利空间，在东西部具体表现为成本上升，使得东部地区失去了成本竞争中的传统优势，制造业必然寻求向中西部转移，而三大区域间差距的存在恰恰为中西部承接东部产业转移提供了基础条件，东部地区也能在此过程中实现产业转型的升级（郭旭红，2015）；在南北方具体表现为供给侧结构性改革促进了创新型要素的集聚、培育和高效利用，南北全要素生产率差距显著缩小（邓忠奇等，2020）。另一方面，新常态背景下"一带一路"倡议、京津冀协同发展等重大战略构想的陆续提出，旨在进一步促进国内外区域间的密切联系与合作发展，为我国经济空间层面的协调发展创造更为广阔的空间（李智，2014）。

（三）加快新型城镇化进程

二元经济结构及其导致的我国城乡发展差距已经成为阻碍我国经济社会长期协调发展的巨大"绊脚石"。按照孙久文（2015）的观点，城镇化能够为促进农村剩余劳动力就业，改善农村居民生活，缩小城乡发展差距提供一个有效途径。与发达国家普遍70%以上的城市化水平相比，我国城镇化带来的增长潜力还是相当大的（黄群慧，2014）。城镇化发展不仅能带动建筑业、交通运输业、通信产业业和服务业等诸多产业的发展，还能通过规模经济效应和集聚效应提升生产效率。因此，加快建设新型城镇化就显得尤为重要。

（四）扩大对外开放

王跃生（2015）认为中国经济新常态能够带来相应的世界经济结构调整和一定的国际经济条件改善，包括构建稳定开放的世界经济环境、市场开放、要素自由流动和贸易投资自由化，对外经济关系全方位发展，特别是与发展中国家的经济关系与合作全面加深，全球经济失衡结构的调整，以及中国在全球经济治理体系中的制度性话语权提升。

四、关于新常态下增长潜力开发不同观点的综述

新常态下我国经济仍具有巨大的增长潜力，当务之急是通过深化改革破解经济发展中的体制性、结构性矛盾，推进重点领域和关键环节的改革，使市场在资源配置中起决定性作用，同时更好地发挥政府作用（周文和陈跃，2017）。对此，

---

① 中共中央关于制定国民经济和社会发展第十四个五年规划和二○三五年远景目标的建议［M］. 北京：人民出版社，2020：23.

学界目前的研究主要集中在挖掘人口红利、刺激消费、鼓励创新等几个方面。

（一）人口红利再挖掘开发新常态的经济增长潜力

许多学者认为我国的人口红利正在衰减，经济发展即将失去劳动力成本优势，已经进入所谓的"刘易斯拐点"。新常态下，充分挖掘人口红利，更加合理地开发利用劳动力资源具有重要的意义。就长期而言，可根据实际逐步放松生育限制，增加劳动力供给，从而削弱人口红利消退的不利影响；就短期而言，可适当延迟退休年龄，提高城乡居民的劳动参与率（郑京平，2014）。个别学者则认为，提高劳动力供给量并非新常态下解决我国劳动力问题的长久之计。他们提出，必须充分挖掘边际效率远高于传统人口红利的人力资源红利，更加注重红利的质量。我国人力资源水平多年来处于上升态势，因此需不断加强对人力资源的开发利用，实现人口红利的再挖掘，能够为新阶段我国的经济增长提供源源不断的智力支持（郭旭红，2015）。

（二）消费拉动开发新常态的经济增长潜力

与发达国家的水平相比，我国的平均消费率明显不足，导致长期以来我国居民消费对经济增长的拉动效应与投资和出口无法比拟。党的十八大以来，适度扩大内需被反复提及，居民消费率逐年提高，呈现出积极的增长趋势。其中，城市中等收入群体是推动消费增长的主力军。根据刘世锦（2014）的估计，2020年我国城市中等收入人群对消费的贡献率将达到45%。且消费增加不仅体现在量上，还体现在个性化多样化的消费需求逐渐增多。由此可见，新常态下我国消费拉动经济增长的潜力也将是巨大的。首先，提高居民收入水平无疑有助于拉动居民消费，进而实现对经济长期而持久的拉力。因而政策上应在增加居民收入，增强消费能力上有所作为，让群众共享改革发展成果（洪银兴，2014）。其次，建立并完善社会保障体系，尤其注重改善弱势群体的福利状况是刺激消费拉动经济增长的一项重要举措（李智，2014）。最后，可通过提高城乡居民个人所得税起征点，减免中小企业的税收负担来实现增加消费、刺激增长的目的（贾康，2015）。

（三）创新驱动开发新常态的经济增长潜力

新常态背景下，经济增长的潜力必须通过创新驱动来激发。经济增长的一般理论认为，影响经济增长的主要因素有劳动力、自然资源、资本和技术进步4个要素。伴随劳动力、自然资源和资本的投入量的增加，产出起初是递增的，但不会无限制地增加。当要素投入对产出增长的贡献到达临界水平时，就会出现边际产出递减的现象。因此必须通过技术进步寻找新的经济增长点，而技术进步的关键在于创新。

国内学者对创新驱动的研究主要从 3 个方面切入：一是国内要素供给状况方面。由于人口红利逐渐减弱，资源环境约束不断趋紧，单纯依靠要素驱动的传统增长方式难以为继，因此亟须通过技术研发投入提高效率，实现增长方式从粗放型向集约型的转变（李建波，2015）。二是国际竞争方面。作为世界第二大经济体，我国有需要也有能力占领世界科学技术的制高点。创新与技术进步能极大提升产品附加值，增加企业利润，从而增强我国的比较优势，改善我国在全球分工体系和价值链中的地位（洪银兴，2014）。三是创新驱动经济增长的巨大潜力还表现在它能够支撑诸多新的经济增长点。创新具备其他要素所没有的高溢出效应和强扩散效应，这对于在单一产业内部和各产业间实现技术经验的充分共享大有裨益（王一鸣，2014）。新常态背景下，创新必将成为进一步激发我国经济增长潜力的最强动力源泉。

而针对如何更好地开发创新潜力，研究者们提出了以下建议：第一，政府要营造一个良好的创新环境，完善各项相关的政策配套措施，给予适当政策倾斜，从而降低企业创新研发活动的成本和不确定性，激发企业加大创新投入力度（李元华，2015）；第二，坚持培养国内人才和引进国际高级人才并重，提供创新的人才保障；第三，促进产学研相结合，加强高校、研究机构与企业间的合作，缩短知识从生产到应用和扩散的周期（冯之浚和方新，2015）。

（四）经济增长动力转换开发新常态的经济增长的潜力

经济增长的潜力是由长期的供给因素决定，因此要根据要素禀赋结构的变化，既要着眼于长远的宏观经济体系，也要重视微观经济运行中的各因素，努力发掘新的增长潜力。具体而言，就是要坚持调整结构、提高效率、优化供给这些主攻方向，培育再工业化、自主创新、完善体制、经济整合这些动力机制，实现微观、中观和宏观的有机结合，调整路径转型支持体系和政策支撑体系（任保平，2015）。其中，新常态下以工业化的逻辑开发我国经济增长潜力的路径尤为关键，这个路径的核心在于制造业的发展和现代化，基本思路是回归实体经济，通过将改造传统产业和发展新兴产业有机结合起来，振兴装备制造业，改造传统产业，发展制造服务业，从而构建一套现代化的产业体系。由此，要着重解决三个问题：一是处理好传统产业与现代产业的关系；二是拓宽传统产业技术创新的融资渠道；三是完善技术创新的社会服务体系（任保平和周志龙，2015）。

第二节　经济增长质量和效益研究的综述

党的十九大报告明确提出，我国经济已由高速增长阶段转向高质量发展阶段。党的十九届五中全会进一步指出，"十四五"时期经济社会发展要以推动高质量发展为主题，必须把发展质量问题摆在更为突出的位置，着力提升发展质量和效益①。伴随我国经济进入新发展阶段，传承党的领导下的经济发展质量思想，并受到新时代人民利益目标导向和意识形态自觉变革的引领作用（王琳和马艳，2021），理论界对经济增长质量和效益问题的研究日益深入，并取得了丰硕成果。本书从经济增长质量的内涵界定和具体测度两方面入手，从经济效率、经济结构、福利分配和资源环境同经济增长质量的关系等方面来对现有研究成果加以归纳梳理。

一、关于经济增长质量内涵界定的观点综述

对经济增长质量的内涵界定是研究经济增长质量问题的前提，直接决定着经济增长质量问题的研究视角、研究范围和研究内容。经济增长质量是一种具有规范性的价值判断，其内涵也会随着经济社会的发展不断变化，从而难以准确界定（任保平，2010）。目前学术界对经济增长质量的内涵解释主要有以下两种观点：

一种认为经济增长质量仅涵盖经济的范畴，属于狭义范畴。经济增长质量涵盖要素生产率、技术进步、人力资本、经济结构等多个方面，是对一定时期内国民经济的总体状况及其发展特性的综合评价，能够全面反映经济增长的优劣程度（李变花，2004）。也就是说，经济增长质量就是经济增长状况的好坏，而提高增长质量的目标就是满足民众的物质文化需求。具体而言，就是要以技术进步破除经济增长各个要素的制约条件，促进资源的有效配置和产业结构的合理化，最终实现国民经济素质的整体提高（陈新国和姜琛，2011）。从投入产出的角度来看，经济增长质量一方面表现为单位经济增长率所含有的剩余产品数量，另一方面又表现为单位经济增长率中投入的资金和物质的数量。由此可见，提高生产要素的组合质量、效率质量，以及生产要素再配置的质量是经济增长质量提升的关键所在（洪银兴，2010）。丁守海等（2021）从国内国际双循环的视角深入探究了我国在改革开放以来经济发展的阶段历程，并总结了经济高质量发展面临的挑战，以便找到中高速发展状态下实现经济高质量发展的路径。

另一种观点从广义角度提出，经济增长质量既要强调经济因素，还应注重社会环境各领域的影响，是一个涵盖经济社会多方面的综合性概念。根据陈海梁（2006）的定义，经济增长质量是"一定时期内同一国或一个地区在实现质量产品和服务总量增长的活动的优劣程度"，包含经济效益、经济结构、科技进步等7个方面。李俊霖（2007）也持类似的观点，认为经济增长质量是增长过程中表现

---

① 中共中央宣传部．习近平新时代中国特色社会主义思想学习问答［M］．北京：学习出版社，人民出版社：2021：242.

出的国民经济的优劣程度，具体涵盖增长的有效性、充分性、稳定性、创新性、协调性、持续性和分享型 7 个层面。马建新、申世军（2007）提出经济增长质量是一个经济体在经济效益、社会效益、经济潜力等诸多方面表现出的，体现了经济数量扩张路径的一致性与协调性。根据均衡和可持续发展理论，经济增长质量的内涵可从 3 个层面界定，即经济系统的投入产出效率、最终产品或服务的质量和环境生存质量（赵英才等，2006）。黄琴（2010）提出广义的经济增长质量可理解为对经济福利、激励机制、技术创新、供求结构和生产效率等诸多因素综合考量的结果，涵盖了丰富的内容。丁岳维等（2011）认为经济增长质量反映了一定时期内一国（或某一地区）在资源配置效率、协调发展、可持续及循环发展方面的整体优劣程度，其内涵体现了经济资源及增长要素的有效性、协调性及均衡性。与经济增长数量注重增长速度不同，经济增长质量考察的则是增长的优劣程度。经济增长质量的提高是增长的效率提升、结构优化、稳定性增强、福利分配改善、创新能力提高共同作用的结果（任保平，2012）。

综上所述，目前理论界对经济增长质量的内涵尚未形成统一的认识。但现有研究成果已经阐明，经济增长质量的内涵既强调经济的因素，也注重社会的影响；既包含经济增长过程的优化，还体现了经济增长结果的改善。

二、关于经济增长质量测度的观点综述

经济增长质量指标体系是对经济增长质量进行测度与实证分析所必需的基础性工具，对这一指标体系的构建具有重要的意义。与两种内涵观点相对应，现有的研究成果中也形成了两种关于经济增长质量测度的思路。

一种是狭义的思路，即仅考虑经济因素来测度经济增长质量。郑玉歆（2007）认为利用全要素生产率来测度经济增长质量存在一定的局限性：一方面，由于存在要素的长期影响和数据的局限性，在测度过程中可能会产生较大的偏差；另一方面，提高经济增长质量的一个核心目标是实现资源更有效的配置，而全要素生产率的上升并不能保证资源的有效配置。李强、刘庆发（2021）从竞争视角阐释了财政分权影响经济增长质量的内在机理，基于五大发展理念构建经济增长质量评价指标体系，探究财政分权对我国经济增长质量的影响。研究发现财政分权与经济增长质量间存在"U"型关系，即财政分权在短期抑制经济增长质量的提升，在长期将促进经济增长质量的改善。此外，财政分权使得地方政府间的竞争行为更加激烈，阻碍了经济增长质量的提升。李瑞、董璐（2021）从金融发展的角度探索驱动经济高质量发展的新动能，进一步分析了金融发展通过促进经济增长、技术进步、产业结构优化、环境改善和居民福利提升五个维度驱动经济高质量发展的影响机理，并采用结构方程模型分别测度了全国及东、中、西部

地区金融发展驱动经济高质量发展的影响效应。

另一种是广义的思路，即以综合性的评价指标体系来考量经济增长质量。赵英才等（2006）的评价指标体系是在经济增长质量内涵的基础上，分别从产出效率、产出消耗、产品质量、经济运行质量和生存环境质量5个方面选取了17个指标而构造的。康梅（2006）认为经济增长的三因素可归结为规模增长、硬技术进步和软技术进步，而通过将技术进步纳入全要素生产率来测度和评价经济增长质量的方法有失妥当。魏婕、任保平（2012）构建了一个包含37个具体指标的评价体系来测度经济增长质量。石凯、刘力臻（2012）根据"包容性增长"的内涵，从增长效果、增长效益、系统稳定性、民生及福利等几个方面入手，构建了一个四维三层的综合评价体系。向书坚、郑瑞坤（2012）着眼于经济增长模式的转型，通过构建经济运行质量指数、物质资源运行质量指数、人民生活质量指数和生态环境质量指数实现对经济增长质量的测度评价。史丽娜、唐根年（2021）从创新、协调、绿色、开放、共享五大层面出发，测度了我国各省份的高质量发展水平，并进行时空格局和障碍度分析。黄寰等（2021）通过构建高质量发展水平评价指标体系，测度了我国地区层面经济高质量发展的现有状态，并深入归纳分析了其时空演变特征。

由于目前学界对经济增长质量的内涵尚未有一个明晰的界定，直接导致现有评价指标体系未能达成明确的范围和统一的标准，对经济增长质量指标的选取可能是主观而片面的，这导致对经济增长质量的测度也许存在偏差，测度出的结果也可能具有一定的局限性。因此，需要从各个具体的维度或指标入手，来对经济增长质量作出尽可能全面而精确的测度、分析和评价。

三、关于经济效率与增长质量研究观点的综述

提高经济增长质量的关键在于破解理念缺失、人才匮乏、源动力不足等制约创新型经济增长的现实困境，发挥创新的积极引领作用（芦苇，2016），提高经济增长的效率。现有的文献主要从全要素生产率、技术效率、人力资本和要素配置效率这几个视角出发，展开对经济效率与经济增长质量关系的探究。

（一）全要素生产率（TFP）视角

钞小静、任保平（2008）运用全要素生产率（TFP）的贡献度对改革开放以来我国的经济增长质量进行了量化。通过实证研究后发现，能够反映出我国经济转型的市场化率、工业化率、城市化率3个指标与经济增长质量之间具有正向的相关关系，说明我国经济转型在一定程度上促进了经济增长质量的提高。刘丹鹤等（2009）采用增长核算法，从技术进步和TFP变动角度对我国1978～2007年的经济增长质量进行测度分析。结果发现我国的经济增长主要源自要素投入的增

加，而技术进步对增长的促进作用相对较小。蔡昉（2013）认为伴随"刘易斯拐点"的到来和"人口红利"的消失，中国经济逐步从二元经济发展阶段向新古典增长阶段转变，靠大规模政府主导型投资来维持经济增长已不可持续。亟待调整政策路径，从技术进步和体制改革中提高效率，最终实现经济增长向全要素生产率支撑型的转变。严成樑（2017）对改革开放以来我国经济增长的动力进行了核算，提出应从促进生产要素配置优化、提高劳动力数量和质量、推动技术创等方面更好地促进中国经济增长。

（二）技术效率视角

李剑、沈坤荣（2009）在技术外溢背景下构建了检验技术转化障碍的研究框架，分析了技术转化障碍与经济增长方式转变的关系。结果发现国有企业与非国有企业都存在技术转化障碍，但国有企业的研发效率只有非国有企业的一半，且国企研发并不存在所谓的技术外溢，非国有企业的研发活动则存在着技术外溢。朱承亮等（2009）基于对数型 Cobb—Douglas 生产函数的随机前沿模型，研究发现我国的经济增长主要由资本驱动，技术效率的贡献较低。柳剑平、程时雄（2013）利用世界银行世界发展指标数据库中 62 个发展水平不同国家的数据，将促成中国经济增长的成因归为技术效率、技术进步和资本积累，并将这三大驱动力的差异逐一加以分析。结果显示，与拉丁美洲、非洲及经济合作与发展组织（OECD）国家及成员方不同，我国的经济增长长期依靠资本积累驱动，而技术进步和技术效率对经济增长的驱动作用越来越弱。

（三）人力资本视角

卢方元、靳丹丹（2011）通过建立面板数据模型来对研发（R&D）投入与经济增长间的长期均衡关系进行实证分析，从而得出 R&D 投入对经济增长具有显著的促进作用，且 R&D 人员投入的产出弹性大于 R&D 经费投入的产出弹性这一结论。根据朱恒金、马轶群（2012）的研究，劳动力转移同经济增长方式质量及经济增长的稳定性不存在长期稳定关系，但劳动力的转移会增强经济增长的协调性，降低经济增长的持续性。李平等（2012）则采用系统广义矩阵估计的方法，着重分析了智力外流对流出国经济增长的影响。结果显示，我国智力外流通过激励人力资本形成与积累显著促进了国内的经济增长，这一现象在沿海发达地区更为明显。此外，智力外流通过人力资本的激励效应对经济增长的影响会随着智力外流规模的扩大而提高。

（四）要素配置效率视角

林毅夫、张鹏飞（2006）认为一国最适宜的技术结构内生决定于其要素禀赋结构。发展中国家选择与其要素禀赋结构相适应的技术结构，可以降低技术变迁成本，赶超发达国家的经济增长速度。一方面，要素价格的扭曲是我国经济形成资本和自然资源密集型这一增长方式的主要原因，所以必须推动经济增长路径的转换，避免片面强调集约型的增长方式，并消除要素价格体系的扭曲（林毅夫和苏剑，2007）。另一方面，要素市场化改革是当前和未来我国经济向高质量发展转型的必由之路，因此当务之急是明确政府和市场的作用边界，在破除要素流动的体制机制障碍的同时，通过政府精准施策来应对外部冲击和市场失灵（陈诗一和刘文杰，2021）。

四、关于经济结构与增长质量研究观点的综述

经济结构能够体现经济增长的协调性，经济增长质量的提高是实现经济结构优化的必然结果。已有研究主要从综合经济结构、产业结构、投资消费结构、金融结构、国际收支结构、所有制结构和城乡二元结构7个视角来阐述经济结构与经济增长质量的关系。

（一）综合经济结构视角

邵晓、任保平（2009）根据新中国成立以来的产业结构、就业结构和需求结构变迁史，研究了我国经济结构存在的偏差，并分析结构偏差的形成原因、转化机制及其对经济增长质量的影响。钞小静、任保平（2011）则从产业结构、投资消费结构、金融结构和国际收支结构这4个方面入手，以我国经济转型时期的省级面板数据为样本开展研究，结果显示我国1978～2007年经济增长结构与经济增长质量之间存在显著的正向相关关系。任保平（2013）认为我国当代经济结构失衡新的特征分别体现在宏观上经济增长与就业的非一致性失衡，中观上资本回报率和生产要素回报率的长期失衡，以及微观上长期要素投入的失衡。而多方面的失衡也导致中国经济增长数量与质量的背离，经济增长表现出严重的高速度、低质量特征。我国经济增长质量和效益受到的结构性约束，也与需求结构、供给结构、产业结构三者的失衡有关。因此，调整需求结构、优化产业结构和供给结构将是提高中国经济增长质量和效益的一条有效途径（李娟伟等，2014）。张洁、欧阳志刚（2021）探讨了经济增长与通货膨胀的共同趋势和相依周期，以此揭示经济增长与通货膨胀的均衡匹配区间，并研究实际因素与名义因素对共同趋势和相依周期的影响，认为消费、投资、财政支出、货币政策和对外开放是新常态下将经济增长和通货膨胀保持在合理区间的最主要的影响因素。

（二）产业结构视角

张军等（2009）采用随机前沿生产函数模型及其分解法测度了我国工业分行业的全要素生产率增长和要素配置效率（即结构红利），结果显示由工业结构改革引致的行业间要素重置对改革开放期后我国工业生产率的提高起到了实际的推动作用，即结构性红利是显著存在的。另外，随机效应面板数据模型的结果显示，我国要素配置效率变化的总体趋势受要素市场改革和工业行业的结构调整主导，形成了不同行业间要素配置效率显著的差异。张为杰、张景（2012）利用主成分分析法研究了地区产业转型对经济增长质量的贡献度。贾彧、付言言（2012）研究发现陕西省制造业产业结构的变动和经济增长质量之间存在双向的格兰杰（Granger）因果关系，制造业产业的变动对经济增长质量存在滞后的正向冲击作用，一定程度上促进了经济增长质量的提升。孙学涛（2021）探讨了产业结构变迁对城市经济高质量发展的影响，通过对我国城市经济高质量发展水平及其各维度的测度，以及产业结构对城市经济高质量发展的研究，为推动中国城市经济高质量发展和产业结构转型提供了政策参考。李文军（2015）认为，新常态下我国经济发展的根本路径是转变经济发展模式，促进传统产业特别是制造业转型升级。余泳泽等（2021）从要素供给、需求和制度三个层面提出了我国产业高质量发展存在的困境，相应地提出了构建现代产业体系、创新驱动、全面深化改革、畅通国内国际"双循环"、贯彻新发展理念的政策取向。

（三）投资消费视角

汪春、傅元海（2009）运用统计和协整两种方法分析了外来直接投资（FDI）对我国经济增长质量的影响。结果显示通过直接的方式利用 FDI 会降低经济增长质量，而通过间接的方式对经济增长质量的影响则在统计上不显著。FDI 降低经济增长质量的原因与我国利用 FDI 重数量、轻质量的模式密切相关，因此要转变我国的经济增长方式必须首先转变利用 FDI 的模式。沈坤荣、傅元海（2010）系统探讨了 FDI 的不同溢出效应对内资经济增长质量的影响及制约因素。研究发现，外资企业的技术转移与扩散对内资经济增长质量具有正向作用，而外资企业的溢出效应对内资经济增长质量主要产生负面作用。随洪光（2011）从增长的效率、稳定性和可持续性三个方面出发，分析了 FDI 资本效应对东道国经济增长质量的影响机制，从而提出了提升经济增长质量的有力举措：调整要素比例，优化经济结构，培育长期增长因素，增强地区经济增长的可持续性。彭薇、熊朗羽（2021）运用熵权－TOPSIS 法对新常态下我国供给侧结构性改革绩效进行测评，并采用省际面板数据综合考察供给侧结构性改革对消费升级产生的门槛效应与动态效应"黏性"，供给侧结构性改革有助于打破消费升级存在的时间"黏性"，促进消费增长。

（四）金融结构视角

李正辉（2006）提出，我国金融市场长期以来的迅速发展对经济增长质量并没有显著的影响，应该从效率与资本的运作角度来对经济增长质量进行分析。冉光和等（2006）运用面板数据单位根检验、协整检验与误差修正模型对我国东部和西部做了比较分析，研究发现西部地区具有金融发展引导经济增长的单向长期因果关系，东部地区兼具长期和短期双向的因果关系。吴永钢等（2021）梳理了"新常态"下的我国金融体系的结构性问题，分析不同"双支柱"政策工具在解决金融体系结构性问题的适用性，并提出相应的政策建议。郭华等（2021）利用动态面板门槛模型和动态空间杜宾模型分别检验金融资源配置对经济高质量发展收敛的非线性影响及作用机制，研究发现中国省际经济高质量发展收敛特征显著，且存在正向空间溢出效应；我国金融资源配置水平促进了经济高质量发展收敛，具体表现为边际效率递减的非线性特征；经济强省资本积累速度的自然放缓、经济弱省的技术吸收和创新成为金融资源配置影响经济高质量发展收敛的主要方式。黄萍、宣昌勇（2021）运用索洛余值法测算全要素生产率衡量了我国经济高质量发展水平，并运用空间计量模型通过全样本和分区域样本可以探讨金融集聚对经济高质量发展的空间溢出效应。在货币政策方面，金成晓、姜旭（2021）对我国结构性货币政策的阶段变迁和政策效果进行测度，考察其对经济高质量发展的支撑作用和政策特点，认为应从常态化发展、整合政策框架、提高政策效率、加强与积极财政政策配合四个角度对结构性货币政策进行创新和优化。彭明生、范从来（2019）则提出高质量发展阶段中国货币政策的新框架应该顺应世界货币政策框架的演变趋势，增加稳定物价的权重，同时应当考虑经济发展的阶段、经济转型的程度以及社会制度的要求。

（五）国际收支结构视角

毛其淋（2012）采用工具变量的两阶段最小二乘法考察了二重经济开放影响经济增长质量的机制。李斌、刘苹（2012）选用主成分分析法对我国1991～2010年这20年的经济增长质量变动情况进行了测算分析，通过建立协整方程和误差修正模型进行研究后，发现初级产品效益度对我国经济增长质量变动的影响最为显著，且两者呈反向变动关系。李娟伟、任保平（2013）则运用三阶段最小二乘法（3SLS）和系统广义矩估计法（GMM），结合1982～2011年的相关数据进行实证分析，结果发现我国的国际收支失衡通过宏观经济的稳定性来影响经济增长质量，国际收支失衡与经济增长质量负相关。金瑞庭、原倩（2021）提出了建设更高水平开放型经济新体制的基本思路和政策取向，在准确把握党中央、国务院出台的政策内涵基础上，不断探索国际合作新模式和新路径，推动优化完善外贸、外资、对外投资、区域开放、开放安全等制度体系，以实现更高水平对外开放和更大程度互利共赢。

（六）所有制结构视角

刘海英、张纯洪（2007）运用 VEC 模型研究非国有经济的发展对经济增长质量的影响，结果发现非国有经济发展在推动经济数量扩张的同时，也抑制了经济增长质量的提高，经济规模的迅速扩张并未带来经济增长质量的同步改善。刘瑞（2021）认为我国国有企业实现高质量发展的标志是竞争力、创新力、控制力、影响力和抗风险能力五种实力的全面增强，国有企业实现高质量发展的关键是继续改进和完善现代公司制度、混合所有制、党委领导制度、职业经理聘任机制四个重要机制。其动力来自企业内部各方利益相关者的积极主动参与，应以资本管理为纽带，强化以劳动为中心，以构建中国特色的国有企业命运共同体为目标。杨新铭、杜江（2021）提出，"十四五"时期我国所有制结构调整应以习近平总书记关于国有企业改革发展的重要论述和在民营企业座谈会上的重要讲话精神为遵循，凝聚改革共识，优化营商环境，共筑价值基础，激发发展活力，推动支撑不同所有制经济沿着高质量路径竞合发展。

（七）城乡二元结构视角

改革开放以来，我国的城乡协调度（包括城乡经济融合度和城乡社会融合度）变动呈现出"下降—调整—上升—调整—上升—下降"的波动趋势。由此不难看出，随着经济的不断发展，我国的城乡协调度水平在不断提高。但与此同时城乡发展水平的差距也逐渐拉大，城乡二元经济结构已成为制约着我国经济长期健康发展的桎梏。因此完善相关制度，实行配套体制改革将是提高我国城乡协调度，进而提高经济增长质量的关键（王辛欣和任保平，2010）。一方面，要从产业结构调整与经济发展新动能培育、空间格局优化与城市发展分类推进、城乡融合发展与经济发展提质增效、市场化要素配置与政府有效治理有机结合、双循环新发展格局与内需红利释放以及深化开放型城市建设六个方面推动城市经济发展质量提升（刘秉镰和孙鹏博，2021）。另一方面，促进城乡融合发展要解决好城乡发展不平衡影响共同富裕目标实现的问题。因此，我国要在城乡融合发展进程中准确把握新发展阶段，深入贯彻新发展理念，加快构建新发展格局，形成以工促农、以城带乡、工农互惠、城乡一体的工农城乡关系，不断缩小城乡发展差距（张友国，2021）。

（八）区域协调发展视角

区域经济均衡高质量发展不仅是双循环新发展格局的重要内涵，也是实现我国社会主义现代化强国目标的重要手段及实践路径（姚树洁和张帆，2021）。我国区域间发展不平衡长期以来都是中国经济空间布局的一个显著特征，但高水平区域的空间效应或将成为推进区域经济协调发展的重要突破口。鉴于此，新时代的区域经济高质量发展坚持以区域总体协调发展与区域相对均衡发展并行，坚持以人民为中心的战略导向、以"四个全面"作为区域战略布局基础。高质量区域经济政策应在建立梯度化层次化的区域创新系统，提升区域数字一体化公共服务系统的供给质量，强化内外互通的区域开放联动机制等方面作出调整（任保平和朱晓萌，2021）。此外，政府应结合高水平区域的涓滴效应和渗透效应重点调控各个区域在创新、开放以及共享三个方面的协调发展，加强不同地理区域之间的协调与合作，扩大增长极的区域范畴，实现更高量级的规模经济与集聚经济（邓创和曹子雯，2021）。

五、关于福利分配与增长质量研究观点的综述

改善福利状况，促进收入分配公平是实现人们自由而全面发展的基础，也是提升经济增长质量的必然要求和有效手段。现有研究主要从消除贫困、缩小收入差距、促进收入分配公平三个方面来对福利分配与经济增长质量的关系进行探究。

（一）消除贫困方面

李永友、沈坤荣（2007）分析了我国社会的相对贫困程度对经济增长影响的门槛效应——对经济增长而言，社会的相对贫困有一个门槛效应，在这个门槛的限度内，相对贫困有利于经济增长，若超过这个门槛就可能对经济增长产生不利的影响。从整体的产业构成角度来看，我国第一产业和第三产业增长的减贫效应非常显著，而第二产业增长的减贫效应较为微弱，只有第一产业增长对沿海地区贫困减少产生显著的影响。相比之下，第一产业和第三产业增长均有助于内陆地区贫困的减少。经过进一步的研究发现，产业劳动力密集度和不同行业对劳动力技能需求的异质性是导致三大产业减贫效应差异的重要原因（张萃，2011）。尽管我国脱贫攻坚战已取得全面胜利，现行标准下农村贫困人口全部脱贫，贫困县全部摘帽，区域性整体贫困从根本上得到解决。但脱贫攻坚战全面胜利后的当务之急是切实做好巩固拓展脱贫攻坚成果同乡村振兴的有效衔接工作，从而使得脱贫攻坚的基础更为稳固牢靠、成效更可持续。

（二）缩小收入差距方面

王少平、欧阳志刚（2007）计算并度量了我国城乡收入差距的泰尔指数，并基于泰尔指数和我国实际人均 GDP 的变动特征建立了面板协整模型，并以此探究

我国城乡收入差距与经济增长的内在联系。研究结果表明改革初期的城乡收入差距促进了我国的经济增长，而现阶段扩大的城乡收入差距已成为经济增长的阻碍力量。孙文松（2007）建立了一个以我国整体基尼系数、城镇基尼系数、农村基尼系数和我国经济增长率为变量的线性回归模型，对居民收入差距与经济增长的关系加以研究。发现收入差距对我国经济增长的影响具有时期差别：改革开放后的短时期内，收入差距与经济增长具有正相关关系。但随着时间的推移，其正面的作用越来越小，甚至会转化为较弱的负面作用。唐东波等（2011）基于 Theil 指数二阶嵌套分解法，对城市化与经济增长对收入差距的影响加以考察。研究发现在我国 30 多年来的改革历程中，居民收入差距与城市就业比之间呈现出倒"U"型的关系。要缩小收入差距，就必须坚持推动城乡一体化发展的战略，打破城乡劳动力流动的制度性障碍。钞小静、任保平（2014）对城乡收入差距影响经济增长质量的内在机理作了详细的理论阐释。并利用 1998～2012 年我国 30 个省份的面板数据，采用差分 GMM 估计和系统 GMM 估计的方法进行了理论上的检验。研究得出了重要的结论：过大的城乡收入差距会影响"经济增长的基础条件、运行过程及最终结果"，从而不利于经济增长质量的提升。巩师恩（2016）认为经济新常态下劳动者报酬占比的提升有可能成为我国经济发展自然调整的结果，通过提高劳动者报酬，降低资本所有者所得，优化国民收入初次分配结构，并通过二次分配向低收入群体倾斜，有利于改善微观家庭主体的规模性收入分配，从而有利于化解新常态经济增长速度减缓下的利益诉求，助推新常态下经济的可持续增长。

（三）促进收入分配公平方面

杨俊、李雪松（2007）采用教育基尼系数对 1996～2004 年我国 31 个省份的教育获得不平等程度进行量化，结果发现我国的教育扩展政策收效显著，地区间教育获得不平等的状况得以有效改善。但与此同时，我国区域间教育的不平等已成为造成各地区经济增长质量差距的重要因素。卢现祥（2009）列出了与"有利于穷人的经济增长"相关的八个问题：收入差距的扩大是否有利于经济增长？市场化改革是否扩大了收入差距？怎样的制度安排有利于增加穷人的收入？我国初次分配与再次分配是否有利于穷人收入的增加？为什么说在经济增长中提高低收入群体的可行能力和收入流动性更重要？财政收支的提高能否有效缩小收入分配差距？政府是否有必要进行干预及实行再分配？经济增长中如何形成有利于低收入群体的体制机制？

基于"初始收入不平等"和"后续经济增长存在着不确定关系"这两个假说，龙翠红等（2010）对收入分配不平等进行了结构分解，认为农村的不平等程度越高，对经济增长的抑制作用越明显；城市不平等对经济增长并未有显著的影响；城乡间不平等与经济增长之间存在显著的负相关关系。此外，城乡部门之间的不平等在解释城乡两部门的经济增长时也起到了重要的作用。魏婕、任保平（2011）选择了基于隶属度的模糊综合评价方法来对我国 1978～2009 年经济增长的包容性进行了考察和测度。结论认为改革开放以来中国经济虽实现了多年的高速增长，但是经济增长对各个方面的包容程度并未相应地实现显著的提高，这表明改革发展的成果并未真正实现由全体人民共享。根据郭晗、任保平（2011）对我国劳动报酬占比的机制与变化规律的研究，基本公共服务的均等化可通过区域或城乡差距的缩小，社会总福利水平的提高来实现，这个过程也能够促进经济增长质量的提升。结合改革开放近 40 年的发展状况不难发现，我国基本公共服务地区间的差距较大，特别是社会保障和公共卫生服务领域的均等化水平较低。因此，建立惠及全民的基本公共服务体系，努力实现基本公共服务的均等化是结合我国当前发展实际的一个阶段性目标。张慎霞等（2016）认为新常态下收入分配改革面临着重要机遇和挑战，因而要注重改革的可行性和渐进性，形成经济适度增长与改善收入分配格局相互促进的局面，将着力点应放在完善市场决定生产要素价格的机制、提高"两个占比"、缩小收入差距、促进科技创新等方面。

六、关于资源环境与增长质量研究观点的综述

资源和环境状况能反映出经济增长质量的持续性，达到资源节约型和环境友好型社会是实现高质量经济增长的必然要求和重要目标。经济增长质量的提升应该是经济要素合理配置、自然资源高效利用和生态环境有效保护三者有机结合、相互促进的过程，在我国承诺 2030 年实现碳达峰、2060 年实现碳中和的背景下，资源节约和环境保护对于提高经济增长质量显得尤为重要。

（一）资源利用方面

徐康宁、王剑（2006）认为，我国多数省份丰裕的自然资源并未完全成为促进经济增长的有利条件，反而会制约经济的长期发展。由于存在资本投入转移机制，自然资源的丰裕程度及对此资源的依赖程度始终制约着经济增长质量的提升。赵进文、范继涛（2007）将非线性 STR 模型技术应用于对我国能源消费与经济增长内在结构依从关系的分析上来。研究揭示出两者之间复杂而微妙的变化规律，得出了我国经济增长对能源消费的影响具有非线性、非对称性和阶段性特征的结论。罗浩（2007）通过对新古典索洛模型的扩展，证明了在特定的技术条件下，自然资源的固定禀赋最终将导致经济增长的停滞。齐绍洲等（2009）对我国同 8 个发达国家的人均 GDP 差距的收敛性及能源消费强度随人均 GDP 变化的收敛性进行实证研究后发现，我国与这些国家的人均 GDP 差距的缩小可以引起能源

消费强度差异的变小。其原因在于投资差异、技术差异、价格竞争机制差异等因素可显著影响能源消费强度的差异。李影、沈坤荣（2010）在经济增长"尾效"假说的基础上来对我国经济增长中能源约束的程度进行度量。结果显示不同能源品种对经济增长的制约程度有着显著的差异。我国能源利用的主要矛盾是能源结构性的约束，而非总量的约束。

宋美喆、蔡晓春（2010）利用因子分析法分析了从经济增长质量到能源消费存在着单项因果关系，即能源消耗的增长并不是经济增长质量提高的原因，因此单纯依靠能源的消耗来推动经济增长是不可行的。杨斐、任保平（2011）从能源结构、能源效率以及经济发展因素几个方面测度了1978～2008年各因素对人均碳排放的贡献值和贡献率，结果显示，中国经济增长质量和碳排放尚处在非平衡、难协同的发展阶段，属于波动较大的过渡期。

（二）生态环境方面

面对日益增长的环境压力，亟须设计一套完善的机制。一方面要通过完善区域间、中央与地方间的转移支付制度，为破除地方政府"唯 GDP 论"提供物质激励，从而更加有效地、更加激励相容地实施节能减排（蔡昉等，2008）；另一方面要强化政府和企业间的协调配合，政府通过执行适宜的环境规制强度区间，确保实现高质量发展与保就业的双赢（宋民雪等，2021）。

综合资源环境考量方面，刘有章等（2011）将准则层划分为"经济发展""减量化""再循环"和"再利用"四大模块，之后再采用层次分析法确定各指标的权重，并结合相关数据对我国循环经济发展状况及其与经济增长质量的关系进行分析。钞小静、任保平（2012）则采用国际规范的逻辑实证主义分析方法，对改革开放以来我国资源环境代价与经济增长质量之间的关系进行理论研究与实证考察。研究表明，我国经济转型时期的资源环境代价与经济增长质量之间存在显著的正向关系。因此，在我国经济发展进入新常态的背景下，在经济增长数量迅速扩张的同时，更需要不断地提高资源的利用效率，减少生态环境代价，要达到经济增长数量与质量的统一，努力追求实现我国经济增长的长期可持续性。范庆泉等（2020）通过构建符合中国经济转型特征的理论研究框架，分析了产业结构升级对经济高质量增长的非线性影响关系，明确指出动态环境规制政策组合对推进产业结构升级和促进经济持续发展的实现路径，破解新动能培育的长期性和污染防治工作的时效性之间的矛盾，为实现生态环境高水平保护和经济高质量发展提供理论依据与实践支撑。徐政等（2021）探讨了碳达峰、碳中和赋能高质量发展的内在逻辑，并从完善碳排放交易价格机制以显示高质量发展经济信号，重构能源体系以发挥高质量发展改革潜力，扩大绿色需求以牢固高质量发展外部支撑，加强技术创新和人才培养以激发高质量发展内在动力等方面提出了相应的对策建议。

第三节 宏观经济监测预警研究的综述

2020年10月召开的党的十九届五中全会为"十四五"时期我国国民经济和社会发展擘画出了美好蓝图，全会通过的《中共中央关于制定国民经济和社会发展第十四个五年规划和二〇三五年远景目标的建议》中首次提出统筹发展和安全，强调要"加强经济安全风险预警、防控机制和能力建设，实现重要产业、基础设施、战略资源、重大科技等关键领域安全可控。"[①] 因此，要准确地把握"十四五"乃至今后很长一个时期内的我国宏观经济可能发生的深刻变化，就要以更加有效的政策举措积极应对各种风险挑战，而政策措施的有效性取决于对经济发展状况了解和把握的准确性。对宏观经济进行全面的监测预警，其目的就在于详尽的了解和把握经济发展现状，从而对未来发展的态势作出更为准确的预测。

一、国外宏观经济监测预警研究的产生与发展

顾名思义，预警是指警情发生之前对其的预告和警示，这是组织的一种信息反馈机制。通过对已有知识和技术的运用，以及对事物发展历史规律的认识与总结，来分析研究对象的现有状态和特定信息，进而对研究对象未来的变化状态进行预判和描述。此外，通过与预期的目标量进行比较，利用设定的方式和信号进行预警，能够使预警主体及时作出调整，从而采取相应的对策措施。

宏观经济监测预警系统是运用理论分析、经验分析、数理统计等多种研究方法，对宏观经济的循环波动这一特定的经济现象进行监测、预警和评价的一套完整的体系。面对新常态背景下异常复杂的形势，要做到"未雨绸缪"，及时而准确地监测预报宏观经济的运行状况，就必须建立一个较为完善的宏观经济监测预警系统。该系统旨在实现以下几方面的目标：一是探寻经济循环波动的内在机理，对其规律进行归纳总结；二是测算估计经济波动的合理区间；三是预判宏观经济波动的发展趋势，并对宏观经济运行中出现的"警情"作出及时的预报。由此可见，宏观经济监测预警系统不但具有事前的监测和预警功能，还具备有助于事后进行经济预测的调控功能。该系统对于分析经济运行状态，预测政策变化影响，指导宏观上的控制管理，促进整体经济持续稳定协调发展均可发挥积极作用。

[①] 中共中央关于制定国民经济和社会发展第十四个五年规划和二〇三五年远景目标的建议［M］. 北京：人民出版社，2020：37.

宏观经济预警方法起源于对宏观经济波动的监测，从时间上可追溯到19世纪末期。经济增长是一个相对均衡的过程，表现为经济增长过程中的波动，即"经济周期"。由于这一周期性波动的存在对宏观经济的长期稳定增长可能带来巨大的负面影响，因此建立长期有效的宏观经济监测预警系统便作为一项宏观经济管理的重要手段并被提上了议事日程。1888年，巴黎统计学大会上出现了对不同经济发展状态进行描述和评价的文章。1903年，英国政府通过绘制"国家波动图"来对宏观经济加以描述。1909年，美国巴布森统计公司发表了首份关于美国宏观经济状态的"经济活动指数"。随后同样来自美国的布鲁克迈尔经济研究所编制了一套涉及股票市场、一般商品市场和货币市场的景气指标。1917年，哈佛大学的研究者根据涵盖13项经济指标的数据，编制了所谓的"美国一般商情指数"。自20世纪30年代始，直至第二次世界大战后，宏观经济监测预警体系逐渐完善，走向成熟。主要体现在以下四个方面：一是根据经济指标合成综合指标的方法趋于合理化多样化；二是循环波动分离、时间趋势调整、平滑技术等景气预测的基本方法得以改进；三是景气监测的信息渠道实现了显著的拓展；四是出现了对"警情"预报结果进行分析的信号指数。

二、我国宏观经济监测预警问题早期研究的综述

我国理论界对宏观经济监测预警问题的研究起步较晚，可追溯到20世纪80年，有学者从经济周期波动入手对这一问题加以研究。直到1988年，景气循环指数方法才开始进入到我国学者的研究视野。由此，我国理论界对宏观经济监测预警相关问题的研究逐步展开。

顾学东等（1988）研究了宏观经济运行的季度预警系统和调控系统，以供求两方面考察总量与结构的变动情况。经过对宏观经济运行态势及其过程中非均衡和非目标状态的分析，试图探寻趋近均衡和目标状态的经济调节控制机制。结果显示，宏观经济监测预警系统不但能够对宏观经济过去和现在的状态进行描述、阐释和综合评价，并对未来的运行状态加以预测，从而进一步提高对宏观经济调控的时效性。袁兴林（1988）则运用DI和CI方法计算了我国工业生产景气循环的基准日期。1989年，中国经济体制改革研究所宏观经济监测与分析研究组运用DI方法，成功找出了月度经济先行、一致及滞后三组指标各自的基准循环日期。同年，国家统计局统计科学研究所宏观经济监测课题组利用设定的6组综合监测预警指数，将指数的运行区间划分为5个灯区，以便显示经济周期波动的不同状态。1990年，由毕大川和刘树成主编，从理论和应用两个层面对我国宏观经济周期波动问题进行全面探究的第一部专著——《经济周期与预警系统》出版。张守一等（1991）在分析当时我国初步建立的地方宏观经济监测预警体系存在的不足

之后，引入了景气指数系统和预警信号系统两种研究工具，并对这二者在宏观经济监测预警问题研究中的指标选取划分，研究方法及步骤设定，界限确定和结果判读均作了较为详尽的介绍。《经济监测预警分析系统》课题组（1993）构建了中国经济监测预警分析系统的结构框架，为经济运行状态描述、经济景气循环波动监测、经济发展趋势预判、经济变量间协调行为和政策效果评价提供了基础。

在宏观经济监测预警模型的构建方面，现有文献中所使用的模型可分为计量模型和非计量模型两类。具体而言，计量模型主要有 ARMA 模型、ARCH 模型、VAR 模型、Logit 模型、TRA 模型、STV 横截面回归模型、贡献分析法、主成分分析法、相关性分析法、判别分析法等；非计量方法主要包括人工神经网络模型、KLR 信号分析法、概率模式识别模型、灰色预测模型等。王慧敏、陈宝书（1998）采用非线性的方法研究了我国的宏观经济波动，提出了适用于我国的 ARCH 预警模型。南开大学机器人与信息自动化研究所（2000）通过将模糊系统理论和神经网络理论相结合，从而建立了一个宏观经济非线性的预警模型。吉林大学数量经济研究中心宏观经济监测预警课题组（2004）对 20 世纪 80 年代末以来我国发生的几次经济波动及主要经济变量的变动状况进行对比，以此来探寻我国经济增长率循环产生的原因。王金明、高铁梅（2006）将定性研究与定量研究相结合，借助 NBER 方法和复杂的数学模型构建景气指数，对我国转轨时期的经济周期波动及其特征作以剖析。赵振全、刘柏（2007）通过构造经济增长压力指数，利用离散选择模型（Probit）及反应概率图等计量方法，基于国际收支对我国宏观经济扩张与收缩的景气状况进行了预警，结果显示我国的外商直接投资增长率、外汇储备增长率和贸易总额增长率三者均可有效地预示宏观经济的运行状态。高铁梅等（2009）探究了 1997 年以来我国经济周期波动的转轨特征及经济结构的变化状态。根据经济周期波动的理论方法及前沿的研究成果，通过建立可反映宏观经济主要领域（包括投资、消费、出口等）及主要行业（包括装备制造业、能源行业、房地产业等）经济运行状况的多维数据结构的指标体系，分别建立了一致、先行、滞后的景气指数和监测预警模型，用以研究转轨时期我国的经济周期波动问题。

三、新常态下我国宏观经济监测预警问题研究的综述

防范并化解宏观经济可能存在的系统性风险，关键在于早识别、早预警、早发现、早处置。因此，对地区经济增长质量实行有效的监测和预警，能够为政府制定科学合理的宏观经济政策提供可靠根据，对新常态背景下防范和化解宏观经济的各种系统性风险，提升经济增长质量意义重大。此外，宏观经济监测预警体系的建立，对于新常态下增强我国的经济社会治理能力，满足治理体系建设的新

要求也是十分必要的。

朱卫东（2015）在定量监测我国宏观经济的波动，并描述分析我国经济的周期性波动之后，提出了一种"模糊软集合"的方法来对经济周期的波动状况进行判定。结合我国实际发现：增加固定资产投资会加剧经济周期的波动，而增加外贸依存度会减小经济周期波动。最后，在经济周期波动特征分析的基础上，该文使用粒子群支持向量机（PSO - SVM）方法和模糊回归方法对经济周期的年度和月度景气指数进行了预测，使预警指数不再局限于信号灯颜色，从而反映出经济周期的短期波动状况。任保平、李梦欣（2017）从经济增长质量和效益多维度两个方面入手来探究经济增长质量的监测预警问题，力图阐明经济增长质量监测预警的价值判断和内在机理。詹新宇、曾傅雯（2021）从增长目标数值和目标约束特征两个层面出发，分析了经济增长目标动员对地方政府债务融资的影响，研究认为积极推进经济增长模式创新是新时代完善中国特色宏观调控体系、化解地方政府债务风险的重要举措。王睿、李连发（2021）对我国经济的宏观不确定性和金融不确定性的动态关系进行了检验，研究认为进入"新常态"前，金融不确定性领先于宏观不确定性；而"新常态"下宏观经济面临下行压力，宏观不确定性领先于金融不确定性。张超、钟昌标（2021）通过测度金融创新和经济高质量发展指数，重点考察金融创新对经济高质量发展的影响及其作用机制。研究结果表明金融创新可以通过产业结构高级化带动经济高质量发展，而产业结构合理化的中介效应并不显著，需继续推进区域金融创新试点工作，助力经济高质量发展。

第四节　对现有研究的评价及本书研究的视角

一、对新常态下我国经济增长问题研究的评价

新常态是对我国经济目前所处阶段和发展状态的总括性描述，新常态背景下对我国经济的研究必须建立在对"新常态"这一概念内涵的理解之上。现有的研究主要从经济发展阶段、经济增长质量、制度改革、战略思维和过程目标5个视角出发，对经济发展新常态的内涵进行了解读。（1）经济发展阶段论认为，无论从我国经济发展的实践，还是从世界其他一些经济体发展的历史规律来看；无论从我国经济发展的阶段性特征出发，还是将新常态下的中国经济置于世界经济的大背景下进行分析，新常态无疑是我国经济发展过程中的一个必经阶段。（2）经济增长质量论认为更加重视经济增长的质量是新常态区别于以往经济发展阶段最显著的一个特点，进入新常态预示着我国经济增长在速度上将由以往超高速的增

长向更加健康平稳的中高速增长转变，将在方式上将由粗放型向集约型转变，将在动力上由要素驱动向创新驱动转变，并将在结构上更加合理优化。（3）制度改革论从我国经济体制改革的角度出发，认为新常态的提出为我国经济新一轮的增长，以及进一步对相关配套制度的改革奠定了基础。（4）战略思维认为新常态不仅是我国经济发展的一个阶段，更是一种战略思维和战略心态。该理论将对经济发展新常态的理解上升到了战略的高度，对国家经济社会发展的长远规划具有重要意义。（5）过程目标论提出了与众不同的观点，认为我国经济目前并未进入新常态阶段，而是处于向新常态过渡的阶段，新常态是未来发展的努力目标。综上所述，理论界目前尚未就新常态的内涵界定达成共识。未来对新常态的内涵加以更为科学准确的解读将会成为一项重要的工作。

把握新常态的特征是认识新常态的关键。现有研究主要从增长速度、经济结构、增长方式、增长动力和增长中的风险挑战这5个方面来对新常态的特征展开研究。（1）增长速度逐渐放缓是我国经济进入新常态一个最为显著的特征，这表明我国经济增长正经历由高速向中高速的"换挡期"。（2）经济结构不断调整优化是新常态下我国经济发展的另一个主要特征。（3）新常态下我国经济由粗放型增长转向集约型增长，体现了经济效益、社会效益和生态效益三者的协调统一。（4）增长动力的转变是新常态下我国经济增长的一个重要特征。具体表现为经济增长由主要依靠投资和出口拉动转变为依靠国内消费、投资与出口三者协调拉动；经济增长单纯由要素驱动，逐步转变为创新驱动发挥主导作用的增长动力机制。（5）新常态下我国经济面临的机遇与挑战并存是一个不争的事实。通过完善安全防线和风险应急处置机制，是积极防范和化解系统性风险的必然选择。因此，为了更好地把握新常态的特征，必须将新常态下的经济增长问题与经济增长质量问题相结合，从增速放缓、结构优化、方式转变、动力转换和防范化解风险挑战等多方面综合加以分析。

不断寻找机遇开发增长潜力是适应新常态、引领新常态的前提。理论界主要从全面深化经济体制改革，优化空间发展格局和推动城镇化三个方面来说明新常态下我国经济发展迎来的新机遇。而在激发增长潜力方面，学者们的观点主要集中于进一步挖掘人口红利、刺激消费、鼓励创新和实现增长动力转换几个方面。随着新常态的不断深入，我国经济面临的国内国际大环境也在发生着深刻的变化，而现有的经济增长潜力开发机制没有充分考虑到新常态下我国经济增长面临的技术上、结构上和制度上的制约因素，因而无法满足新形势下实现经济增长的要求。由此可见，亟待构建一个科学完善的政策支撑体系来对新常态下我国经济增长问题进行研究。根据经济发展的不同阶段及其特征，指导政策取向的转变和政策的调整，从而积极引领经济发展的新常态。

二、对近年来经济增长质量和效益研究的评价

经济长期持续的增长是世界各国现实中共同追求的重要目标，因而经济增长一直以来都是经济学理论研究的一个核心问题。经济增长包括两个方面，即经济增长的数量和经济增长的质量。伴随着时代的不断进步和理论研究的深入，过去片面追求数量型的经济增长日渐显现出其弊端，经济增长的质量和效益问题愈发成为人们关注的重点。近年来，国内在此方面的研究主要从经济增长质量问题的内涵切入，在经济增长质量评价指标体系的框架内，着重从经济效率、经济结构、经济波动、福利分配、资源环境等不同维度对经济增长的质量和效益进行阐释。根据现有的研究我们不难发现，目前理论界对经济增长质量问题的研究还存在以下的局限：

（1）理论界尚未就经济增长质量的内涵界定达成共识，因而无法构建一套完整的经济增长质量综合评价指标体系。对概念内涵的界定是理论问题研究的起点，决定着研究的视角、范围、方法和内容。评价指标体系则是对经济增长质量问题进行实证研究的基础性工具，是对此问题由定性分析转向定量分析的关键所在。目前，经济增长质量指标体系存在着选取指标主观随意，指标界限划定不清的弊病，其根源就在于对经济增长质量内涵的界定不明晰。因此，对经济增长质量的内涵加以更为准确的界定，力求构建一套全面的经济增长质量指标体系应该成为未来理论界亟待完成的工作。

（2）目前国内对经济增长质量问题的研究大多是零散的、非系统性的。具体来讲，仅从少数几个视角切入来探讨经济增长质量问题，而未能形成一个统一的分析框架。数量的增长和质量的增长就像是一枚硬币的两面。传统的增长理论研究有着对数量的明显偏重，从而忽视了质量的层面；而现有的对经济增长质量问题的考察也大多从宏观出发，而在微观基础理论方面的研究则有所欠缺。因此，系统地开展对经济增长质的微观基础理论研究是今后需要进一步探索的方向。

（3）目前关于经济增长质量问题的研究还是主要着眼于国内，而鲜有研究放眼全球，关注经济增长质的国际比较问题。因此，通过学习发达国家和地区经济发展中的成功经验并吸取其中的经验教训，为新常态下促进我国经济社会长期健康发展提供借鉴，需要加强我国与世界其他经济体在增长质量方面的比较研究。

（4）质量型增长和数量型增长二者存在本质差别：数量型增长注重经济增速，关注的是经济增长的快和慢的问题；而质量型的经济增长着眼于经济增长的优劣程度，涉及经济增长好与坏的价值判断问题。经济学是一门具有人文关怀的学科，经济学研究以满足人的利益为出发点，最终也要落脚到增进人的福祉上，

而经济增长质量的好坏直接决定了人们的境况能否得到有效改善，人们的福祉能否得到显著增进。正因为如此，探索建立一套经济增长质量的价值判断体系，对经济增长的人文关怀与道德意义进行阐释与宣扬是很有必要的，这也会成为将来经济增长质量相关问题研究的一个重要方向。

三、对近年来宏观经济监测预警问题研究的评价

有效监测预警地区经济增长的质量和效益，能够对经济增长质量与效益过低可能引发的重大社会经济问题进行提前预警，能够为政府及时采取措施防范和化解宏观经济的各种系统性风险，制定科学合理的宏观经济政策提供可靠依据。自20世纪80年代起，得益于一大批学者的贡献，用于宏观经济监测预警的各种分析工具、基本方法及其应用逐渐为理论界所熟知。后来一些相关研究也在此基础上通过理论阐释和实证方法对我国宏观经济监测预警的具体问题进行了定量的测度分析。但进入新常态以来，我国经济的发展状态发生了深刻的变化，其面临的风险不确定性也日渐增多，经济增长质量问题受到空前广泛的关注。而理论界关于经济周期波动和监测预警问题的选取指标和研究方法已无法适应我国经济短期不确定性日益增多的客观现实。

因此，需要把经济增长质量和监测预警体系二者结合起来加以分析。构建监测预警体系对地方经济增长质量进行状态监测和风险预警，进而对经济增长质量的未来趋势加以准确预判。因此，在现有研究的基础上，有必要通过进一步构建经济增长质量的监测预警体系来对地区经济增长质量的状态进行有效的监控，并根据实际制定科学合理的政策措施。具体来讲，主要有以下几个方面的问题亟待研究：一是新常态如何影响我国地方的经济增长质量，即经济发展进入新常态的客观现实及要求对我国地方经济增长质量和效益影响的内在机理问题。二是新常态下我国地方经济增长质量和效益的监测预警问题，即从区域和重点城市等层面对我国地方经济增长质量的特征、增长质量监测预警指标体系的构建、监测预警方法的选取，以及地方经济增长质量和效益的提升所面临的约束条件及其政策调整等问题分别进行阐释。三是我国地方经济增长质量和效益政策支撑体系的构建问题，就是在分析我国地方经济增长质量和效益提升所面临的各种约束条件后，从新常态的背景出发，来建立我国地方经济增长质量和效益提升的政策支撑体系。

四、本书研究的视角

在我国经济进入发展新阶段的背景下，新常态下的经济增长问题、经济增长的质量和效益问题，以及宏观经济的监测预警问题均受到了理论界的广泛关注，

对这些问题的研究也都深入到了一定的程度。然而，这些已有的研究未能很好地将以上问题纳入一个统一的体系框架内加以分析，实现经济增长、质量和效益监测预警系统，以及有机的统一。具体而言，就是如何做到"未雨绸缪"，通过构建一套较为完善的监测预警体系来对新常态下我国地方宏观经济增长的结构、效率、稳定性等方面进行细致的考察分析，进而有助于构建一套能有效促进经济增长质量和效益提高的政策支撑体系，最终实现长期可持续的经济增长。因此，本书旨在构建我国地方经济增长质量和效益的监测预警系统，并建立与之相配套的政策支撑体系，从而为长期提升我国地方经济增长质量和效益提供有力保障。本书主要由理论方法阐述、监测预警实施和政策支撑体系构建三个部分构成，每部分均从不同视角切入展开分析：

在理论方法部分，本书从以下五个视角出发：一是对我国地方经济增长质量和效益提升的内在机理，其中包括对提升经济增长质量和效益的价值判断和逻辑机理及促进地方经济由数量型增长向质量型增长转变的机制进行一个详尽的阐述。二是在地方经济增长质量及其监测预警的理论基础上，确定监测预警的维度，并选取有助于研究的总体方法。三是在充分认识地方经济增长质量和效益的特殊性及其逻辑机理的前提下，阐述地方经济增长质量和效益监测预警的理论机理，从而为更加准确地确定监测预警及评价的维度，选取研究的总体方法打下基础。四是通过对多种宏观经济监测预警方法进行综合比较，来构建地方经济增长质量和效益的监测预警体系，从而探寻研究地方经济增长质量和效益监测预警问题的具体方法。五是构建我国地方经济增长质量和效益的监测预警系统。首先需要明确构建该系统的目标和设计原理；其次要了解该系统的功能及其组成结构——包括警情系统、警源系统、警兆系统、警度的监测与预报系统；最后探讨我国地方经济增长质量和效益监测预警系统的运行与测试问题。

在监测预警部分，本书首先将新常态对我国地方经济增长质量影响的机理作出深刻剖析。其次从不同层面和不同视角研究我国地方经济增长质量和效益的监测预警问题。具体而言，就是分别从区域、省份和重点城市三个层面，结合地方经济增长的特征，来对经济增长质量监测预警指标体系的构建与方法选取、地方经济增长质量和效益提升所面临的约束条件及其政策调整等问题逐一进行阐释。最后，本书分别从区域、省份和重点城市三个层面对 2017～2050 年我国地方经济增长质量和效益进行仿真模拟与预测。

在政策支撑体系构建部分，本书首先分析我国地方经济增长质量和效益提升所面临的各种约束条件，包括结构性约束、体制性约束和技术性约束。其次结合经济发展新常态的特征和要求，从结构转化、创新驱动、经济社会协调发展和社会福利分配重构 4 个视角出发，寻求建立我国地方经济增长质量和效益提升的政策支撑体系。再次对地方经济增长质量和效益提升过程中政策取向的转变与政策的调整进行分析。其中，政策取向的转变主要涵盖短期政策向长期政策的转变、需求政策向供给政策的转变，以及从微观到宏观的整体的转变；政策调整主要是在区域政策、产业政策、技术和人力资本政策等方面的调整转变上有所作为。最后在对所得研究结论进行梳理与总结之后，本书进而提出了对经济增长质量和效益的监测预警系统和政策支撑体系构建这一问题未来研究的展望。

第三章

提高经济增长质量和效益的
理论机理研究

经济增长的数量与质量是一枚硬币的两个面，经济增长数量解决的是速度和规模问题，是快和慢的价值判断；而经济增长质量解决的是结构和效率问题，是好和坏的价值判断。因此，要对新常态下地方经济增长质量和效益进行监测和预警，就需要首先研究经济增长质量和效益提高的理论机理。

第一节　经济增长质量和效益提高的逻辑机理分析

一、经济增长质量内涵及其理论分析维度

20 世纪 60 年代开始国际范围内就开始了对经济增长质量问题的研究，主要的代表性经济学家及其著作包括 20 世纪 60 ~ 70 年代苏联经济学家卡马耶夫的《经济增长的速度和质量》（1977 年）、20 世纪 70 ~ 80 年代初匈牙利经济学家亚诺什·科尔奈的著作《突进与和谐的增长》（1971 年）、托马斯等在剑桥大学出版社出版了《增长的质量》（2000 年）、多恩布什和费希尔的《宏观经济学》对经济增长质量的研究，以及 2002 年罗伯特·巴罗对经济增长质量的研究。

国内学者对经济增长质量的研究开始于 20 世纪 90 年代，在经济增长质量内涵方面研究的代表性观点有六个方面：一是认为经济增长质量是一个国家或地区的经济增长系统素质的改善。其中素质的改善就是指经济增长质量。二是从经济增长方式转变角度研究经济增长质量。三是提出了经济增长质量研究的内容，包括经济运行质量、居民生活质量、生存环境质量等方面。四是经济增长质量体现了经济系统的发展水平、经济效益、增长稳定性、环境质量成本、人民生活等多个方面的内容。五是经济增长质量是对增长的过程中表现出来的优劣程度的价值

判断。六是高质量的经济增长的内涵，包括增长方式的集约性、增长过程的稳定性和协调性、增长结果方面的持续性。

我们认为经济增长质量是经济增长数量增长到一定水平后出现的经济增长的效率提高、结构优化、稳定性提高、分配改善、创新能力提高的结果。质量型增长反映的是经济增长是好是坏的问题，即结构和效率问题。总体说来，经济增长质量的内涵包括：（1）经济增长质量是经济数量增长基础上的结果。先有经济的数量增长，才有经济增长质量。当经济数量增长到一定阶段后就需要向质量型经济增长转型。（2）经济增长质量关注的是经济增长的后果和前景。（3）经济增长质量具有系统性特征。经济增长系统趋向于质量提高，其条件是增长系统具有开放性，能实现增长系统与外界不断进行的物质、能量和信息的交换。

依据经济增长质量内涵的界定，经济增长质量的理论框架应该包括经济增长前提条件的质量、经济增长过程的质量、经济增长结果的质量三个方面。在此理论框架下，经济增长质量分析的理论维度包括六个方面：一是结构优化维度。结构转化不仅是经济增长的动力源泉，也是经济增长质量提高的必要条件。二是要素生产率维度。要素生产率揭示了各种生产要素转化为产出的有效性，要素生产率的改进可以得到更多的产出。三是增长稳定性维度。经济稳定可以熨平经济周期波动，抑制大起大落，从而提高增长质量。降低经济增长中的不确定性，从而提高增长质量。四是福利分配维度。福利分配平等有利于促进经济增长质量改善，有利于形成稳定的持久性收入预期，减少预防性储蓄，增加即期消费，扩大内需。五是资源环境代价维度。只有用越来越少的资源消耗和环境破坏来获取经济的增长是有质量的增长。采取保护环境，节约和增殖资源，实现资源环境和经济的良性循环。六是国民经济素质维度。国民经济的基础素质、国民经济的能力素质、国民经济的协调能力影响着经济增长质量和效益。

二、经济增长数量、质量和效益的关系

经济增长的最优目标是数量、质量和效益相统一，经济增长质量的提高是以经济增长的数量为前提。对经济增长质量的评价不仅要看数量，而且要看结构和经济增长成果的分享等。而经济增长的效益主要包括经济效益、社会效益和生态效益三个方面。经济增长数量、质量及效益三者之间的关系表现在：

第一，经济增长数量和质量的关系界定。世界上的任何事物都是数量和质量的统一，经济增长也是数量扩张和质量提升的统一。经济的数量增长主要是解决增长速度问题，数量上的增长取决于要素投入规模的扩大。经济增长质量是经济的数量增长的产物，解决的问题是资源利用效率和要素生产率提高。经济增长质量以经济增长数量提高为基础，是在数量提高基础上的结构优化、稳定性提高、

福利分配合理化和资源环境代价最小化的总体体现。经济增长质量和数量一致性的条件是要素积累与经济结构优化的协调，由于经济结构的优化能够节约要素在生产部门之间的配置成本，提高要素积累的效率，所以在生产要素积累的过程中，经济结构将随着科学技术进步和市场需求结构的变化而不断调整，推动经济增长方式、经济动力结构不断转变，从而提高经济增长质量。

第二，经济增长的数量和效益的关系界定。经济增长的数量关注的是产出总量的增长，经济增长的效益解决的是产出最大化问题，通过经济增长中投入和产出的比较，关注的是投入要素边际产量的增长。在经济增长过程中，经济增长的效益要求以最小的成本投入换取最大的收益，如果以较少的投入就会带来较高的产出，使各种要素的边际产量得到增长，这就实现了有效益的经济增长。"要实现经济增长的数量和效益两者的一致性，就必须将数量增长和边际产量的增长结合起来，实现经济增长过程中经济系统内部运行成本、社会系统的成本、自然系统的成本三者的最小化。这意味着经济增长质量就是经济增长成本的最小化，在经济增长中不仅要考虑物质资本、人力资本的投入，还要考虑自然环境资本、社会资本的投入，通过对投入与产出的关系的比较对经济增长的效益做出判断。"①经济增长质量是经济系统、自然系统和社会系统耦合的结果，当经济系统、自然环境系统和社会系统处于耦合状态时就会推动经济增长质量和效益的提高。相反，如果经济系统、自然环境系统和社会系统不耦合，经济的数量增长即使再快，经济增长的效益也会越低，经济的数量增长和质量增长的不一致性会不断地加大。

第三，经济增长的质量和效益的关系界定。经济增长质量反映的是经济增长效率的优劣判断，经济增长的效益反映的是经济增长的投入产出比，投入产出比的合理性是通过经济增长的成本和边际增量表现出来的。经济增长效益的提高，不仅节约了要素投入，而且增强了经济增长的可持续性，同时使得要素生产率得以提高。经济增长质量是提高经济效益的基础，经济效益是经济增长质量的表现，高质量的经济增长一定会有好的效益。因此，经济增长质量和效益具有一致性，当经济增长质量高的情况下，经济增长过程中的生产率也会高；同时经济增长的经济成本、社会成本和资源环境成本也会处在一个最低水平。这样经济增长中实现了经济效率提升、成本最小化、产出最大化，经济增长中的质量和效益达到了有效的协调。

通过上述分析，我们可以得出的结论是经济增长的数量、质量和效益一致性的条件有：一是经济增长战略具有质量效益导向。在激励机制和制度安排上，为

---

① 任保平，李娟伟. 实现中国经济增长数量、质量和效益的统一 [J]. 西北大学学报（哲学社会科学版），2013，43（1）：110 - 115.

经济增长的数量、质量和效益的一致性提供战略导向。二是经济结构的优化。经济结构应该随着科学技术进步和社会需求的变化而得到优化升级，技术进步成为推动经济增长的长期动力。三是保持合理的要素投入结构。合理安排各种要素投入，实现各种投入成本的最小化，实现以最小要素投入获得最大的产出的目标。四是经济增长的成果具有普惠性。经济增长能使大多数人分享经济增长的成果，居民福利水平的不断改善，实现以人民为中心的发展。五是经济增长的社会成本和环境成本能控制在合理的范围内，不断降低经济增长过程的负外部性。

三、经济增长质量和效益提高的逻辑机理

（一）经济增长质量和效益提高的宏观机理

一是经济增长质量和效益提高是生产力因素与宏观经济长期变动的结果。在宏观经济的长期变动中，潜在生产率能够衡量经济体中所有生产要素最优配置情况下可达到的最大增长率，从而提高经济增长质量，可见经济增长质量的提高是生产力因素与宏观经济长期变动的结果。一个国家经济增长质量和效益取决于实际或者潜在要素数量和实际或者要素生产效率。潜在生产要素的实际利用效率系数是由总需求方面的因素决定的。当潜在生产要素的实际利用效率系数变化时，则带来经济增长周期性的波动，因而要提高潜在要素的实际利用的效率，促使实际增长水平与其保持一致，则能避免经济的大起大落。经济增长保持在一个平稳的状态下，可以避免经济增长出现大范围的波动，使得经济运行具有稳定性。实际经济增长速度一般由需求因素决定，而潜在生产率则由供给因素决定，在既定的社会状态下，潜在的生产率的改善是需要相当长的时间，而实际增长速度相比而言则调整得更为迅速。

二是经济增长质量和效益提高与生产效率有关。当一个社会的制度状况决定着生产效率的发挥程度，并与之成正比。制度对于长期的经济增长有着至关重要的作用，制度决定着社会信息流动的成本。各种经济制度相互包容，信息流动充分，对于所有经济生活主体来讲，信息是完备的。市场能够有效地对资源进行配置。资源配置的问题一般体现在经济增长中结构性的变迁过程中，在这种情况下，由于资本和劳动在农业和非农业部门中流动，若要素完全流动，则要素的回报率在部门之间会获得相同的报酬，此时由于价格不存在扭曲，TFP 能够发挥到峰值；若存在扭曲，则由于价格效应与规模效应同时发生，从而使 TFP 水平无法发挥到最大限度。

三是经济增长质量和效益的提高取决于收入分配的均等程度。从总体看来，收入分配的均等化程度对经济增长质量和效益的影响有以下两方面：一方面是收

入差距的扩大会造成经济波动。收入分配与储蓄率有着密切的关系，收入差距的扩大可能会降低总需求，从而形成经济的强烈波动。另一方面是收入差距的扩大会造成产业结构的变迁，较大的收入差距会造成厂商生产规模的扩大或缩小，从而带来的经济增长结构性变迁改变一个国家经济结构。但是穷国和富国的收入差距的扩大会造成不同的效应，在发达国家较大的收入差距带来的是总需求的消费抑制，富裕国家的居民消费层次应该更加接近；在贫穷的国家，收入分配差距的扩大则能够很好地带动产业向着高级化产业的方向发展。在发展中国家，居民的消费层次的差距更大。对于中国而言，居民消费层次的差距在缩小，意味着收入差距缩小更有利于结构变迁，进而提高经济增长质量和效益。

（二）经济增长质量和效益提高的中观机理

第一，产业结构转型升级促进经济增长质量的提高。产业结构作为经济结构的主要方面，其协调优化能够促进各类生产要素和资源向效率较高的部门流动，无论对科技创新驱动、资源配置优化还是生态环境保护等多个方面均发挥着重要作用，是提高经济增长质量的中观经济增长路径：

首先，创新农业的生产经营方式推进农业经济增长质量。作为我国实现经济协调发展的短板，农业的发展要转变长期形成和固化的传统生产经营方式。一是以科技创新提升农业发展水平，实现农业经济增长质量，推动农业向更高效率、更优质量和更高附加价值的方向发展；以科技创新推动农业的绿色生产，促进农业生产向更加节约和更为持续的方向转型。二是要完善农业产业组织，实现农业经营和组织制度的现代化，转变长期以来分散的小规模经营的现状。三是要在农业生产中引入高端生产要素，除科技创新之外，还要重视人力资本要素对农业现代化发展的重要作用，不仅需要对农民进行人力资本投资，提高农业劳动者的受教育程度，而且要激励创新创业人才进入农业产业，进行新技术和新产品的研发、培育和推广。

其次，通过新型工业化与工业现代化的协调实现工业经济增长质量。这意味着科学技术创新要在工业经济增长质量中发挥关键作用，现代高端生产要素的投入将成为培育竞争优势的核心力量，也意味着工业发展更加尊重自然规律和经济发展规律，重视社会、经济、自然的和谐共生。一是要推动产业化创新，提高工业生产的效率，促进产业结构向中高端迈进；通过产学研紧密结合的协同创新，实现重大专项技术突破，培育未来主导产业。二是转变经济发展方式，改善现阶段工业生产中资源利用效率低下和造成的生态环境破坏问题。我国的工业发展是以高投入、高污染和高消耗为特征的，在新的经济发展阶段需要推进生产方式由粗放向集约转变，注重经济与社会、人与自然之间的可持续和谐发展。三是充分发挥我国人力资源丰富的优势，大力引进和培养高素质创新创业人才，为产业化

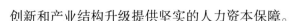

创新和产业结构升级提供坚实的人力资本保障。

最后，推动消费和第三产业的发展，通过培育新动力提高经济增长质量。马克思的社会再生产理论认为，由于人们往往会在消费过程中产生新的寻求，因而消费环节不仅可以作为社会再生产的终点，也能够成为起点，不断为生产提供动机和动力。消费需求的增加为生产活动提供了市场，消费结构和消费层次的提升也能够推动现代生产力的发展，促进产业结构的优化升级。因此，新时代背景下经济协调发展和持续增长有赖于转变以往主要以投资和出口拉动经济增长的方式，促进消费与投资协调发力。一是要培育消费力，提高居民收入水平，逐步实现居民可支配收入及劳动报酬占比的提高，注重调整分配结构，合理地缩小贫富差距。同时，完善社会保障体系，着力在住房、医疗、教育、就业、养老等方面提供合理有效的保障，促使居民形成对未来生活的良好预期，降低预防性储蓄。二是注重培育和发展现代服务业和消费性服务业。在信息技术和互联网发展催生新业态的背景下，现代服务业的发展也应围绕"互联网＋"展开，不断促进互联网和经济社会的融合发展。而消费性服务业则应致力于满足居民日益增长的对美好生活的需要，实现多元化和专业化。

第二，区域经济协调发展促进经济增长质量的提高。推进经济增长质量的提高需要推进区域协调发展，提高发展质量。因此，必须着力解决区域经济发展中的不协调，补齐短板，推动国家实现更高水平的全面发展。提高经济增长质量的区域经济协调发展的路径在于：

首先，推动经济聚集，构建经济增长质量极。发展极理论最初是由法国经济学家佩鲁提出的，该理论认为发展极是由创新性行业在空间上聚集从而推动一个地区并辐射其他地区经济增长的单位。经济增长质量极的作用主要表现在：一是对于周围地区的辐射效应和扩散效应。发展极作为一个地区的中心和区域中发展水平最高的集合单元，对外围地区的生产方式和产业布局选择都存在较大影响，会带动相关行业、部门和企业的发展。二是发展极能够通过区位经济、规模经济和外部经济实现经济增长。集中的专业化生产和企业间密切的交流合作使得不同企业之间不仅可以提高分工程度、降低管理费用、减少非生产性支出从而降低边际成本，而且能够促进企业之间共同承担新产品、新技术开发的投入，提高企业自主创新能力和产品竞争力，同时还使得不同企业不断集聚从而形成稳定而庞大的市场需求和市场供给。

其次，创新区域发展战略，提高区域发展的质量。一是继续推进"一带一路"建设，促进陆海、东西的联动与开放，形成新时代背景下我国经济全面对外开放的新格局。建设"一带一路"能够促进西部地区成为经济开拓的核心区，中部地区发挥腹地广阔的优势，东部地区实现产业结构的转型升级。二是推动京津冀地区的协同与一体化发展，打造现代核心经济圈，将北京经济发展过程中出现的"城市病"问题放在更大的战略空间中进行考虑，对非首都核心功能进行有序疏导和再布局。三是推动长江经济带建设，既要将修复长江生态环境放在首要位置，构建长江流域生态环境保护协调机制，建设沿江绿色生态廊道，又要发挥科技领先和产业体系完备的优势，增强创新活力，为我国产业结构向中高端水平迈进提供有力支撑。四是要深入推进西部大开发，把握"一带一路"建设的历史性机遇，完善基础设施建设，培育重点城市群，增强可持续发展基础能力。同时，西部地区要着力解决贫困问题，有效推进精准扶贫，继续采取产业扶持、转移就业、异地搬迁、社保兜底等方式提高脱贫攻坚成效。

最后，促进要素自由流动，提高城乡经济增长质量。区域经济的协调发展有赖于统一大市场的形成，因为现代市场体系健全、开放、竞争和统一的程度直接影响着市场对资源配置的范围和程度。统一大市场的建立一是要消除限制生产要素有序自由流动的各种体制障碍，尤其要放宽政策对劳动力流动的限制，消除城乡之间、区域之间的户籍壁垒，提高城乡经济增长质量。着力促进不同区域之间的居民在公共服务、社会保障和经济政策等方面享有同等权利和自由。二是要建立统一完善的市场规则和法律制度，保障市场经济的规范化运行，为生产经营创造良好的市场环境。还要处理好市场与政府之间的关系，明确界定政府职能，让市场在资源配置中发挥决定性作用，让政府在经济增长质量中提供完善优质的公共服务、加强市场监管等方面发挥主导作用。

（三）经济增长质量和效益提高的微观机理

在微观上，经济增长质量和效益提高的微观机理在于通过企业创新、企业商业模式创新和企业人力资本作用的发挥来促进经济增长质量的提高。

第一，企业创新促进经济增长质量的提高。企业创新是指企业为制造新产品、提供新技术和提高产品质量所进行的研发活动，企业生产的产品和服务的质量提高和生产技术的革新是创新活动的直接产出。企业创新通过技术进步扩大生产可能性边界，促进经济增长质量的提高。企业创新通过一定的传导机制在提高生产效率、稳定性方面作用于整体经济增长质量的提高：一是在生产体系中引入生产要素、生产技术及生产条件的新组合，通过引进新技术生产出新产品，开辟新的销售市场。提高社会劳动生产率和生产要素的边际生产率，改变产品质量和差异性，带动产业结构优化和新兴产业形成，促进经济增长质量的提高。二是协调各生产要素之间的分配，使市场在要素资源配置中发挥有效的作用。带动资源从生产率较低的部门向生产率较高的部门转移，提高资源在部门间的配置效率，促进整个经济增长质量的提高。通过企业的创新活动提高资源配置效率，改善供求失衡，增强了经济增长的稳定性，从而提高经济增长质量；建立起有效的监督与激励机制，从而形成新制度、新约束，抑制经济增长中经济主体可能发生的浪费资源、污染生态环境等机会主义倾向，使企业更加注重资源的节约和生态环境的改善，从而降低经济增长代价，促进经济增长质量提高。

第二，商业模式创新促进经济增长质量的提高。商业模式创新涉及产品、工艺或者组织的创新等多个要素同步变化，商业模式创新属于企业制度创新，是指企业以新的方式来形成赚取更多收益的经营方式。一方面，商业模式创新是一种在组织形态、服务方式等方面进行的服务创新，与技术创新不同，技术创新是开发出新产品或者新的生产工艺。商业模式创新注重从客户的角度出发，激励企业围绕效率或客户所期望的产品特征展开竞争，使企业以更低的生产和管理成本生产出客户满意的产品。通过提高社会劳动生产率和生产要素的边际生产率，促进整个社会的资源从生产率低的行业向生产率高的行业流动，带动产业结构的转移，推动现代化产业体系的构建，促进了经济增长质量的提高①。另一方面，企业商业模式创新开创了一个全新的可赢利产业领域和盈利模式，给企业带来战略性的竞争优势和持久的盈利能力，带动整个行业和产业积极寻求比较竞争优势，推进经济发展方式从要素驱动转向创新驱动，从而提高经济增长质量。

第三，人力资本作用发挥促进经济增长质量的提高。人力资本是一国经济增长的核心要素，人力资本不仅有利于促进生产水平专业化和分工的深化，还能加长迂回生产的链条，形成迂回生产方式，提高产品附加值，实现规模报酬递增，提高经济增长质量。人力资本对经济增长质量提高的作用机制在于：一是人力资本通过内部效应和外部效应作用的发挥影响经济增长质量。内部效应表现为人力资本投资增加了经济主体自身的收益。人们受教育水平的提升提高了人们处理不均衡状态的能力，及其处理问题的效率，从而合理分配自己的各种资源，带来分配效益。外部效应表现为人力资本在生产要素之间发挥着相互替代和补充的作用。在生产过程中，教育水平的提升提高了劳动者的平均劳动熟练程度与工作效率，降低单位产品的生产成本，从而提高效益。二是人力资本通过提高全要素生产率间接提高经济增长质量。人力资本使得劳动者较快地接受新工艺、新方法，掌握新机器的操作流程，将自主创新和引进的新技术尽快与生产过程相结合，提高生产力的水平和质量，促进全要素生产率的提高，通过生产效率促进经济增长质量的提高。

第二节　从数量型增长向质量效益型增长的转型

在新常态背景下的经济增长中实现数量、质量和效益的统一，就必须围绕提高经济增长质量这一目标在经济发展战略、发展模式、结构和驱动力转换等多个

---

① 任保平，甘海霞. 中国经济增长质量提高的微观机制构建 [J]. 贵州社会科学，2016 (5)：111 - 118.

方面作出转型。具体的路径转型包括如下几点。

一、向质量追赶型经济增长的战略转型

我国过去的经济发展战略是以数量赶超型发展战略为特征的，这种数量赶超型战略解决的是经济的数量增长问题，但是不能解决经济增长的质量和效益。提高经济增长质量要使经济增长的战略由数量追赶型增长战略转向质量效益追赶型增长战略①：一是战略思路向竞争优势的转型。经济增长质量是建立在竞争优势原则基础上的，强调智力资源和创新系统的建立。因此，实现经济增长质量的提高的战略思路要由过去强调比较优势转向强调竞争优势，以提高创新能力和竞争力为目标，培育经济增长新优势，提高经济增长质量。二是战略目标向高效率的创新型增长转型。在强调需求对经济增长和经济增长拉动的同时，更加强调优化供给结构，促进产业结构升级，降低能耗提高效益，走自主创新之路、新型工业之路、农业现代化之路和新型城镇化道路。三是战略模式向质量效益型增长转型。要提高经济增长的质量和效益，实现经济增长的数量、质量和效益的统一就必须实现经济增长的战略模式由过去的数量速度型增长向质量效益型增长转型。四是战略要素依赖向智力资源依赖转型。质量效益型增长依赖于智力资源，强调在经济增长中技术进步、人力资本作用的发挥。要提高经济增长中质量和效益，经济增长的战略要素依赖由物质资源依赖向智力资源依赖转型。

二、向成本内生化的经济增长模式转型

中国未来的经济增长要追求经济增长的质量，要实现中国经济增长的数量、质量和效益的统一，必须实现经济增长模式的转变，建立成本内化的经济增长模式。成本内化的经济增长模式把资源、环境、生态内化为经济增长的内部要素的前提下，人与自然生态相协调的前提下，以追求经济增长的质量为目标，降低经济增长的代价。这一模式的内容有：在发展观上，以人与自然的协调为核心，将经济过程与自然过程相结合，以降低发展成本来提高经济增长的质量。在生产方式上，推行清洁生产和柔性化的工业生产方式。大力推行循环经济，在环境方面表现为污染低排放，把清洁生产、资源综合利用、生态设计融为一体。在消费方面，倡导文明健康的消费方式。提倡文明消费与适度消费，改进消费结构。建立资源环境低负荷的社会消费体系。加强对消费过程中对破坏环境行为的抑制。在技术选择上，围绕环境保护和降低资源消耗建立新的技术才能创新体系。研究、

---

① 任保平，郭晗. 新增长红利时代我国大国发展战略的转型 [J]. 人文杂志，2013（9）：30 – 37.

开发和推广无污染的新技术和治理环境污染的新技术。研究和开发提高资源利用效率的新技术，降低资源浪费，拓宽人类资源利用空间。在经济增长的评价方面，建立经济效益、社会效益、生态效益相结合的综合评价体系，以经济增长的净收益来衡量经济增长质量。

三、转向创新驱动型的经济增长动力

我国传统的数量型增长是一种要素驱动型经济增长，要实现经济增长质量和效益的提高，必须实现由要素投入驱动向创新驱动的转型。实现经济增长动力从要素驱动型转向创新驱动型的路径在于：一是以产业创新形成新型产业体系。要通过创新驱动来实现经济增长数量、质量和效益的统一首先要进行产业创新。产业创新的目标是：构建以高端制造、创新驱动、品牌引领、低碳发展为特征的新型产业体系。二是以科技创新形成完备的技术创新体系。要通过创新驱动来实现经济增长数量、质量和效益的统一也要进行科技创新，科技创新的目标是：大力推动自主创新，实现从模仿创新到自主创新的转型，形成完备的技术创新体系。三是以制度创新提供保障制度创新。实现经济增长质量和效益提高的制度创新目标是：通过进一步深化改革，不断进行制度创新，为经济发展方式的转变提供有利的制度环境。四是以战略创新形成具有自主知识产权的协同创新体系。战略创新的目标是：加大对高新技术人才的培养与引进，对技术方面的投入，最终形成具有自主知识产权的协同创新体系，发展具有比较优势的产业链，带动我国经济的快速增长。提高创新能力，根据比较优势形成自己的产业链以增强国际竞争力。

四、向高级化转型的经济增长结构

我国过去的数量型经济增长主要依赖于二元经济结构的转化，在二元经济结构转化中形成传统与现代并存的多元化产业体系。在这种产业体系和结构政策背景下，经济增长数量快，但质量和效益低。在未来中国经济增长中要实现经济增长质量和效益的提高，就必须使经济结构转向高级化：一是提高企业自主创新能力注重企业的人力资本积累，引导人力资本、知识和技术在部门产出增长中发挥作用；二是加大传统部门技术和人力资本投入，促进产业结构升级，促使企业向知识驱动型转变，实现产业结构转化为规模报酬递增；三是积极推动中国产业结构向合理化和高级化演进、加快现代产业体系的形成，增强产业结构的转换能力，使中国未来经济增长的主要方向从以结构多元化求增长速度向以结构高级化求增长质量转变。

五、向质量效益型体制转型的经济增长体制

造成经济增长方式难以转变、经济增长的数量、质量和效益不一致的深层次原因在于经济体制。要实现经济增长质量的提高，就必须向质量效益型经济体制转型：在行政管理体制改革中，把质量和效益指标纳入考核体系中，形成质量激励和效益激励。通过深化改革，正确处理政府和市场的关系，最大限度上消除扭曲的体制性因素对经济增长的影响，实现数量、质量和效益的统一。在投融资体制改革中，改变现有行业部门和政府管投资的体制，建立投融资的市场化机制，实现投融资主体行为的市场化，使经济主体按照市场需求和效益原则进行投融资。建立起实现经济增长中数量、质量和效益相统一的体制机制，发挥市场的作用。发挥竞争机制在资源配置中的作用，促进资源的合理流动与有效配置，以解决产业趋同以及由此而引起的产能过剩的问题。在科技体制改革中，充分发挥市场机制在科技资源配置中的基础性作用、企业在技术创新中的主体作用，形成科技创新的合力。形成以企业为主体、市场为导向、产学研相结合的技术创新体系。

第四章

经济增长质量和效益监测预警的
理论与方法

第一节　经济增长质量和效益监测预警的理论机理

为说明经济增长质量和效益监测预警的理论机理，首先需要回顾宏观经济预警的理论机理。宏观经济预警的理论基础是经济周期理论。经济周期是指宏观经济周期性出现的繁荣与衰退相互交替循环的一种现象。经济周期可以简单理解为经济有周期性的波动。在现代经济发展过程中，随着货币政策、财政政策的调整，以及金融危机、石油危机等不可预测突发事件的发生，经济波动不可避免。所以，经济增长无法沿着稳定的路径一直上升，而是受到多因素影响，表现为上下起伏、周期循环的动态过程。宏观经济学的重要任务之一便是关注经济周期问题，既寻求对经济周期必然发生的理论解释，又期望提供减轻其冲击程度的政策建议。

大量研究发现，有些经济指标，例如，固定资产投资完成额、粗钢产量等指标可以提前预示经济周期的到来，经济学家通常使用这些超前指标或者先行指标来预测、预警经济的未来走势。据此，宏观经济监测预警以经济周期波动的特征和规律为基础，借助时间序列分析技术，对经济运行的基本趋势与拐点进行预测，从而为应对经济周期的变化提前做好准备。如果监测到经济将迎来繁荣，政府应当实施缓解价格上涨的政策；如果经济将滑入衰退，政府应当进行减税、促进就业。那么，经济周期理论中的观点与方法能否在监测预警经济增长质量中得到应用呢？在此将通过比较二者理论体系的特点，进行深入分析，并回答这一问题，进而探索适合该理论的监测预警方法。

第一，"经济增长质量是经济数量增长到一定阶段后，经济增长效率提高、结构优化、稳定性提高、福利分配改善以及创新能力提高，从而使经济增长能够长期得以提高的结果。不仅于此，经济增长质量理论还强调人本思想，以人的自由发展和福利改善为出发点，设计经济增长的路径"①。而经济周期理论无论将多少经济指标放进合成指数或者扩散指数体系，依然难以体现人本主义思想、实现价值判断。

第二，虽然传统的经济增长理论关注净收益的最大化与成本的最小化，可以利用利润函数和成本函数的极值问题进行数理规划。但是经济增长质量与效益不适合极值问题的求解，它更多地关注经济增长的稳定性、结构的协调性、福利的分享性，只有通过地区间的横向比较或者历史的纵向比较才能判断其优劣程度。在没有最优解的前提下，风险最小的监测预警思想同样不适用于经济增长质量预警问题的分析。

第三，经济周期理论一般需要确定先行、一致、滞后指标，利用先行指标的先兆作用做出宏观经济预警，并选择工业增加值增速等数量指标表示经济运行的同步基准。但是不同地区和国家由于经济增长质量往往与经济增长数量呈现出不一致性，时间上的不匹配导致数量与质量体系的波动位移，无法用数量周期的指标来表示质量体系。

第四，经典经济周期理论核心指标关注宏观层面的经济因素，在具体预警方法上也同样采用投资、生产、消费等宏观变量，虽然在产业层面会关注具体产业指标的使用，但是始终缺乏微观基础。而经济增长质量理论体系不仅拥有长期论、复杂论、系统论，还注重微观机制的形成。经济增长质量理论体系在微观层面注重产品质量的提升，认为企业可以通过市场竞争，最终形成人力资本作用的真实发挥、创新能力的提升以及商业模式的创新。所以，缺乏微观基础的经济周期理论即使在方法上有所创新，但始终没有建立在经济运行的微观基础之上。

第五，经济周期理论是基于传统经济增长理论发展演变，多数观点与方法均是在要素线性组合、长期向稳、趋于一个鞍点均衡等假设条件下得出。而经济增长质量理论认为经济增长是一个复杂系统的过程，具有非线性、非稳定性和非均衡性特征，即要素组合可能为非线性关系、可能存在多条发展路径、多个均衡状态，并且经济增长质量看重经济增长系统与社会系统、自然资源系统的耦合问题，该理论主张用系统论观点来分析这一问题。所以，简单的经济周期理论无法有效地对经济增长质量进行监测预警。

第六，需要强调的是，我国已经进入新常态发展阶段，经济增长从高速进入到中高速阶段，增速明显放缓，整个经济的周期波动性明显降低，再使用经济周期的分析框架已经无助于我国经济的具体现实。

由此可见，经济增长质量预警的理论基础是系统演化理论，而不是经济周期

---

① 任保平. 经济增长质量的逻辑［M］. 北京：人民出版社，2015.

理论。系统演化理论包括各要素、各系统间的耦合、协变、发展问题，可以综合运用各类方法很好地对经济增长质量理论体系进行深入的分析，从而对其未来发展进行科学的监测预警。例如，在监测预警指标的选择上，不必受困于以往分析者需要过硬的理论基础才能选择出科学、合理的分析指标，可以首先依据数据的可获得性尽可能多的选择分析指标，然后系统地对各指标的属性问题进行科学的约简，从而实现全面又简洁的指标体系；在不知道各指标间相互作用关系是线性还是非线性的情况下，可以运用神经网络思想进行"黑箱"处理；在无法确定最后警情指数中各指标权重的条件下，可以采取客观权重和主观权重相组合的思想进行确定。

基于系统演化理论，从监测预警维度的确定，到各维度内具体指标的甄选、排查，以及入选指标的处理、预测，最后通过赋予各子项权重计算出综合警情指数，可以对经济增长质量与效益进行监测预警。

第二节　经济增长质量和效益监测预警的维度确定

以经济周期理论为基础的宏观经济预警方法使用先行指标、一致指标与滞后指标展开分析，并且由于一致指标仅使用工业增加值同比增速这一个数量因素，所以未能形成全面的维度分析。维度不仅是经济增长质量体系的一个方面，更是一类具有共同经济含义指标的集合。与经济周期理论中事物发展须遵循先后顺序的原则不同，经济增长质量体系更为注重内在逻辑。因此，基于质量增长的理论逻辑和监测预警的理论机制，经济增长质量和效益监测预警的维度确定主要从条件、过程、结果与效益等四个维度进行考虑。

第一，经济增长质量条件的维度。经济增长是从个体到部门，从行业到宏观的全面发展过程，经济增长质量更是从数量累计到质量提高的高级发展阶段，明确经济增长质的条件维度尤为重要。具体而言，条件维度的内涵应包括经济主体对于未来经济走势的预期、投资情况与半成品产量。其一，部分经济主体会对经济增长的预期变化非常敏感，例如，各行业的采购经理指数可以提前三个月敏锐地感觉到经济短期内的增长情况，从而决定其采购意愿。同样，工业产品销售率与消费者预期指数等指标也会对短期内的经济景气程度作出判断。其二，依据地方经济增长方式与驱动力的特点，也可以考察投资作为经济增长质量与效益的条件维度。因为投资中的企业固定投资与居民住房投资均代表了经济主体对于未来经济走势的预判。未来经济增长前景向好，企业会扩大投资，购置厂房、设备，家庭也会及时购买住房，以期获得额外收益。投资维度指标可以表现为货运量、新开工项目计划总投资、金融机构人民币贷款余额、沪市 A 股成交量与广义货币供应量（M2）期末同比等指标。其三，更为深入地考察可以发现，工业生产过程处于产业链上游的半成品或者基础性能源也具备成为经济增长质量的条件特点。企业投资、农民播种、市民购房之前，一定会带来产业链上游物资与半成品以及劳动力等生产要素需求的增加。例如，粗钢产量、水泥产量、化肥产量、商品房新开工面积与企业用工需求等指标预示着实现经济增长的前期投入是经济增长质量形成的预备条件。

第二，经济增长质量形成过程的维度。有了条件维度，下一步整个社会将在此条件基础上，结合该地区的禀赋资源展开生产，即经济增长质量的形成过程。一个地区经济结构是指一定社会中占统治地位的生产关系各方面的总和，而经济基础表示与物质生产力的一定发展阶段相匹配的、占统治地位的各种生产关系的总和。历史唯物主义认为经济基础决定"上层建筑"。所以，现有的经济结构决定该地区的生产组织方式，工业、农业以及服务业等都会在该结构下展开生产。生产出来的产品与服务可以即时反映经济增长过程。例如，工业增加值、发电量、货币供应量（M1）期末同比、进出口总值等指标可以代表经济增长质量的形成过程。

第三，经济增长质量结果的维度。传统经济增长理论仅注意了增长的总量，没有对经济增长的结果进行评价。而经济增长质量理论体系不仅包括上述过程，还强调对经济增长结果的价值判断问题，尤其是对利益和谐的重视、对经济可持续发展的重视及对道德伦理的重视。首先，利益和谐主要是指经济增长成果公平合理的分配问题，要求所有劳动者都可以实现机会平等。其次，经济发展的可持续性是指经济增长对资源环境的影响要在可控范围内。如果经济增长是以破坏生态环境、低效率地消耗可耗竭资源为代价，则这种经济增长方式显然是不可取的。最后，强调道德伦理是因为道德力量可以调节、缓和利益关系，并进一步通过经济增长提高人的道德水准，使其恪守伦理原则，最终实现科学理性与价值理性相统一，提高经济增长质量。具体而言，由于最终产品进入到消费环节，消费与财政收入可以一定程度上体现经济增长质量的结果。例如，社会消费品零售额、居民消费价格指数、工业产品库存、碳排放量与地方政府的财政收入与支出均反映了经济增长的后续状况。

第四，经济增长质量的效益维度。经济增长效益维度主要包括经济效益、社会效益、生态效益三方面。任保平（2015）给出了经济增长效益的具体含义："经济增长的经济效益取决于投入与产出的比较，取决于以最少的投入获得最大的产出，取决于经济增长的代价和持续性；经济增长的社会效益取决于经济增长的目的，是为了数量增长而增长还是为了人民生活和福利水平的提高而增长；经济增长的生态效益取决于经济增长过程是否实现了资源环境代价的最小化。"

第三节　经济增长质量和效益监测预警的总体方法

总体来说，目前监测预警方法可以分为线性方法与非线性方法两大类。

作为时间序列分析的基本理论，一个时间序列可以分为趋势要素、循环要素、季节要素和不规则要素四部分。根据用于度量经济活动波动的时间序列的不同，可将经济周期分为古典周期、增长周期、增长率周期。古典周期是将趋势要素和循环要素视为一体，观察经济时间序列的绝对水平本身的上下波动。增长周期则把趋势要素成分与循环要素成分相分离，将趋势要素成分看成是景气变动的主要体现，忽略掉各要素的变动，常用于针对发达国家的分析。增长率周期观察的是经济时间序列的同比增长率，由于增长率周期拐点的出现早于增长周期和古典周期，故适用于经济增速较快的发展中国家。

线性方法中具体包含：

（1）景气指数方法：根据先于经济景气变动的经济指标合成先行指数；根据同步于经济景气变动的经济指标合成一致指数；根据滞后于经济景气变动的经济指标合成滞后指数。最终利用这三个指数形成预警中的合成指数法和扩散指数法。

（2）景气信号灯：选取一组重要的宏观经济指标代表经济的发展状态，通过判断这些指标所处的冷热状态，合并成综合警情指数给出当前宏观经济总体的冷热判断。

其他的线性方法还有主成分分析法、判别分析法、聚类分析法等。线性方法优点是算法简单，结果明了，缺点是关于预警因素与预警指标间假设为是线性关系，太过于粗糙和简单。

非线性方法包含以下三种：

（1）神经网络算法。人工神经网络最大的特点在于可以自主学习，并具有自适应能力。通过一批相互对应的输入、输出数据研究二者之间的潜在规律，并利用这些规律，再利用新输入的数据计算新的输出结果。该过程称为"训练"。人工神经网络算法的优点是具备强大的非线性拟合能力，对任意复杂的非线性关系都可以实现映射。该方法学习规则简单，适用于计算机处理，且具有稳健性强、自学能力强的特点。但由于以风险最小化为目标，计算过程容易陷入局部最优，结果不一，并且会过度学习，需要大样本量。但目前有技术可以克服这一缺点。

（2）粗糙集理论。这是一种研究不完整数据、模糊和不确定性知识的表达、学习与归纳的数学工具。它能描述和处理不完备信息，能在保留关键信息的前提下对数据进行约简并求得知识的最小表达，特别适用于智能控制与复杂系统分析。优点是无须提供问题所需处理数据集合之外的任何先验信息，所以对问题不确定性的描述或处理比较客观。该方法的重要功能是能对信息系统进行约简，减少后续神经网络构成的复杂性。在实际分析中，常将粗糙集与 BP 神经网络联合使用，即粗糙集作为神经网络的前置系统使用。

（3）支持向量机（SVM）。该算法以统计理论为基础，在解决小样本、高维模式识别与非线性问题研究中发展起来。其以结构风险最小原理为基础，以线性条件为约束，求解凸二次规划问题。支持向量机的优点是克服神经网络的局部最小问题，具有全局最优解。并且该算法把原问题映射到了高维空间，借助于核函数解决了维数灾难问题。缺点是对大规模训练样本较难实施。

综上所述，由于经济增长质量理论体系是非最优目标问题，故无法使用支持向量机方法来进行二次规划问题的求最优解。支持向量机方法适合风险最小化的风险控制问题，如金融风险、地方债务风险等。而合成指数法的缺陷在于各指标间的线性关系。所以，最理想的方法为首先利用粗糙集属性约简，对原始指标进行最小化、合理化甄选，其次利用 BP 神经网络的方法来初步处理（即"训练"）、预测甄选后原始指标，再次利用层次分析法和粗糙集方法确定主客观权重，最后输出景气信号灯与综合警情指数来进行预警。

第五章

地方经济增长质量和效益监测
预警的理论与方法

在经济增长质量提高的过程中,地方经济增长作为全国经济的基本增长单元,其增长质量的提高具有重要意义。地方经济增长质量同宏观经济增长质量相比具有其特殊性。因此,本章在经济增长质量和效益监测预警的研究框架下,结合我国地方经济增长质量的特点及新常态下我国地方经济的转型方向,介绍并提出地方经济增长质量和效益监测预警的基本理论框架和总体方法。

第一节　地方经济增长质量和效益的特殊性

我国政府从整体架构上分为中央政府和地方政府,两级政府各自所担负的职能有所不同。其中,中央政府在于宏观调控,而地方政府则是在中央宏观调控的措施下促进地方经济增长。从两级政府调控的角度,中国经济分为宏观经济和地方经济,宏观经济增长的质量和效益是整体经济增长最集中的表现,而地方经济增长的质量和效益作为构成宏观增长质量的基本单元,具有相应的特殊性。具体来说,主要有以下特征:

第一,地方经济增长质量是中观经济增长质量。根据系统学,国民经济可以划分为宏观经济、中观经济和微观经济三个层次,它们都是构成国民经济的重要的子系统。其中,中观经济居于宏观经济和微观经济之间,有承上启下的中介作用。从现实价值判断角度,中观上的质量是要实现经济发展的代价降低,实现经济发展成本的最小化。从终极价值判断的角度,中观上的质量经济属性是要实现国民素质优化,使经济社会实现均衡发展,最终实现人的全面发展[1]。地方经济作为中观层次经济增长的主要研究对象,具有综合性、独立性,各地区依其资源

---

[1]　任保平. 新时代高质量发展的政治经济学理论逻辑及其现实性 [J]. 人文杂志,2018 (2):26-34.

禀赋各具区域特色，地区间经济彼此联结同时相互竞争，构成中观层次的整体空间结构和生产力布局。相应来说，地方经济增长质量作为中观层次的经济增长质量更加具备时间和空间上的独立性，地区资源禀赋情况的特殊性和具体性决定地方经济增长质量和效益，因此，在地方层面的监测预警上应当着重考虑其作为中观经济增长质量的独立性、空间性和具体性。

第二，地方经济增长质量具有明显的层次性。我国的地方经济主要包括四个层次：一是省级地方经济，主要是各省份和直辖市的地方经济。二是区域地方经济，主要是指东北、华北、西北、西南等的地方经济。三是重点城市的地方经济。如今提到的重点城市经济是指省会、副省级城市等主要城市的地方经济。四是县域地方经济，县域经济也是地方经济的主要方面。以上四种地方经济在中国经济增长质量的提升中具有重要地位①，我国的地方经济增长质量也相应主要包括以上四个层次的经济增长质量，在地方经济增长质量和效益的具体监测预警中也应当根据其层次性进行整体系统下不同层次的监测和预警，避免由于层级结构导致约束力度逐层增强，扭曲地方要素资源配置②。

第三，地方经济增长质量受其资源禀赋的重要影响。一个地区自然资源存量的多少，是经济增长的重要条件之一。地区经济增长质量的提高体现为在地区原有资源禀赋的基础上，经济增长的结构优化、更加稳定、更有效率、福利分配情况改善，国民经济素质提升，从而使地区经济增长在质量和效益层面上真正实现高质量、高效益和可持续的状态。在地方经济层面，资源禀赋在一定程度上决定着地方经济发展的产业结构、进一步决定着地区产业的发展方向，从而影响地方经济增长的效率、结构、稳定等多个方面，最终决定着各地区经济增长质量和效益的不同。中国地域广大，各地区资源禀赋和经济发展水平差异巨大，因此，在对于我国地方经济增长质量和效益的监测预警上，应当在经济增长质量监测与预警的框架下加入资源禀赋因素的考虑。

第四，地方经济增长质量与其所处发展阶段密切相关。经济增长质量是经济数量增长发展到一定阶段的产物，地区经济增长的质量和效益的要求随着其所处发展阶段的不同而改变。地方经济发展早期以数量扩张为主，此时地区经济工业化水平低、市场环境温和、资源环境约束宽松，经济在较为宽松的环境下粗放增长。随着工业化的全面推进，经济增长数量大幅提高，经济发展逐步进入高级阶段，市场竞争激烈，资源环境约束趋近，片面追求赶超的数量增长模式必然无法持续，此时地方经济增长模式就需要从数量扩张向质量提升转变。这说明地区经

① 王向东，刘卫东. 中国空间规划体系：现状、问题与重构［J］. 经济地理，2012，32（5）：7 - 15，29.

② 余泳泽，潘妍. 中国经济高速增长与服务业结构升级滞后并存之谜——基于地方经济增长目标约束视角的解释［J］. 经济研究，2019，54（3）：150 - 165.

济的发展阶段决定着地区经济增长质量和效益的要求，在不同发展阶段，地方经济增长对于经济增长的结构、稳定性、生态环境代价、国民素质等决定增长质量的方面侧重不同。因此，对地方经济增长质量和效益进行检测预警时的警域设置应当根据其发展阶段进行合理调整。

第二节　提高地方经济增长质量和效益的逻辑机理

近年来，我国经济进入新常态，这一时期经济在经历过高速增长后，增长目标由追求数量转向追求质量与效益，经济增长质量与效益的提升将成为这一时期中国整体经济增长的主题。在这一时期，我国地方经济增长质量的提高对于整体经济走向质量型增长具有重要意义，从地方经济增长质量对于全国经济增长质量的影响来看，具体如下：

第一，省域经济增长质量是提高我国经济增长质量的主体。省域经济是指在地理空间的划分上依靠特定行政区域的分界，在调控主体的划分上依靠省级政权的分界，同时富有鲜明特征的区域经济。首先，省域经济是我国经济发展的重要基石，是连接国家宏观经济与地方经济的桥梁，一方面传导自上而下的经济发展方针和政策，另一方面需要根据其行政区内具体情况作出调整，在政权范围内进行有效调控[①]。其次，全国的经济状况是全国各省域经济的综合。综上所述，省域地方经济的数量增长决定着全国经济的数量增长，省域经济的增长质量决定着全国经济增长的质量，可见省域经济增长质量是我国经济增长质量的主体。

第二，大区经济增长质量是提高全国经济增长质量的重要单元。经济区域分为行政区域和均质区域，行政区域是指以政权管理为界的区域，在中国主要分为省、县、乡三级基本行政区，而均质区域指自然要素禀赋具有相似性或相对一致的区域，该区域具有某种一致性，在给定的时空尺度下是均质的。按照均质区域的划分，我国区域经济可以划分为东部地区、东北地区、环渤海湾地区、西北地区、西南地区、西北地区、中部地区等，这些区域无论是从区位，还是从自然要素禀赋方面来看，都具有较高的一致性。相对于以政权为界划分区域而言，以资源禀赋的相似性为界的划分更具有聚类讨论的意义。因此，讨论均质的大区经济是剖析中国经济的必由之路，提高大区经济增长质量是提高全国经济增长质量的重要单元。

第三，主要城市的经济增长质量是提高全国经济增长质量的极点。城市经济

---

① 段俊宇. 省级地方官员的任期与经济增长 [J]. 经济资料译丛, 2016 (1): 1 – 20.

作为全国经济增长的基本载体，是增长的极点①。城市经济增长对省际经济、区域经济乃至全国经济增长都具有带动作用，这种带动作用是通过主要城市的三大效应体现出来的：一是极化效应。主要城市或者中心城市具有极化效应，它可以形成一个省际或者区域经济增长的极点，引起生产要素的聚集，从而加速其经济增长速度并扩大其对资本及人力资源的吸引范围。二是扩散效应。位于中心城市的周围地区，会伴随着中心城市地区的基础设施的改善等发展历程发展自身经济，主要是通过从中心城市地区获得物质资本与人力资本等，以加速当地的资本积累速度，从而产生刺激促进本地区发展的效应②。三是示范效应。所有具有某种同质发展要素的城市，其中率先利用这种要素发展起来的城市对其他城市产生的示范作用。

第四，县域经济增长质量的提升是全国整体经济增长质量提升的增长点。县域经济对城市、省域、大区以及全国经济均有重要意义，这种意义不仅表现为经济发展的基本空间单元和产业承接载体③，更表现为县域经济在我国新常态背景下发展特色社会主义市场化经济之路中的重要地位。主要包括：一是县域经济在中国21世纪现代城镇化进程中承担了基础角色。目前我国处于经济增速放缓，但工业化、城镇化加速阶段，在当前形势下，促进县域经济增长将对现代农村城镇化发挥更为直接的助力作用。二是县域经济增长在发展质量效益型、绿色环保型、创新引领型的"三型经济"中具有特殊地位。进入新常态以来，推动以"三型经济"发展带动经济增长为核心的新型增长道路成为我国经济升级的重要任务。县域经济以其碎片化、平民化的特点，在发展"三型经济"中有其独有的优势。

第三节　地方经济增长质量和效益
监测预警的理论机理

结合中国经济新常态发展阶段和背景，对于宏观经济预警和监测体系进行扩展，进而建立地方经济增长质量和效益的监测预警体系。监测预警经济增长的质量和效益，意味着对经济增长的关注点由关注经济增长的源泉和动力扩展到了关注经济增长的前景和结果。因此，从以数量和速度为核心的数量经济预警监测系

---

① 善咨，赵曜. 产业结构、城市规模与中国城市生产率［J］. 经济研究，2014，49（4）：76－88，115.

② 孙铁山. 中国三大城市群集聚空间结构演化与地区经济增长［J］. 经济地理，2016，36（5）：63－70.

③ 胡雪瑶，张子龙，陈兴鹏，王月菊. 县域经济发展时空差异和影响因素的地理探测——以甘肃省为例［J］. 地理研究，2019，38（4）：772－783.

统扩展到以经济增长质量和效益为核心的质量经济预警监测系统在新常态下具有重要意义。基于质量效益监测预警进行延伸，我们进一步关注地方层面的中观经济的质量和效益，其理论基础建立在宏观质量效益监测预警理论上，但也拥有其特殊性。

从理论机理上来看，地方经济增长质量和效益监测预警是对宏观经济增长质量和效益的监测预警的进一步扩展，因此其监测预警的理论支撑根本上也来自系统演化理论。系统演化理论来自系统学，不同于传统宏观经济的监测预警使用的经济周期理论，该理论认为宏观经济系统由不同层次大大小小的子系统组成，子系统是一些事物的集合，这些事物相互之间具有相互作用。从系统演化角度，经济增长是一个复杂的系统演变过程，非线性、非稳定性和非均衡性是其重要特征，其要素组合为非线性关系，可能存在多条发展路径、多个均衡状态，并且受外在因素和内在因素的共同影响实现经济系统自身的内在学习和不断演化。从系统演化的角度来看，经济增长质量关注的是经济的逻辑发展原则，即在经济增长的条件、过程、结果及效益产生一系列过程中经济增长的各系统的耦合问题，经济增长质量分析本身是从后果、前景视角对经济增长问题进行的事后的规范评价。其中，在经济增长的一系列逻辑过程中，这种经济系统的耦合问题可以分为各子经济系统之间的内在耦合和经济系统与社会系统、自然资源系统之间的外在耦合。

在经济增长质量分析的价值判断中，经济增长质量和效益的提升体现为经济中各个系统内在耦合度和外在耦合度的不断提升，即在经济数量增长到一定阶段后，由于经济系统内部进入稳态，外部更加协调，耦合度提升从而使经济增长效率提高、结构优化、稳定性提高、福利分配改善及创新能力提高，经济增长长期得以提高，就逐步进入质量型增长阶段。这里，经济系统的输入和输出及外在的环境决定着经济系统的演化过程，决定系统自身可能存在的稳态，在主要因素没有大的变化的情况下，这个稳态往往和历史相同。这就提供了对于经济系统，可以通过控制黑箱、利用历史数据，由系统自我学习和反馈来进行未来预测的可能。因此，通过系统演化理论，若将时间延长，在足够充分的历史样本下，就可以根据原始系统的内在反馈和演化学习中推演经济增长质量和效益未来的发展，进而做出合理的监测和预警。

对于地方经济增长质量的监测和预警，在系统演化的理论基础上应从地方经济增长系统出发研究其系统演化的性质。首先，应明确地方经济增长的系统性。地方经济按照层次包括省域经济、大区经济、城市经济和县域经济几个子系统，同时地方经济受地方社会环境系统、地方自然资源系统、地方政治环境系统多个系统相互影响，各个系统内部及系统之间不断动态演化。其次，应根据地方经济增长质量的逻辑发展原则，考虑在地方经济增长的条件、过程、结果及效益中影响系统的主要因素。地方经济增长的条件形成主要受地方经济中的半成品产量和投资等因素影响，其增长过程主要体现为地方生产出的产品和服务及货币流量等因素，增长结果主要存在于产品和服务进入消费和流通阶段，影响消费和流通的因素将决定增长结果，增长效益是增长结果固化后的长期体现，主要受经济增长中的代价以及增长的方向和目的影响。最后，应当根据"确立警源—分析警情—建立警兆—警度的监测与预报"四个方面建立对经济增长质量与效益的监测预警系统（见图 5 – 1）。

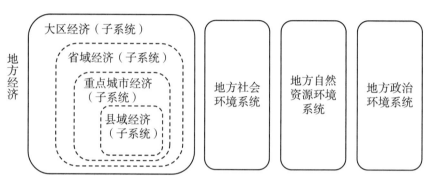

图 5 – 1　地方经济增长的系统性

第四节　地方经济增长质量和效益
监测预警的维度确定

对于地方经济增长质量和效益的监测预警，首先应对于地方经济增长质量和效益进行定量评价，其次根据合理的方法进行动态监测预警。因此，我们首先考虑评价和定量地方经济增长质量和效益。基于地方经济增长质量的特殊性及系统性，在经济增长质量的监测预警的理论逻辑和理论机制基础之上，地方经济增长质量和效益监测预警的维度确定主要有经济增长的条件维度、过程维度、结果维度与效益维度四个部分组成。

一、条件维度

按照经济增长质量分析的演化逻辑原则，地方经济增长质量和效益监测预警的第一维度为地方经济增长的条件维度。中国经济经历了数十年的高速增长，其地方经济在政府的分权调控下也经历了大幅的发展。作为发展中国家，地方经济的增长首先体现为增长条件的支持，地方经济增长质量提高的第一过程首先体现为地方经济增长的条件形成。

根据结构主义的增长理论，地方经济的增长与起飞在条件形成过程中主要受要素投入的影响，即地方经济投资、其他地方经济要素投入的影响。其中，投资首先作为经济产出的重要基础要素之一，对资本形成、资本存量增加具有重要的作用，决定着地方经济增长的资本源泉，是一个地区经济增长的重要驱动力。我国地方经济投资主体主要有地方政府和地方企业、个人两个部分，其中地方政府在分权制度下建立产业投资基金、项目投资基金等进行大规模产业和基础项目上的投资，为地方的经济增长建立良好的条件和基础；而地方的企业和个人则通过直接和间接融资进入金融市场，通过金融市场的交易使大量的闲散资金进入生产领域，从而实现资本形成并促进当地经济的增长。另外，地方经济在增长条件形成过程中的其他要素投入也是促进增长的必要因素，主要包括劳动力、产业链上游的半成品或者基础性能源等，它们预示着经济增长的前期投入状态，是地方经济下游产业发展的基础。

因此，地方经济增长质量和效益的条件维度主要包括半成品产量和经济投资，其中半成品产量主要指粗钢产量、水泥产量、化肥产量等上游产业链基础性产品，而经济投资一方面体现为实体经济的投资新开工项目，另一方面体现为金融市场的金融状况。

二、过程维度

地方经济增长质量和效益监测预警的第二维度为地方经济增长的过程维度。地方经济在增长的条件基础上，将结合该地区的禀赋资源，展开生产，完成地方经济增长质量的形成过程。地方经济增长可分为数量型增长和质量型增长，其中数量型增长体现为一个地区在一定时期内最终产品和服务增加的过程，而质量型增长体现为地方经济增长结构不断优化、效率不断提高、居民素质不断上升、生态和福利分配不断优化的过程。具体来看，一方面，地方经济增长的过程在中观层次上体现为地方产业结构的变化状态，地方产业结构的变化升级反映地方三次产业的增加值变化，根据克拉克定律，伴随各产业的变化最终促使地方经济实现增长；另一方面，地方经济增长的过程在微观上体现为地方企业的生产过程，在企业利用生产要素进行生产过程中，产出了一个地区的产品和服务，最终体现经济的增长；此外，地方经济的过程在国际角度上体现为国际收支的变化，地方在产品和服务的进口和出口过程中实现了国际贸易的进行，促使地方经济在对外开放中实现经济增长。

因此，地方经济增长质量和效益的过程维度主要包括产业结构变化、地方生产过程和国际收支变化，其中产业结构变化主要体现为各产业增加值的变化，而地方生产过程可统一体现为企业生产过程共同使用的发电量、用水量等要素变化，国际收支变化则体现为地区进出口额状况的变化。

三、结果维度

地方经济增长质量和效益监测预警的第三维度为地方经济增长的结果维度。经过经济增长的条件和过程，最终实现经济增长的结果。经济增长的结果不仅包括经济数量的增长，还强调对经济增长质量的提高，这与经济增长质量分析体系的价值判断问题相吻合。地方经济实现经济增长一方面在数量上应当带来地区产品和服务数量的提升，另一方面在质量上应当带来地区经济结构的进一步协调、经济效率的不断上升、生态环境的优化、当地居民福利分配的公平化以及当地居民素质的提高。这些经济增长带来的结果最终通过流通领域和分配领域实现地方社会和自然环境的优化，如消费额的增长、工业产品的增长、地方财政实力的大幅提高等体现了地方经济增长的后续情况。地方经济增长的结果主要着重于增长过程后期的结果和后续状况，体现经济增长质量的规范性分析。

因此，地方经济增长质量和效益的结果维度主要包括地方的产业发展和财政实力方面，其中，产业发展主要包括工业产品的库存状况、碳排放量等，地方的财政实力主要体现为地方财政收入等方面。

四、效益维度

地方经济增长质量和效益监测预警的第四维度为地方经济增长的效益维度。地方经济增长的效益是指地方经济在多个短期的增长结果形成过程之中逐渐形成的长期增长效益，即为在实现质量和数量统一的情况下，地方经济能够保持长期健康稳定发展所获得的效益。同经济增长的效益维度一样，地方经济增长的效益维度同样包含地方经济效益、地方社会效益以及地方生态效益。其中，地方的经济效益体现为地方经济收入在长期内的不断提高，如工业生产利润的持续增加，固定资产投资的不断提升等，地方经济效益的提高首先带来地方经济的飞速发展，其次将会进一步促进地方居民收入的增加，带来居民生活福利的提高。此外，地方的社会效益是决定于地区经济增长导向的增长效益，地区以人民生活和福利水平的提高为目的进行地区经济和政治的建设，促使地区内企业更好的发展，地区就业容纳量提升，社会更加安定。最后，地方的生态效益是指在地区追求经济增长的过程中使生态环境代价最小化，保持地区生态环境和地区经济发展和谐共赢的状态，地区生态效益的提高促进了地区经济的绿色健康增长。

因此，地方经济增长质量和效益的效益维度主要包括地方经济效益、社会效益和生态效益三个方面，其中经济效益主要包含固定资产完成额、工业产成收入等因素，社会效益主要包括关乎居民生活质量的消费者价格指数、体现居民日常生活出行的客运量变化等，生态效益包括地方有关环境污染的 PM2.5 数值、碳排放量等。

第五节　地方经济增长质量和效益监测预警的总体方法

依据地方经济增长质量和效益监测预警的理论机理以及维度分析，通过构建经济增长质量和效益的监测预警指标体系，针对过去我国地方经济增长过程中重数量而轻质量的政策导向，构建经济增长质量和效益的监测预警系统。在地方经济增长质量和效益的监测预警中，通过运用地方经济的数据，选择合适的预警方法，按照地方经济的层次对省域、区域、重点城市的经济增长质量和效益进行监测预警，明确警情、寻找警源、分析警兆、预报警度，对地方经济增长质量和效益各项指标信息进行综合分析，对地方经济增长中在质量效益方面的偏离程度、风险状态进行综合判断，最终建立对地方经济增长质量和效益的监测和预警体系。

在总体方法上，对新常态下我国地方经济增长质量和效益的监测预警可以划分为三个阶段：首先，对于地方经济增长质量和效益的监测，即对地方经济增长质量和效益进行综合的测度和评价，这部分要求根据问题导向和数据样本选择合适的方法建立指标体系；其次，对于地方经济增长质量和效益的预警，在确立质量和效益的综合指数后，确立分项指标及总指数的警域，选取合适的方法预测，从而构建出监测预警的体系；最后，在整体体系的构建完成后，应当通过仿真模拟和预测对于当前的体系进行精度方面的检验，进行校准和评估，最终得到合理实操的监测预警体系。

具体实施步骤如下（见图 5-2）：

步骤 1：获取样本数据。

根据地方经济增长质量的层次性，地方经济增长质量和效益的监测预警分为对省域经济、区域经济、重点城市几个层次的监测预警，因此需根据从“城市—省域—大区”由小及大选取样本，根据数据的时效性、可得性来初步筛选可以获取的经济指标。由于监测预警具有较强的时效性，因此数据主要倾向于月度指标、季度指标。此外，还需要对于获得的指标数据进行初步的处理。

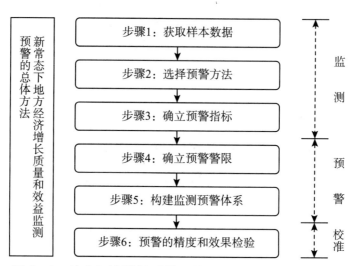

图 5 - 2 地方经济增长质量和效益监测预警的总体方法

步骤 2：选择预警方法。

对于预警方法的选择主要包含两个部分：一是对于地方经济增长质量和效益进行监测和评价的方法，主要有线性方法（主成分分析法、因子分析法等）和非线性方法（神经网络算法、支持向量机算法、粗糙集方法等）；二是对于地方经济增长质量和效益进行模拟预测的方法，主要有时间序列预测（ARMA、ECM等）、系统学算法（神经网络算法、支持向量机算法）和根据经济周期理论的景气信号灯。在这些方法中，一部分只能承担单独的评价或预测功能，需要在警域确定后联合实现对地方经济增长质量的监测预警，如主成分分析、ARMA；另一部分在其原理中可以实现评价和预测的统一，因此可以直接进行监测预警，如带有反馈和自我学习的神经网络算法、SVM算法、景气信号灯。对于预警方法的最终选择取决于数据样本的大小和对于地方经济增长质量和效益监测预警的适合性。目前，比较理想的方法是先利用粗糙集属性约简，对原始指标进行最小化、合理化甄选，然后利用BP神经网络的方法来初步处理（即"训练"）、预测甄选后原始指标，进而利用层次分析法和粗糙集方法确定主客观权重，最后输出综合警情指数来进行预警。

步骤 3：确立预警指标。

对于预警指标的确立首先基于对于地方经济增长质量和效益具体维度的理解，应当根据地方经济增长质量和效益的四大维度含义（条件、过程、结果和效益）对于可获得的样本数据指标进行筛选，并根据最终预警精度和模拟的结果进行调整。在预警指标的输入过程中，可以根据粗糙集等方法进行筛减合并，从而使预警过程更加简化，更加精确。在地方经济增长质量和效益监测预警体系的条件形成维度主要包含半成品产量和经济投资指标；过程维度主要包含产业结构、地方经济、国际收支指标；成果维度主要包含产业发展、地方财政实力指标；效益维度主要包含经济效益、社会效益和生态效益指标。

步骤4：确立预警警限。

在确立整个指标体系之后，根据国际上的相关原则以及相关文献，并结合我国实际情况，根据地方经济增长质量和效益的优劣升降风险情况，来确定各指标的预警限度，分为重警、中警和轻警三个警域，每个警域包含相应的警戒存在空间和质量指数。

步骤5：构建监测预警体系。

由地方经济增长质量和效益监测预警的指标体系、预警方法以及预警警限已基本构建出以效益和质量为基准的我国地方经济增长质量和效益监测预警体系。

步骤6：预警的精度和效果检验。

对于当前基本建立的监测预警体系，代入部分历史数据进行模拟和检验，以判断其预测的精度和仿真的效果，核验监测预警体系的实用性和操作性。在预测精度和仿真效果的考量上不仅应结合统计学原理，还应符合经济增长质量的价值判断标准，同时也要结合我国地方经济发展的历史实际。若在精度上和效果上不符合要求，则可按步骤2～步骤5的顺序对已有的监测预警体系进行调整，直到符合为止，最终得到我国在新常态下地方经济增长质量和效益的监测预警体系。

第六章

地方经济增长质量和效益监测预警的具体方法

宏观经济监测预警研究通过总结经济发展规律，对宏观经济运行趋势进行预测，从而为政府宏观调控提供所需的基本信息。在新发展阶段，我国经济发展目标已从由要素驱动的传统数量型增长转变为以创新驱动的高质量增长，因此当前宏观经济监测预警的核心应扩展为对地方经济增长质量和效益的监测预警。本章介绍并比较各种宏观经济监测预警方法，为地方经济增长质量和效益监测预警找到合适的方案，并基于研究成果构建地方经济增长质量和效益监测预警指标体系。

第一节　宏观经济监测预警方法的综合比较

宏观经济监测预警的研究始于19世纪末期，在一百多年的历程中，宏观经济监测预警方法发展迅速。现阶段，宏观经济监测预警的方法主要分为两类，一类是以经济周期为前提的线性方法，另一类是与之对应的非线性方法。

一、线性预警方法

线性方法中应用较广的为景气指数方法与景气信号灯方法，这两种方法是应用时间最长且最广泛的宏观经济预警方法。早在20世纪30年代初，美国国家经济研究局（National Bureau of Economic Research，NBER）在景气指数构建方面取得了显著进展，其提出将指数划分为"先行、一致和滞后"。第二次世界大战后以扩散指数、合成指数为代表的指标体系建设得到了较快的发展，经济调查方法逐渐兴起。进入21世纪后，全球化背景和信息化背景下的宏观经济预警迅速发展，全世界有超过500个国家（地区）建立了自己的宏观经济预警系统，预警关注的对象也从单个经济体扩展到了多个经济体。

我国关于宏观经济预警的研究工作开展较晚，最早始于1988年，主要以构建先行指标体系为主。进入21世纪以来，受国外政治经济环境影响，国内开始掀起宏观经济预警研究热潮。一方面，国内重要部门与研究机构都开展了预警工作的研究，例如，国家发展和改革委员会、国家统计局、中国人民银行等机构都分别建设了自己的景气指标体系，按月及时更新数据，对宏观经济走势进行实时跟踪和预测。另一方面，我国建设了一批专门针对宏观经济进行预警的信息系统。除了东北财经大学高铁梅老师带领的课题组开发的宏观经济预警系统外，中国人民银行、国家发展和改革委员会等单位先后与中科院预测中心合作，开发了宏观经济与金融监测预警系统。

景气指数法与景气信号灯方法在功能上基本一致，都是反映历史与当前的经济状况的工具。这些方法均以经济周期理论为基础，通过分析经济周期波动的特征和规律，预测经济运行的基本趋势和拐点，从而为政府宏观经济调控提供信息指导，提高政府政策制定与执行的科学性和有效性。

景气指数方法综合考虑宏观经济中各领域的景气变动及相互影响，根据经济指标的不同变动周期对指标进行划分：将领先于经济景气变化的指标合成为先行指数，用来预测经济景气的未来趋势；与经济景气同步变动的指标合成为一致指数，用来表现宏观经济周期变动状态；滞后于经济景气的指标合成为滞后指数，确认经济周期的完备性。景气信号灯方法通过判断宏观经济指标所处的冷热状态，并合成综合警情指数给出当前宏观经济总体的冷热判断，并用不同的信号灯颜色（深蓝、浅蓝、绿、黄、红）分别代表经济的不同状况（过冷、趋冷、正常、趋热、过热）。

综上所述，两种方法关注的重点有所差异：景气指数法重点关注经济周期波动的长期走势以及周期出现的转折点；而景气信号灯则将注意力放在经济过程中的冷热状况之上，刻画经济总体态势并分析其所处的具体位置。这两种方法的不足就在于以经济周期波动为理论基础，以经济发展存在周期性波动为分析的基本前提。

二、非线性预警方法

在宏观经济的发展过程中，确实存在某些规律性的东西，但其通常并非简单的线性关系。这些规律性的东西常常蕴含于看似毫无规律可循的海量宏观经济数据中。因此，发现和利用这些数据所蕴含的宏观经济规律对于实现有效的经济预测是至关重要的。从数学语言的角度解释，就是通过构建某种函数式的对应关系，逐步实现函数拟合，从而进行经济预测。而解决这一问题的最佳工具之一就是人工神经网络方法。

人工神经网络是一种对人脑中神经网络的计算、认知及推理能力进行系统模拟的方法，其体现为由大批并行信息处理的简单单元构成的非线性模型结构。自20世纪80年代以来，人工神经网络模型在经济学和管理学领域的应用逐渐展开，特别是在经济预测领域多方面的实证研究和用于经济管理各领域的使用模型中都取得了令人信服的成果。

人工神经网络模型通过对信息处理进行模拟训练实现问题分析的方法，其中大批非线性并行的信息处理器用来模拟人脑中众多的神经元，这些处理器间错综复杂的链接方式用来模拟人脑神经元间的突触行为，这样有利于机器实现持续地自我调节，从而找到恰当的经济预测模型。直接使用人工神经网络模型可以进行短期预测，因此以人工神经网络为工具，经济学家可以建立恰当的宏观经济预测模型，其中应用较多的方法为BP神经网络与支持向量机（SVM）方法。

人工神经网络是对人脑抽象、模拟、简化的信息处理模型，该方法规避了传统人工智能方法中处理直觉等非结构化信息方面的缺陷，凭借强大的推理与仿真能力被广泛应用于政治、经济等多领域。自从鲁梅尔哈特和麦克莱伦德（Bumel-hart and Mcclelland，1986）等首次提出多层前馈网络的反向传播算法（以下简称"BP网络"或"BP算法"）之后，BP神经网络迅速成为人工神经网络研究的核心方法。其原理是利用网络的学习和记忆功能，通过预先提供的输入与输出数据分析两者之间的潜在规律，让神经网络学习并记忆历史样本特征，用新的输入数据推算待预测样本数值。BP神经网络是一种按误差反向传播的多层前馈神经网络，包含输入层、隐含层以及输出层。该算法分为两个阶段：一是从输入层到隐含层逐层计算并输出结果的输出过程，二是从输出层面对误差不断逐层反向传播的学习过程。神经网络具有很强的非线性拟合能力，可构建任意复杂的非线性函数关系，而且模型中的学习规则简单，有利于计算机实现。并且神经网络具有很强的稳健性、记忆能力以及很强的自学能力，因此有着广泛的应用空间。然而，由于神经网络的优化目标是基于经验风险最小化，使其训练结果不太稳定，而且神经网络也可能存在过度学习的问题。

支持向量机是基于结构风险最小化原理构建的算法，在不增加经验风险的前提下，将置信区间的范围最大限度地缩小。支持向量机经历了从二维到多维的发展过程，建立一个超平面作为决策面，在决策面能够正确分类样本的情况下，使样本中离分类面最近的点的"间隔"最大。支持向量机是具有单隐层的前馈神经网络，支持向量是隐层的神经元。SVM中支持向量是由算法自动确定不需要人为指定数目和权值。支持向量机具有严格的理论和数学基础，基于结构风险最小化原则，可以使模型在整个样本集上的期望风险得到控制，算法具有全局最优性。然而，支持向量机算法对大规模训练样本较难实施。

三、宏观预警方法综合比较

宏观经济是一个非常复杂的系统，经济增长的波动是由多种因素共同作用的结果，周期性变动并不能解释其全部原因。中国经济增长速度的下滑不能以经济周期为托辞，把中国经济增长的下滑理解为经济周期并没有揭示问题的关键，中国经济增速下滑是由我国经济结构扭曲性造成的。因此，若使用线性方法模拟宏观经济运行会造成经济预警的失真，并不能保证经济预警的有效性。

在对非线性方法的选取中，由于经济增长质量是价值评价而并非最优目标问题，鉴于支持向量机结构风险最小化的结构设定，因此，无法使用支持向量机方法进行二次规划问题的最优求解。由于网络结构的复杂性，BP 神经网络会产生拉低误差下降速度、延长计算调整时间、训练存在局部极小等问题，这些问题可以引入粗糙集①作为构建预警系统的前置系统进行改善。粗糙集理论可以在保持原本能力不变的前提下剔除冗余信息，降低信息系统的复杂度，有效地降低 BP 神经网络的复杂性。

综上所述，我们采用粗糙集与 BP 神经网络结合的方法对宏观经济进行监测预警。首先运用粗糙集方法对预警指标进行属性约简，其次用简约后的预警指标作为 BP 神经网络的样本数据进行训练，最后运用训练后的神经网络对检验样本进行评价并达到宏观经济预警的目的。

第二节　地方经济增长质量和效益的监测预警体系构建

当前，我国经济正处在由高速增长转向高质量发展的阶段，这要求必须将推动经济发展的质量变革、效率变革和动力变革作为新发展阶段的重要任务。当社会主要矛盾是"人民日益增长的物质文化需要同落后的社会生产之间的矛盾"时，速度是关键；而在新发展阶段，社会主要矛盾是"人民日益增长的美好生活需要和不平衡不充分的发展之间的矛盾"，这意味着发展质量成为关键，而需求变化要求中国经济实现高质量变革。效率是经济永恒的主题，在资源环境约束日益增强、国际竞争日益激烈的今天，中国经济亟待效率变革。

---

① 粗糙集理论是一种研究不完整数据、模糊和不确定性知识的表达、学习及归纳的数学工具，能描述和处理不完备信息，能在保留关键信息的前提下对数据进行约简并求得知识的最小表达。

一、经济增长质量和效益的内涵

经济增长质量是相对于经济增长数量而言的，属于一种规范性的价值判断，任保平等（2012）界定经济增长质量是相对于经济增长数量而言的，内涵是从经济增长的性质入手，同时设计对经济增长优劣的判断。经济增长数量是通过的经济数量变化来描述经济增长的，而经济增长质量则是从经济的内在性质上来反映经济增长。对经济增长内在性质的判断既要考察经济增长的条件基础、动态过程发展，也要设计经济增长的后果和前景，即经济增长质量是从条件、过程和结果来讨论。

经济增长效益是与经济增长质量的概念相类似，经济增长效益也是一个包含着多目标在内的概念，经济增长效益是指经济增长带来的效果和利益，具体指经济增长过程中，人与自然物质相互作用所引起的经济、社会、生态整体系统的投入产出比。经济增长效益在增长外部性效应的基础上，以经济、社会和生态环境系统作为整体来考察经济活动的成本耗费和产出效果的关系。

经济增长质量和效益包括经济增长质量与经济增长效益两部分，经济增长质量是对经济增长优劣性的判断，狭义的经济增长质量通过全要素生产率来表现，而广义的经济增长质量则从经济效率提高、结构优化、经济稳定性、福利分配、资源环境等多方面来综合判断。经济增长效益是对经济增长投入产出比的表现，通过对经济增长的成本与边际增量的测度来度量投入产出比的合理性。经济增长质量与效益两者之间：增长效益的提高，必然要求节约要素的投入并且不断增强经济增长中的可持续发展，同时要求进一步促进要素生产率的持续提升，从而有利于实现经济增长质量的提高；当经济增长质量提高，经济结构的进一步优化不断促进经济要素投入的合理配置，福利分配的有效改善将有利于要素质量的提升，宏观经济的稳定发展更能促进要素市场的健康发展，由此改善经济增长效益。可见，经济增长质量的提高是经济增长效益的基础，经济增长效益是经济增长质量的表现，经济的高质量增长一定会带来好的经济增长效益。

二、地方经济增长质量和效益监测预警体系构建原则

对于经济增长质量和效益的预警依托于对地方经济的实时监测，对地方经济的实时监测则离不开监测指标的确定，而监测指标的选择与指标体系的构建都将依赖于经济过程中的数量特征与数量关系。经济活动种类繁多，经济关系错综复杂，不能对它们一一进行观察，因此为了实现对地方经济增长质量和效益的预

警，首先需要构建一套适用于地方经济预警的指标体系，这也是实现经济预警的基础。

指标的选择是实现地方经济增长质量和效益监测预警的重中之重，它决定了预警的质量。因此，地方经济增长质量和效益检测预警指标体系构建应遵循以下基本准则：

（1）指标应具有实时性。监测预警拥有短期时效性，因此指标体系的构建均选取月度数据。地方经济的指标统计中月度数据公布拥有实时性且指标较为全面，可以较好地对经济状况做出快速判断。

（2）指标应具有代表性。代表性是指所选指标可以有效说明经济现象，并可以充分指代所需监测的经济学问题。同时具有代表性的指标需要具备一定的综合性、稳定性及可行性，即要求这些指标在表现经济现象的同时变动较为稳定，其中不规则不可信的波动较少，并且要求指标较易获取且来源可靠。

（3）指标应具有明确且广泛的经济意义。在对地方经济增长质量和效益的监测预警中，所有选取的指标必须能描述和表明经济活动总体变动状况，并且能够从各个不同的角度对经济活动进行描述评价。因此，指标必须拥有明确的经济意义，能够准确反映地方经济增长质量与效益的数量特征和变动规律。

（4）指标选取应注意数据的可得性。由于同时对不同地方的经济增长质量和效益进行考察，应保证同时考察的各个省（区市）、各个区域、各个城市的指标数据均有公布，尤其是地方月度数据公布存在不足，因此应注意选取数据公布完整且数据缺失较少的指标。

三、地方经济增长质量和效益的决定因素

经济增长质量和效益判断是一种关于经济发展状况的价值判断，经济增长质量与经济增长效益的优劣均是多个因素共同作用的结果。因此，应当根据对经济增长质量和效益内涵的界定，对经济增长质量从条件维度、过程维度、结果维度及经济增长效益维度分析影响地方经济的决定因素。

（一）经济增长质量——条件维度

提高地方经济增长质量，需要有充足的条件保证，这些条件的满足是实现经济高质量增长的前提保证。经济增长质量提高的条件维度是拥有合理的资源配置，经济发展中的资源配置主要来自物质与资金，物质资源主要为工业半成品，即考察工业半成品的供应是否合理，资金供应则来自投资分析，因此需要考察投资情况。保障地方经济主体有足够的资源配置，即合理的半成品产量与丰富的资金投入是地方经济高质量增长的前提条件。

（二）经济增长质量——过程维度

对经济增长质量过程的考察，目的在于评估经济增长过程中不同结构主体的经济活动状况。一个地区经济结构是指社会中占统治地位的生产关系各方面的综合，经济发展中的产业结构、进出口结构、地区结构与经济增长质量的提高息息相关。因此在对地方经济增长质量过程维度的考察中需要对地方产业结构、地方经济、地方进出口结构进行分析。

（三）经济增长质量——结果维度

经济增长的落脚在结果上，对经济增长质量的考察不仅在数量上，还主要强调对经济增长结果的价值判断，尤其重视对利益和谐的重视、对经济可持续发展的重视以及对道德伦理的重视。区别于经济增长效益，这里的经济增长质量的结果维度主要考察经济发展中的产业发展与政府财政收入，这两个方面可以更好地反映经济增长的可持续性。

（四）经济增长效益维度

经济增长的效益主要包括经济效益、社会效益和生态效益三个方面。其中经济增长的经济效益来自对经济增长中投入和产出的比较，要求以最少的投入获取最大的产出，从而受到经济增长代价与持续性的影响；经济增长的社会效益受到不同经济增长目的的影响，是为数量增长而增长还是为了人民生活和福利水平的增长而增长，其中后者的社会效益显著高于前者；经济增长的生态效益则来自经济增长过程中对资源环境的索取，只有在实现资源环境代价最小化时生态效益才能实现最大化。

经济增长的经济效益只单纯考量经济收益和经济成本之间的关系，通过经济系统内部的成本—收益分析达到经济效益的最大化。经济增长的社会效益主要考察居民生活水平的提高，包括基础设施建设、教育、医疗条件等，同时还包括福利分配等与居民生活息息相关的各个方面。经济增长的生态效益则是对资源利用、环境保护问题的关注，对资源消耗、环境污染现状的评估。

四、地方经济增长质量和效益监测预警指标体系构建

关于地方经济增长质量的监测预警研究，短期月度数据具有良好的时效性和可观测性，因此，本书选取地方月度数据对经济增长质量的监测以及预警进行分析和研究。在参考对地方经济增长质量的内在逻辑和内涵机理的判断和选择，充分考虑指标的先行性，选择最终纳入地方经济增长质量的监测预警系统指标体系

的构成。

条件维度是关注经济增长质量的条件形成维度，条件维度内涵包括经济主体中的半成品产量和投资情况，其中以钢材产量、水泥产量衡量半成品产量。钢材与水泥是工业发展的基础半成品，粗钢产量、水泥产量等指标预示着经济增长的前期投入状态，对经济增长质量的形成具有条件作用。因此，这些指标具有先行性，能对我国地方经济增长质量监测和预警具有先行评判性。以货运量、投资新开工项目与深市股票成交量衡量投资情况，货运量反映固定资产投入，新开工项目反映发展机会，而股票成交量反映资金投入情况，三个指标共同反映经济投资情况。投资是在一定时期内向一定领域投放足够数额的资金或实物的货币等价物的经济行为，是经济增长发展的起始因素之一，对于下一期的经济增长程度和发展状态具有先行决定性依据。

过程维度结合地区经济结构开展生产，展现经济增长质量的形成过程。经济基础决定上层建筑，现有的经济结构构成地区生产方式，因此过程维度是对地方经济结构的展现。其中，工业增加值、发电量、进出口总额表现地方经济增长质量的形成过程。工业增加值不仅是对一定时期内地方工业发展状况的反映，工业增加值也参与下一期的资本投资和固定资本购买。这意味着，工业增加值的增长或下降，决定着下一期时间里，经济增长发展的优劣程度，因此，该指标具有先行性。发电量与 GDP 变化一致，可以更加准确地反映地方经济发展状况，进出口总额是对地方国际贸易发展状况的体现，发电量和进出口总额对于地方经济增长质量的繁荣和衰退监测和预警具有先行的指导和评判作用，也一并纳入过程维度的监测预警指标体系构建之中。

结果维度是对地区经济增长质量结果的价值判断，对经济高质量发展的结果评价。经济高质量发展表现在对利益和谐的重视及经济可持续发展的重视。其中，工业生产者出厂价格指数（PPI）是衡量工业企业产品出厂价格变动趋势和变动程度的指数，是反映某一时期生产领域价格变动情况的重要经济指标，也是制定有关经济政策和国民经济核算的重要依据，这项指数包括了原料、半成品和最终产品等三个生产阶段的物价资讯，对于地方经济增长质量的监测预警具有先行性指导意见。工业产品库存以及地方政府的财政收入指标也具有先行性，是对经济增长质量的结果进行判断的依据。工业产品库存可以直接反映工业持续发展状况，体现工业生产走势。地方政府财政收入是对地方政府财政实力的体现，一定程度上地方财政收入代表地方经济的发展的好坏。同时，工业库存也参与了下一期生产，对于前期投入和中期生产也具有重要作用。地方财政收入作为地方政府的资金主要来源之一，对地方社会的发展建设、公共产品的投资、人民福利保障的完善都具有重要的价值和作用，对于下一期地方经济增长质量具有先行性指导意义，也是地方经济增长高质量发展的重要监测指标之一。

效益维度是对经济增长效益的评价，主要包括经济效益和社会效益。本书利用固定资产投资完成额、客运量、居民消费价格指数（CPI）对经济增长效益进行评价。经济增长效益是对投入产出的比较，固定资产投资额是以货币形式表现的在一定时期内建造和购置固定资产的工作量以及与此有关的费用的总称，是反映固定资产投资规模、结构和发展速度的综合性指标，又是观察工程进度和考核投资的重要依据。固定资产投资的高低水平能反映地方经济增长质量的发展变化方向和运行状态，是对地方经济增长质量进行监测与预警的重要依据，不仅具有先行性的参考价值，更是对地方经济增长质量效益的核心体现。客运量指在一定时期内，各种运输工具实际运送的旅客数量。它是反映运输业为国民经济和人民生活服务的数量指标，也是制定和检查运输生产计划、研究运输发展规模和速度的重要指标。客运量指标具有先行性，是当期客运量的多少，不仅反映当期经济增长质量效益的优劣程度，也是制定下一期运输计划的重要判断依据，对下一期地方经济增长质量的走势有着重要的影响。居民消费价格指数（CPI），是反映居民家庭一般所购买的消费品和服务项目价格水平变动情况的重要宏观经济指标。它是在特定时段内度量一组代表性消费商品及服务项目的价格水平随时间而变动的相对数，用来反映居民家庭购买消费商品及服务的价格水平的变动情况。居民消费价格指数同人民群众的生活密切相关，同时在整个国民经济价格体系中也具有重要的地位。它是进行经济分析和决策、价格总水平监测和调控及国民经济核算的重要指标。其变动率在一定程度上反映了通货膨胀或紧缩的程度，因此将该指标纳入地方经济增长质量的监测预警指标体系，能够对地方经济增长质量未来的变动行为和波动情况提供先行的意见和参考。综上所述，在充分考虑地方经济增长质量和效益监测预警指标体系的数据可得性、指标先行性和理论内涵性基础上，本书选择将表 6-1 所示的 14 个基础指标纳入地方经济增长质量和效益监测预警指标体系。

表 6-1　　　　地方经济增长质量和效益监测预警指标体系

方面指数	分项指标	基础指标	计量单位
条件维度	半成品产量	钢材产量	万吨
		水泥产量	万吨
	经济投资	货运量	亿吨
		投资新开工项目	个
		深市股票成交量	百万元
过程维度	产业结构	工业增加值（同比）	%
	地方经济	发电量	亿千瓦时
	国际收支	进出口总额	千美元

续表

方面指数	分项指标	基础指标	计量单位
结果维度	产业发展	PPI	—
		工业产品库存	亿元
	财政实力	地方政府的财政收入	亿元
效益维度	经济效益	固定资产投资完成额	亿元
	社会效益	客运量	万人
		CPI	—

注：这些指标均采用原始数据。

资料来源：历年《中国统计年鉴》、各省份统计年鉴及中经网统计数据库。

我国地方经济增长质量和效益监测
预警系统的构建

　　地方经济发展状态决定了国民经济的整体素质和运行质量。然而，改革开放以来，地方经济增长表现出增长数量和质量效益显著不一致的特征，高速经济增长背后埋藏着深层次的结构性矛盾、生态环境危机和社会福利分配不均等问题，各种矛盾的积累严重阻碍着地方经济的持续增长和合理转型。在新发展阶段，转变传统增长方式，提高增长质量和效益成为经济发展的基本要求。在此背景下，改善地方经济主体的行为，强化自上而下的经济治理能力，建设完备的约束性、激励性的经济治理体系具有重大的现实意义。基于此，本书对地区经济增长质量和效益进行监测，通过监测预警系统实施对地方经济运行状态的有效监控和风险预报，对经济增长质量的未来走势进行事先预断和发出警报，为政府及时采取防范措施、制定科学合理的宏观经济政策提供依据无疑是一个合理有效的解决途径。

　　西方经济学家从 20 世纪初就开始尝试对宏观经济进行监测分析。英国政府于1903 年开始使用"波动图"来对国家宏观经济波动进行刻画。美国巴布森统计公司在 1909 年发表了第一个"经济活动指数"，以此反映美国宏观经济状态。随后，美国布鲁克迈尔经济研究所又编制了货币市场、一般商品市场及股票市场的景气指数。1917 年，哈佛大学根据 13 项经济指标数据的时间差异关系编制了"美国一般商情指数"。20 世纪 30～50 年代经济监测预警系统趋于完善，并且在60 年代以后逐步走向成熟。这一阶段经济预警系统的进展具体体现在以下四个方面：一是经济指标的综合指数合成方法的改进；二是基本景气监测方法的改进，包括时间趋势调整、循环波动分离、平滑技术等；三是景气监测信息源的拓展；四是分析报警的信号指数的出现。我国宏观经济监测预警系统的相关研究始于 20世纪 80 年代中期，并且在 90 年代产生了大量的宏观经济景气调查和监测预警成果（毕大川和刘树成，1991；张守一等，1991；周开士，1992；《经济监测预警分析系统》课题组，1993；顾海兵和余丽亚，1993；陈述云，1993；吴明录和贺剑敏，1994；崔斌，1997；邢武晋，1998；王慧敏，1998；王建成等，1998）。在此后研究中，一些学者从软件设计角度进行了拓展研究，如黄海量等（2007）构建了面向服务架构的经济监测与预警系统，设计并实现了基于 Web 服务的经济计量模型库和异构数据集成平台。李环（2008）运用基于 B/S 模式的 Web 数据仓库应用技术设计了宏观经济监测预警系统，温渤（2009）基于决策支持系统的四库结构理念、智能理念和群决策理念，运用宏观经济景气监测理论、计量经济学模型和人工智能技术等方法，构建了面向辅助决策的宏观经济监测预警系统。

现有的经济监测预警系统相关研究成果为我们提供了有价值的借鉴，但这些研究在应用于经济增长质量和效益的监测预警中，仍存在以下问题：第一，代理指标的选取。宏观经济监测预警通常选取经济增长率等指标，其核心在于通过这些指标的数量及增长速度变化反映经济的景气状况和循环波动态势。经济增长质量和效益的目标在于反映经济增长前景和后果的优劣状况，因此在指标选取时更加侧重于反映经济增长效果的指标。第二，预警对象的选取。现有研究多是基于国家层面的经济监测预警研究，而对于地方经济层面的研究相对不足。本书以地方经济作为监测预警的主体，获得的实证研究结论对于指导地方经济采取防范措施以改善经济增长方式更具针对性。

第一节　经济增长质量和效益监测预警系统的构建目标

经济增长质量和效益监测预警，一方面不同于宏观经济监测预警，另一方面也不同于传统的经济增长质量测度评价。宏观经济监测预警旨在从经济增长速度和规模角度对宏观经济的景气循环波动状态进行监测预警，其作为掌握宏观经济走势、制定未来宏观经济政策的重要依据，对保证国民经济平稳增长具有关键作用。但是，仅从经济数量角度设置监测指标导致政策指向偏重于追求表面的经济稳定增长，而忽视经济结构均衡、收入分配协调、资源环境可持续发展等深层次的经济增长质量核心问题，造成宏观经济增长数量、质量和效益之间不一致。传统的经济增长质量测度是基于已发生的经济行为进行事后评价的方法，虽然这种方法能够对过去经济增长进程所呈现的质量效益状态进行刻画，但是其明显的缺陷在于仅能对过去经验进行评判和总结，而无法对未来的发展趋势进行先验性预判和事先防范，其对经济增长质量和效益的规范性价值判断具有显著时滞性。

监测预警系统的构建，旨在对经济系统未来可预测时期可能出现的质量状态进行提前预判，从而将对经济增长质量和效益优劣程度的价值判断以先验方式获得，根据获知的信息及时采取防范性政策选择以达到合意的经济增长质量和效益状态。地方经济增长质量和效益监测预警系统就是为了对地方经济增长质量的循环波动及发展趋势进行分析、监测和预警而建立的理论体系及软件运行系统。这一系统的构建目标是依据地方经济增长质量的月度指标数据，通过特定的算法程序对经济增长质量运行状态进行趋势监测和分析，以确定当前的经济增长质量状况，并预测未来短期的经济增长质量发展趋势，对可能出现的信息提前发出预警信息，以便为相关部门制定合理的经济决策提供参考，保证经济增长向以质量和效益为核心的平稳、健康、均衡、可持续的方向发展。

第二节　地方经济增长质量和效益监测 预警系统的设计原理

一、地方经济增长质量和效益监测预警系统的理论基础

宏观经济增长监测预警是基于经济周期理论形成的。经济周期是指在生产和再生产过程中，经济活动沿着经济发展总体趋势所呈现的扩张与收缩交替更迭、循环往复的现象，又称景气循环或商业周期。经济增长监测预警方法起源于对宏观经济波动的监测，由于经济增长过程中的均衡是相对的，而不均衡是绝对的，即表现为经济增长过程中的波动性，又称为经济周期。由于经济周期波动对经济稳定增长的状态影响巨大，因而如何有效地建立宏观经济发展的监测预警系统成为宏观经济管理的一个重要目标和手段。对经济增长质量和效益的监测预警是在经济周期波动原理基础上的拓展和延伸，其基于以下假设：即经济增长质量和效益作为经济增长产生的结果和前景，其本身会在经济增长的基本要素的互动传导机制作用下呈现出一定的周期性规律。

二、地方经济增长质量和效益监测预警系统的功能

经济增长质量和效益监测预警系统是在建立一套监测预警指标体系的基础上，通过统计数据的搜集、整理、测算等对中国地方经济增长质量和效益的进行评价判断、趋势预测及预警识别，并针对目标偏差进行政策调节的过程。其从功能上可分为数据处理、评价监测、趋势预测预警、政策制定四个相互联结的主要模块。各个模块的功能如下：

（1）经济增长质量和效益数据处理模块。

数据处理模块主要是对正式运算前根据建立的指标体系获得的基础数据进行的数据预处理，即剔除各种非主要因素与随机因素的影响等，从而获得科学合理的监测指标数据。该模块的具体内容包括数据季节调整、数据移动平均、数据标

准化处理等。

（2）经济增长质量和效益评价监测模块。

评价监测模块是对中国地方经济增长质量和效益的状态及其变动趋势进行实时监控，通过对统计资料、数据、信息的处理、分析和研究，获得关于经济增长质量和效益优劣状态的定量结论。这一模块具体包括两方面内容：一是指标测量分析，二是综合预警指数的监测评估。指标分析是指对指标变量数据本身的分析与指标间关系的分析，它重点完成对指标数据基本特性的统计分析功能，具体包括简单统计分析、时差相关分析及 K－L 信息量分析等。经济增长质量和效益状态监测评估分析是指对经济增长优劣程度状态进行刻画、描述、评价等的综合分析。它在监测指标综合指数测算的基础上，主要以区间形式对地方经济增长质量和效益总体运行态势所处的水平进行刻画，通过分析判断地方经济增长质量和效益优劣状态所属的状态区间以明确地方经济增长的数量目标与质量效益目标的实现程度，从而起到监测经济增长质量和效益发展趋势的作用。

（3）经济增长质量和效益趋势预测和预警模块。

预测预警模块的功能在于基于前期经济增长质量和效益状态监测评价，进一步通过统计预测技术对未来的经济增长质量和效益的发展态势进行推断预测，并根据警情信息发出预报。这一模块也包括两方面内容：一是对未来中国经济增长质量和效益发展趋势的预测；二是对可能出现的非合意趋势状态发出预警。预测是利用多种统计方法和智能方法，并结合中国各地方经济现象的历史特征规律性，对未来地方经济增长质量和效益的指标数值、指数走势做出定量预估测算及定性判断，从而前瞻性的获得未来地方经济增长质量和效益的运行态势及演变趋势。预警是依据预测技术所获得的经济增长质量和效益演进趋势的波动和偏差信息，将其转变为可识别的警示信号，为未来经济增长质量和效益可能出现的非合意结果发出警报。预警主要包括警情检查、警源寻找、警兆分析及警度监督四个环节。其中，警情检查是对经济增长质量和效益总体或各维度是否出现异常偏差或显著恶化进行评估判断；警源寻找是对导致经济增长质量和效益出现警情信号的根源追踪；警兆分析是对经济增长质量和效益发生警情的先兆分析，通过指标之间的相关性以及经济现象的外溢性，获得出现重大经济增长质量效益目标偏差的预兆信息；警度监督是对经济增长质量和效益警情的强弱程度进行实时监测，从而及时发现警示情况的变化。

（4）经济增长质量和效益政策制定模块。

政策制定模块是地方经济增长质量和效益监测预警系统的最终部分，根据前期各模块对经济增长质量和效益的监测评估、趋势预测及预警预报，把握未来经济增长质量和效益的基本运行方向发展前景，通过对非合意结果的提前预知和防范政策措施的制定，避免经济增长中出现重大的经济增长数量和质量效益的偏差。这一模块主要包括两方面内容：一是通过对经济增长质量和效益警情、警源信息的分析，判断经济系统内部结构、经济系统与社会系统和生态系统的均衡协调关系，识别出能够通过政策调整纠偏的警示信号；二是通过对警兆、警度信息的分析，识别出短期的约束条件及长期的深层次矛盾，并针对不同层面的限制因素制定出相应的短期经济政策措施及长期的宏观制度调整框架，为未来实现经济增长质量和效益的提升提供决策支持。

第三节　地方经济增长质量和效益监测预警系统的设计

一、地方经济增长质量和效益监测预警系统的构建思路

经济增长质量和效益监测预警的学术思路可归纳为：经济增长质量和效益监测预警系统作为对经济运行状态的综合性分析系统，其建立在我国经济运行实践基础之上。在整体设计上，吸纳了宏观经济周期波动理论、经济增长质量理论、经济景气监测预警方法，力图将经济增长质量和效益、经济运行波动循环规律、计量和统计分析技术等融为一体，对宏观经济增长质量和效益状态变动进行实时监督和趋势预测。经济增长质量和效益监测预警系统的设计目标，主要是针对经济增长结果和前景价值判断的状态分析、监测评价及趋势预测，要求在充分利用经济统计分析与监测预警的思想、方法和技巧的基础上，使系统设计和操作尽可能简洁高效。

基于以上目标，该系统设计的主要原则是：第一，科学性原则，即整个监测预警系统的模块组合和联结能体现整体结构的优良性，每一模块的功能划分与技术选择具有科学性。第二，完备性原则，即整个系统必须涵盖数据处理、经济监测、预警预报、趋势预测、政策分析等基本功能，体现出系统的完整性和实用性。在实际对地方经济增长质量和效益的监测预警中，构成数据处理分析——警情监测预警——未来趋势判断——预防措施解析这一完备的体系。第三，高效性原则，即整个预测预警系统要以最简洁的方式实现预期目标。在系统设计时应去除冗余程序，保留最核心环节以提高检测预警的效率。系统构建的具体操作步骤是：首先，对经济增长质量和效益进行理论分析，通过对其内涵界定和外延划分确定经济增长质量和效益监测预警的指标维度，在此基础上选取定量监测的具体基础指标。其次，对指标数据进行处理分析。一方面，对原始数据进行趋势调整、标准化等预处理操作；另一方面，根据其与基准指标的关系确定指标类型。

再次，基于前一环节的指标处理，进一步合成景气指数、建立景气信号灯对地方经济增长质量和效益的优劣及波动状态进行实证观测。最后，在经济增长质量和效益状态监测的基础上，采用预测技术对其未来走势做出预判，根据判断的警情、警兆信息提出针对性预防措施。

二、经济增长质量和效益理论内涵的界定

经济增长质量和效益的监测预警必须建立在对经济增长质量和效益的内涵准确界定的基础之上，只有明确经济增长质量和效益的理论内涵，才能为监测预警系统的构建提供目标导向，为监测预警指标体系的建立提供参考标准。现有相关经济理论和研究文献对"经济增长"的概念界定已取得共识，即一个国家或地区总产出（或人均产出）的增长。在此基础上，应进一步明确"质量"和"效益"的内涵。在哲学中，"质"是事物本身固有特征，通过属性来刻画并用于区别一种事物与其他事物；而"量"是用数值表示的一个事物相对于其他事物的规定性。将两者统一起来，"质量"反映事物的属性特征及其度量。随着"质量"一词被拓展应用于其他领域，其哲学含义也逐渐发生转化和引申，在社会科学中通常表示事物、产品的优劣程度，经济增长质量即为经济增长的优劣衡量。"效益"的含义包括"效果"和"利益"，将其扩展到经济增长过程中，即表示经济增长产生的效果和利益。

根据以上分析，"经济增长质量和效益"即是从利益效果角度判断经济增长的优劣程度，因此，对经济增长质量和效益的考察必须建立除数量增长以外更加合理的衡量标准以反映经济增长的实质过程。在理论内涵分析的基础上，需要进一步对经济增长质量和效益的外延维度划分以实现对其定量表征并进行实时监测。由于经济增长本质上是一个动态过程，因此，本书将经济增长质量和效益的实现划分为条件维度、过程维度和结果维度，三个维度之间反映了前后联系的动态过程，并且，每个维度的优劣程度均构成对经济增长质量和效益总体价值判断的一个方面。

三、经济增长质量和效益监测预警指标体系的构建

基于经济增长质量和效益的理论内涵分析，根据监测预警系统构建思路，进一步选取适当的监测指标进行定量的数理统计分析。本书从经济增长质量和效益涵盖的三大方面和六个维度出发，建立系统的地方经济增长质量和效益监测预警指标体系。考虑到监测预警的短期时效性及数据敏感性特点，在建立地方经济增长质量和效益监测预警指标体系时应遵循以下原则：一是指标数据的时效性。不

同于传统的经济增长质量测度，其主要是基于较长时期滞后数据的事后结果评价判断，因此对数据的时效性要求较低，通常采用年度数据。而经济增长质量和效益的监测预警属于短期的先验分析，其指标的设置必须考虑数据的频度和时效性，只有选取月度数据才能进行监测预警的趋势分析。二是指标的灵敏性和可靠性。这一原则要求经济增长质量和效益的预警指标必须能够较及时、较充分反映经济增长质量和效益的特征或变动趋势，在此原则下，才能保证所选取的指标能够有效指示经济增长质量和效益的运行方向。基于指标的数据处理和趋势预判，实现高效、可靠的监测预警。本书构建的经济增长质量和效益监测预警指标体系如表 7 – 1 所示。

表 7 – 1　　　　　　　经济增长质量和效益监测预警指标体系

维度指标	分项指标	基础指标		指标单位
条件维度	预期	X_1	各行业的采购经理指数	—
		X_2	客运量	万人
		X_3	货运量	万吨
		X_4	深市股票成交量	百万元
	生产要素投入	X_5	粗钢产量	万吨
		X_6	水泥产量	万吨
		X_7	化肥产量	万吨
		X_8	投资新开工项目	个
		X_9	发电量	亿千瓦时
过程维度		X_{10}	进出口总额	千美元
		X_{11}	社会消费品零售额	亿元
		X_{12}	PPI	—
		X_{13}	CPI	—
		X_{14}	工业产品销售率	%
结果维度		X_{15}	工业产品库存	亿元
		X_{16}	工业增加值	亿元
		X_{17}	地方政府的财政收入	亿元
		X_{18}	固定资产投资完成额	亿元

四、经济增长质量和效益监测预警方法

在经济增长质量和效益监测预警系统的实际运行中，我们选取景气指数法进行测算，具体包括基准周期确定、指标季节调整、指标类别划分、景气指数、景

气信号灯与综合预警指数、预警趋势预测六个环节。

1. 基准周期确定

基准指标是确定时差关系的参照系。景气指数监测预警的基本原理就是利用观测指标与基准指标的时差关系来指示景气动向。现有的确定基准周期的方法包括重要经济指标法、经济循环年表法、专家打分法等。

2. 指标季节调整

在对经济增长质量和效益的监测预警中，选取的数据为月度或季度时间序列数据，而时间序列数据通常具有季节性，因此，在将时间序列数据用于经济增长质量和效益监测预警之前，需进行数据预处理，以消除季节变动要素和不规则要素引起的掩盖或混淆经济运行中的客观规律。目前，最为常用的季节调整方法是 X－12－ARIMA，本书也采取该方法对基础指标进行季节调整。X－12－ARIMA 方法由 X－12 和 ARIMA 方法组合而成，ARIMA 是采用数次差分将非平稳时间序列转化为平稳时间序列，并将此序列表示成关于滞后项和随机误差项的移动平均组合。X－12 方法是假设时间序列由趋势、循环、季节和不规则项组成，并采用移动平均方法消除其中的季节因素。X－12－ARIMA 方法就是先采用 ARIMA 将时间序列的两端延伸，再使用 X－12 方法。需要注意的是，X－12－ARIMA 季节调整仅对时间序列进行分解，未能将趋势项和循环项分开，需进一步采用 HP 滤波法测定长期趋势项。

3. 指标类别划分

经济增长质量和效益的周期波动特征会通过经济指标数据的变化反映出来，根据指标循环转折点的时序差异，可分为先行、一致和滞后三类指标。先行指标出现循环转折点的时间稳定地领先于总体循环转折点，其在预警中能够在总体转折之前做出预报；一致指标的循环转折点与市场总体转折点几乎同时出现，可以用于描述当期经济增长质量和效益运行的状态；滞后指标的循环转折点落后于市场总体经济变化，可用于对警情确认。

各类指标的划分通常采用时差相关分析法、K－L 信息量法、Bry－Boschan 回归分析法等。本书选取前两种最常用且计算简易的方法进行测算。其中，时差相关分析是利用相关系数检验时间序列的类别特征，具体方法是：选取基准指标，然后计算其与被选指标超前或滞后若干期的相关系数，最大值反映两个指标之间的时差相关关系，相应的延迟数为超前或滞后期。K－L 信息量法用来判定两个概率分布的接近程度，基本原理是：假设 $y = \{y_1, y_2, \cdots, y_n\}$ 为基准指标序列，$\sum_{t=1}^{m} p_t = 1 \ (p_t > 0)$ 为某随机变量的概率分布列。将基准指标标准化后得到 $p_t = \dfrac{y_t}{\sum_{t=1}^{m} y_t}$，$t = 1, 2, \cdots, n$，设被选择的指标 $x = \{x_1, x_2, \cdots, x_n\}$，经过标准

化处理后得到序列 $q_t = \dfrac{x_t}{\sum\limits_{t=1}^{m} x_t}$，$t = 1，2，\cdots，n$，$K - L$ 信息量为 $k_l =$

$\sum\limits_{l=1}^{nl} p_t \ln(p_t / q_{t+1})$，$t = 0，\pm 1，\cdots，\pm L$，其中，$l$ 取负数时表示超前，取正数时表示滞后。选取 $k_{l'} = \min\limits_{-L \leqslant l \leqslant L} k_l$ 作为被选指标关于基准指标的信息量，延迟数 l' 表示超前或者滞后时期。

4. 景气指数

景气指数就是基于前期的指标划分构造先行、一致、滞后指数，并以此监测判断宏观经济波动状况。依据对象和算法差异可将景气指数进一步分为扩散指数和合成指数。扩散指数（DI）是指第 t 月扩张（上升）指标个数占所采用指标个数的比率，即 $DI(t) = \sum\limits_{i=1}^{N} W_i I [X_i(t) \geqslant X_i(t - j)] \times 100\%$，其中，$DI(t)$ 为扩散指数；$X_i(t)$ 为经济指标 i 的循环波动测定值；W_i 为 i 指标的权重；N 为指标总数；I 为示性函数；j 为所比较指标值的时间差。扩散指数能够有效地预测经济周期波动的变化方向和转折点出现的时机。

合成指数（CI）是由一类特征指标以各自变化幅度为权数的加权综合平均值，它能够在某种程度上反映经济周期波动的幅度。合成指数的计算步骤为：第一，求出指标的标准化对称变化率。设指标 $Y_{ij}(t)$ 为第 $j(j = 1，2，3)$ 指标组的第 $i(i = 1，2，\cdots，k_j)$ 个指标，k_j 是第 j 组的指标个数。$C_{ij}(t)$ 为 $Y_{ij}(t)$ 的对称变化率，计算公式为：$C_{ij}(t) = 200 \times \dfrac{Y_{ij}(t) - Y_{ij}(t-1)}{Y_{ij}(t) + Y_{ij}(t-1)}$，$t = 2，3，\cdots，n$，当 $Y_{ij}(t)$ 中有零或负值，或者指标为比率序列时取一阶差分：$C_{ij}(t) = Y_{ij}(t) - Y_{ij}(t-1)$，$t = 2，3，\cdots，n$。将 $C_{ij}(t)$ 标准化以克服指标变动幅度差异对合成指数的影响偏差，标准化变化率为：$S_{ij}(t) = \dfrac{C_{ij}(t)}{A_{ij}}$，$t = 2，3，\cdots，n$，$A_{ij}(t) = \sum\limits_{t=2}^{n} \dfrac{|C_{ij}(t)|}{n - 1}$ 为标准化因子。进一步计算各个指标组的平均变化率，$R_j(t) = \dfrac{\sum\limits_{i=1}^{k_j} S_{ij}(t) \cdot w_{ij}}{\sum\limits_{i=1}^{k_j} w_{ij}}$，其中，$j = 1，2，3$；$t = 2，3，\cdots，n$，$w_{ij}$ 是第 j 组第 i 个指标的权重。指数标准化因子 $F_j = \sum\limits_{t=2}^{n} \dfrac{R_j(t)}{(n-1)} \bigg/ \sum\limits_{t=2}^{n} \dfrac{R_2(t)}{(n-1)}$，$j = 1，2，3$。最后，计算标准化平均变化率 $V_j(t) = \dfrac{R_j(t)}{F_j}$，$t = 2，3，\cdots，n$。第二，求出初始合成指数 $I_j(t)$。令 $I_j(1) = 100$，则 $I_j(t) = I_j(t-1) \times \dfrac{200 + V_j(t)}{200 - V_j(t)}$，$j = 1，2，3$；$t = 2，3，\cdots，n$。第三，进行趋势

调整。这一步的目的是使三个合成指数成为趋势一致、具有整合性的系统。首先，分别求出一致指标组的每个序列的平均增长率，$r_i = \left(m_i \sqrt{\dfrac{C_{Li}}{C_{Ii}}} - 1 \right) \times 100$，$i = 1, 2, \cdots, k_2$，其中，$C_{Ii} = \dfrac{\sum Y_i(t)}{m_{Ii}}$ 是一致指标组指标 i 的最先循环平均值，m_{Ii} 是最先循环的月数，$C_{Li} = \dfrac{\sum Y_i(t)}{m_{Li}}$ 是 i 的最后循环平均值，m_{Li} 是最后循环的月数，k_2 是一致指标个数，m_i 是最先循环到最后循环的中心月数。其次，基于此，求出一致指标组的平均增长率并设为目标趋势，记为 $G_r = \sum\limits_{i=1}^{k_2} r_i / k_2$。计算先行、一致、滞后初始合成指数的平均增长率，$r_i = \left(m_i \sqrt{\dfrac{C_{Li}}{C_{Ii}}} - 1 \right) \times 100$，分别对各指标组的标准化平均变化率 $V_j(t)$ 作趋势调整：$V'_j(t) = V'_t(t) + (G_r - r'_j)$。第四，计算合成指数。令 $I'_j(1) = 100$，则 $I'_j(t) = I'_j(t-1) \times \dfrac{200 + V'_j(t)}{200 - V'_j(t)}$，$j = 1, 2, 3$；$t = 2, 3, \cdots, n$，对各期指标变化率进行处理，编制成 100 为基准年份值的合成指数，$CI_j(t) = \left(\dfrac{I'_j(t)}{\bar{I}'_j} \right) \times 100$，其中 $\bar{I}'_j$ 是 $I'_j(t)$ 在基准年份的平均值。

确定权重是计算 DI、CI 以及综合预警指数的关键步骤，权重设置是否合理会直接影响监测预警结果的准确性。现有的赋权方法可分为主观赋权法和客观赋权法两大类（熵值法、因子分析法等）。主观赋权法如专家评分法、层次分析法等主要依据个人经验和偏好进行赋值，带有较大随意性和不确定性。客观赋权法如因子分析法是通过降维将多个相关指标转化为少数代表因子，以简化统计分析系统结构，其缺点在于对根据数据特征提取的因子的经济意义难以明确。考虑到以上的利弊，我们最终选择较为客观的熵值法进行赋权。在信息论中，熵用来度量不确定性，可以根据熵值大小判断一个事件的随机性和无序（离散）程度。熵值法就是根据数据的无序（离散）程度来确定指标权重。

5. 景气信号灯与综合预警指数

选出一组反映经济增长质量发展状况的敏感性指标，运用数理统计方法将多指标合成为一个综合指数。在此基础上，通过设置一组类似交通管制的红、橙、黄、绿、蓝灯标识，将综合指数所表示的经济增长质量和效益状况转换为预警信号，通过观察信号标识变化来预测未来变动趋势。

如何划分状态区域和确定临界点的是决定预警系统科学性的重要因素。临界点是判断各监测指标和综合质量状态的边界数量值，不同的临界点将经济增长质量状况分隔为几个判断区间，即为状态区域。本书采用数理统计方法求出经济增长质量监测预警的指标临界值。假设样本服从 t 分布，计算样本平均值、标准差，并进行区间估计，置信度为 $1-\alpha$ 的置信区间为 $\left[\bar{x}-t_{\frac{\alpha}{2}}(n-1)\frac{s}{\sqrt{n}},\ \bar{x}+t_{\frac{\alpha}{2}}(n-1)\frac{s}{\sqrt{n}}\right]$，分别求出置信度为 80%、90% 的置信区间，然后据此划分指标预警区间。根据我国经济增长质量运行轨迹，我们将经济增长质量和效益预警指数的判断区域分为"高""较高""一般""较低""低"五个域，在预警区间分别对应于"无警""轻警""中警""重警""巨警"五个警兆状态，分别以"蓝灯""绿灯""黄灯""橙灯""红灯"表示。

综合警情指数的确定就是在计算出经济增长和效益监测预警指标体系各指标值的基础上，进一步采用数理合成方法作出全面、综合评价。具体的操作方法是，在确定单个指标临界值的基础上，对不同信号等范围区间的指标赋予不同的数值，如 1、2、3、4、5，同时根据指标重要性的差异赋予不同的权重，通过加权计算获得综合警情指数，并且对综合警情指数确定临界值，获得以"蓝灯""绿灯""黄灯""橙灯""红灯"表示的警情信号。

6. 预警趋势预测

常用的趋势预测方法包括 ARCH 模型、人工神经网络模型、支持向量机模型等方法。由于人工神经网络方法以自然的非线性过程进行建模，避免了传统分析模型中需要选择具体函数形式的困难。因此，本书选取该方法预测经济增长质量和效益的中短期经济综合预警指数趋势。

人工神经网络是模拟生物的神经网络系统，由网络单元的输入输出特性、网络的拓扑结构决定信息处理功能，通过网络结构学习和各层神经元之间的权重调整完成训练并求解。这一算法的主要步骤包括：首先，对全部连接权的权重赋予较小随机值；其次，取一个模式输入网络，将输入加权求和，再进行非线性运算得到网络输出值；再次，计算网络输出值与期望输出值的误差，并反向传播调整连接权重；最后，将上述步骤重复实施于每个模式，直至训练误差满足预设阈值条件。本书选取一致指标作为 BP 人工神经网络模型的输入节点，并且采用归一化方法对原始指标进行无量纲化处理；利用经验公式 $l = \sqrt{m+n} + a$ 获得隐含层节点个数，其中，m 为输入，n 为输出神经元数，a 为 1~10 的常数；输出节点选择综合预警指数作为评价结果；在模型训练中，隐含层采用 gauss 激励函数，输出层采用样本自适应的 sigmoid 函数，误差采用标准均方误差，将训练好的模型用于预测。

五、经济增长质量和效益监测预警的技术流程设计

经济增长质量和效益监测预警的技术流程设计如图 7 - 1 所示。

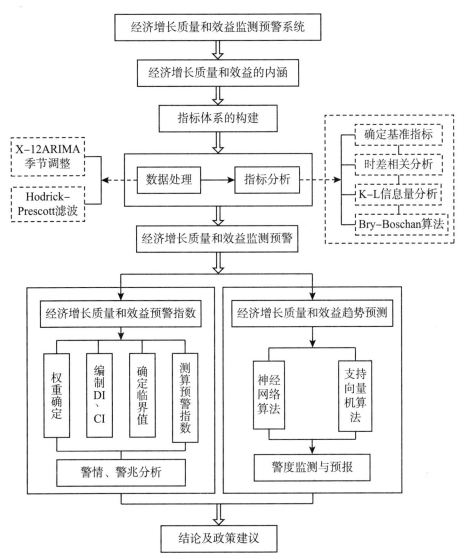

图 7 - 1　技术设计流程

第八章

新常态对我国地方经济增长
质量影响的机理分析

自改革开放以来，中国持之以恒的经济建设取得了举世瞩目的伟大成就。2021 年我国经济总量 1143670 亿元，人均国内生产总值超过 1 万美元①，正加速向高收入国家行列迈进。但是，大量理论研究与实证分析结果显示，中等收入国家的经济增长率往往会低于高收入国家和低收入国家。由中等收入国家向高收入国家迈进阶段，是各种经济社会矛盾集中爆发的时期。当前，世界经济形势波诡云谲，全球经济增长乏力，贸易保护主义抬头、中美关系不确定性延续，中国经济下行压力不减。对于经济体量稳居世界第二的社会主义发展中大国而言，面对百年未有之大变局，成功跨越"中等收入陷阱"是一个前所未有的极具挑战性的崭新课题。进入中等收入阶段以后，中国经济面临着能否实现向高收入阶段跨越进而基本实现现代化，再到全面实现现代化的深刻挑战。随着我国经济进入中等收入发展阶段，在由中等收入阶段向高收入阶段迈进的关键时期，经济形态中也产生出许多与过去不同的新特征与新现象，经济发展的新常态必将对我国地方经济增长质量的提升产生重要影响。

第一节 经济发展新常态的理论界定

2002 年西方媒体中首次出现了"新常态"一词，2010 年埃里安（太平洋投资管理公司总裁）在题为《驾驭工业化国家的新常态》的报告中正式使用新常态这一概念去表述 2008 年国际金融危机以后世界经济所出现的新特征。此后，新常态的概念被大量国外媒体和知名学者广泛使用，用以反映国际金融危机后全球经济长期深度调整的过程，其含义主要指全球经济增长中长周期的阶段转换。2014

---

① 国家统计局．中华人民共和国 2021 年国民经济和社会发展统计公报［N］．人民日报，2022 – 03 – 01.

年 5 月习近平总书记第一次提到新常态这一概念，指出"我国发展仍处于重要战略机遇期，我们要增强信心，从当前我国经济发展的阶段性特征出发，适应新常态，保持战略上的平常心态。"[①] 2014 年 11 月习近平总书记立足我国经济发展的阶段性特征，将中国经济发展新常态的基本特征总结为中高速增长、结构优化升级和创新驱动[②]。"新常态"这一概念不仅体现了对中国经济发展新阶段所表现出的新特征与经济运行状态所呈现出的新特点的理解，而且也涉及未来各项宏观政策的选择，因此，必须从理论上给予正确的理解。

现有研究对"新常态"的理论界定主要围绕我国经济发展阶段的新特征展开：刘世锦（2014）将新常态理解为中国经济从高速增长进入中高速增长以后的新稳定增长轨道或者状态。刘伟（2014）将新常态定义为在我国经济新发展阶段出现的新机遇、新条件、新失衡等背景下，经济发展在较长一段时期持续稳定存在的新特征。洪银兴（2014）将新常态界定为中国经济进入新的发展阶段以后所产生出的一系列与以往阶段不同的特点，并进一步指出现阶段中高速增长是我国宏观经济的基本新常态。一方面，我国经济发展进入中等收入阶段以后，GDP 基数扩大后不可能长久保持原有的高速增长，而且向高收入国家发展更为重要的是质量问题和结构问题。另一方面，我国原有的人口红利、资源供给等经济增长推动力明显衰减，供给推动力的作用在短期之内无法由需求拉动力的作用来接替，从而带来经济增长由高速增长向中高速增长转换。在此基础上，洪银兴（2014）认为中高速增长的新常态需要与以下三个方面新常态相互支撑："一是发展战略新常态，涉及结构再平衡战略和创新驱动发展战略；二是宏观调控新常态，涉及市场决定资源配置和明确宏观经济的合理区间；三是发展动力新常态，涉及以改善民生为着力点的消费需求拉动与投资拉动相协调。"以上研究主要是基于中国经济发展的阶段来对"新常态"进行界定，还有一些学者从更加广泛的视角来进行定义。李稻葵（2014）从横向的空间维度来理解"新常态"，认为在全球化的压力下，由于经济社会体制和政策"向左转"，导致发达国家必须更加关注分配的公平性问题，因此其新常态的主要特征是在强调对市场机制尤其是金融市场约束的同时，增强对社会高收入群体的税收。对于中国和新兴市场国家而言，在低增长时代其新常态的基本特征表现为试图进行经济体制的改革，从而为新一轮的经济增长创造制度基础。具体而言，中国经济发展的"新常态"主要有四种："新旧增长点的拉锯式交替、渐进式的经济结构调整、改革的艰难推进及国际经济领域中中国要素的提升。"李扬、张晓晶（2015）认为每一个经济体都会受到全球经济发展变化的影响，因此研究中国经济的新常态必须考虑全球经济的新常

---

①②　中共中央文献研究室．习近平关于社会主义经济建设论述摘编［M］．北京：中央文献出版社，2017：73．

态。从长周期角度来看，全球经济自2007年次贷危机爆发以来开始进入下行通道，因此其新常态的基本特征是"长期停滞"。对于中国经济发展而言，新阶段下结构变化带来经济增长速度由高速转向了中高速，与此同时经济的总体质量和效益也进一步转向了中高端水平。因此，中国经济新常态正在朝向形态更高级、分工更细致、结构更合理的阶段演化。蔡昉（2016）认为中国当前进入从中等偏上收入向高收入国家行列的冲刺阶段，以增长速度减慢为特点之一的新常态是这个历史转变的结果。经济发展新常态的内在逻辑要求就是加快转变经济发展方式，实现增长动能转换，在提高发展平衡性、包容性、可持续性的基础上保持中高速增长。

基于现有研究，我们不难发现，不管是从纵向的时间维度来理解，还是从横向的空间维度来理解，经济发展的新常态都是一种必然状态。如果各个经济体在不同经济发展阶段的要素禀赋结构和经济增长动力机制等方面存在差异，那么经济发展将会产生不同的表现状态。新常态本质上是对经济发展新阶段出现的合乎规律的必然状态和基本特征的一种理解和判断，不同经济体的经济发展新常态会存在不同的表现形式。因此，中国经济发展的新常态可以理解为在新的经济发展阶段下，经济增长速度、经济增长结构、经济发展机制等方面所呈现出的新特征，是合乎当前阶段经济周期波动、工业化发展和经济发展战略规律的必然状态。

第二节　新常态经济增长的特殊性

适应新常态、把握新常态、引领新常态是贯穿我国发展全局和全过程的大逻辑。在我国经济进入新常态的背景下，大量全局性、长期性的新现象、新变化正在不断出现，新常态下经济增长的特殊性主要体现在：

一、新常态的经济增长以资源禀赋结构变化为背景条件

对于一个经济体而言，要素的禀赋结构主要是指其自然资源、物质资本、劳动力、人力资本等要素的相对丰裕程度。在每一个特定的发展水平上，要素禀赋结构是给定的，但它会随着发展水平的变化而随之发生变化，从而在不同的发展阶段对经济增长发挥不同的作用，要素禀赋结构是经济增长所依赖的基础条件。新常态下的经济增长是以资源禀赋结构变化为背景的，经过30多年的要素驱动型增长，进入新常态以后我国的要素禀赋结构发生了巨大变化。在原有要素禀赋结构下，体制转轨红利、人口红利、自然资源红利等都对过去的经济增长发挥了重

要的支撑作用。但是随着我国经济发展进入新的阶段，劳动力供给、物质资本投资、生态资源环境等要素的约束不断增强，资源禀赋结构发生了深刻变化。从劳动力资源来看，规模庞大的人口曾经为我国经济的高速增长提供了大量的廉价劳动力。蔡昉（2009）认为一个经济体中劳动年龄人口的比重上升意味着其人口年龄结构处于富有生产性的阶段，此时充足的劳动力供给和高储蓄率能够为经济增长提供重要的推动力，也就是说会存在人口红利。中国在长期享受"人口红利"之后，适龄劳动人口规模正在不断下降。从物质资本来看，过去物质资本的大量投资推动了我国经济的高速增长，但是随着经济的进一步发展，其边际生产力会呈现不断递减的趋势。从自然资源来看，传统的粗放型发展方式给我国的资源环境带来巨大压力，资源环境的承载力不断被削弱，成为制约我国经济长期发展的重要约束条件。

二、新常态的经济增长以质量和效益为中心目标

在经济发展的初期，一个经济体迫切需要解决的是如何摆脱贫困、迈进中等收入阶段、实现经济起飞的问题，因此往往将数量扩张作为经济发展的主要目标。通过提高国家资源动员的能力来促进经济增长，使得经济体量尽快达到先行发达国家水平。但是，当经济增长速度提高到一定程度、社会生产规模逼近生产可能性边界、实际经济增长率接近最大潜在增长率时，经济发展的目标相应也需要进行调整。在低收入阶段，我国以数量扩张为目标的经济高速增长持续了30多年，经济总量不断扩张的同时也出现了经济结构失衡、资源环境恶化、收入差距扩大等问题。当前，中国的世界经济地位发生了重大变化，现代化建设进入了新的历史起点，经济发展进入了向高收入阶段跨越的新时期。中国经济增长在现阶段面临的主要问题是质量问题和结构问题，经济增长方式迫切需要实现从数量型增长向质量型增长转变。新常态下我国经济发展目标需要从数量与速度向质量与效益转变，经济结构需要实现全面优化升级，经济增长的全要素生产率需要达到系统大幅提升，从而实现经济发展质量和效益的提高。因此，新常态的外在表现是经济由高速增长转向中高速增长，而本质是经济增长由单纯追求数量转向以经济增长质量为核心。

三、新常态的经济增长以创新驱动为主要动力

迈克尔·波特将一个经济体的发展阶段按照增长主动力的变化划分为要素导向、投资导向、创新导向、富裕导向四个时期。在经济发展初期，推动经济增长的主动力为天然资源、自然环境、廉价劳动力等基本生产要素的投入，而随着发

展阶段的不断转换，驱动经济增长的主动力也会随之发生改变。大量理论与经验研究表明，过去30多年驱动我国经济增长的主要动力是生产要素投入。刘瑞翔（2013）以1989～2010年中国的省级面板数据为样本对经济增长的动力进行实证分析发现，资本和劳动要素对经济增长的贡献份额达70.2%。在经济发展的起飞阶段，各生产要素的边际报酬相对较高，资本、劳动等要素的大量投入可以驱动经济高速增长。但是随着经济总量的不断扩大，资源禀赋、经济结构也会相应随之改变，要素驱动的发展方式将难以为继。张军扩（2017）认为随着我国经济进入新常态，经济增长的传统动能优势减弱，迫切需要培育增长新动能。任保平（2018）认为，培育高质量发展的新动能重在实现由要素驱动向创新驱动、由旧制造模式向新制造模式、由投资拉动为主向消费拉动为主、由工业主导向服务业主导四个方面的转变。党的十九大报告明确指出，中国经济已由高速增长阶段转向高质量发展阶段，建设现代化经济体系是发展的战略目标，而创新是驱动发展的第一动力，是建设现代化经济体系的战略支撑。贯彻新发展理念、不断增强创新能力是新时代我国构建现代化经济体系、实现高质量发展的必然要求。因此，新常态背景下新的阶段性特征集中表现为经济发展路径由依靠要素驱动转向创新驱动，实现由跟随创新到引领创新。

四、新常态的经济增长以产业的转型升级为核心关键

产业结构演化的一般规律是"产业结构单一化—产业结构多元化—产业结构高级化和合理化"。一个经济体在其经济发展的初期，会选择依据比较优势，通过规模扩张、工业化来实现产业结构多元化，然后在此基础上，进一步进行产业结构转型升级，实现产业结构的高级化与合理化。经过30多年的高速增长，我国实现了产业结构演化的多元化目标，但产业结构的低端锁定和结构失衡也对我国经济的进一步发展形成了明显制约。新常态下，推动中国未来经济增长的核心因素将从过去的投资规模扩张转向产业结构升级、技术进步和人力资本作用的发挥。因此，未来经济改革的重心应转向产业结构的调整、创新能力的培育及人力资本的积累。新常态背景下的经济增长必将伴随产业结构从多元化向高级化演进。经济增长的主题不再是通过产业结构多元化追求经济增长的数量，而是要通过产业结构高级化和合理化追求经济增长的质量。在结构高级化方面，主要是提高自主创新能力，促进科技成果向现实生产力的转化，注重人力资本积累，倡导科技、知识和技术在产业发展中切实发挥作用；在结构合理化方面，主要是从制造业为主向服务业为主转变，使服务业取代工业成为经济增长的主要动力。

五、新常态的经济增长以共享发展为终极关怀

发展经济的最终目标不只是要实现增长数量的不断扩张，同时也要追求个人的生存与持续发展。经济发展新常态下，需要把以人为本的思想贯穿发展始终。一方面，新常态下的经济增长是"以人为本"的增长。这一发展理念更加强调人作为经济主体所具有的地位，关注人的参与在经济增长过程中的作用，将人的发展作为经济增长的终极目的。另一方面，新常态下的经济增长是共享型的增长。经济增长的共享性主要是指一个经济体经济增长所带来的福利变化与成果分配情况。提高共享性不仅能够通过提高居民的收入水平、增加储蓄和消费来促进经济增长，而且能够提高个人对社会的归属感和认同感来提高经济增长的质量。随着中国进入新的发展阶段，实现高质量发展必须坚定不移贯彻创新、协调、绿色、开放、共享的新发展理念，其中共享发展注重的是解决社会公平正义问题。当前，全面深化改革迈入深水区，缩小居民收入差距、在劳动生产率提高的同时实现劳动报酬同步提高是深化收入分配制度改革的迫切需要。党的十九大报告对中国新时代经济增长的目标和结果进行了明确定位：必须始终把人民利益摆在至高无上的地位，让改革发展成果更多更公平惠及全体人民，朝着实现全体人民共同富裕不断迈进。因此，共享发展是新常态下中国从高速度增长阶段向高质量发展阶段转变的应有之义。

第三节　新常态对地方经济增长质量的影响

我国各地方层次的经济增长总量决定了全国整体的经济增长总量，而各地方层次的经济增长质量也决定了全国整体的经济增长质量，提高地方经济增长质量具有重要意义。新常态对我国地方经济增长质量的影响主要表现如下。

一、从长期机制来提高经济增长质量

新常态下全国经济和地方经济一样，在经济增长过程中面临的问题既有短期问题，也有长期问题。过去对地方经济的宏观调控主要以短期调控为主，主要是为了实现地方经济短期的数量扩张。但随着中国经济进入新常态，支撑经济增长的现实条件发生变化，规模扩张不再是地方经济乃至全国经济增长的主题。如何挖掘经济增长的潜力、提高经济增长质量、实现长期的持续增长，成为当今地方经济的首要问题。因此，对地方经济增长的调控侧重点也需要从短期转向长期为

主，使各地方从长期机制入手来提升经济增长质量。首先，要转变思想理念，凝聚共识，结合地方实际，积极探索新的调控方式。其次，要改革对地方官员的考核体系，激励地方政府积极开展调控转型。最后，要探索与长期调控相适应的政府交替过程中的传承及政策持续执行机制，真正实现长期有效调控。

二、从结构转型升级来提高经济增长质量

过去几十年间，由于过分强调经济增速和经济规模的扩张，地方政府一味关注经济总量的增长，而忽略了经济增长质量的提高。近年来，过快增长背后的环境恶化、产能过剩、有效需求不足等问题逐渐暴露出来，经济持续增长乏力。为了应对高速增长过后留下的一系列困境，经济开始进入转轨期，这一时期质量和效益成为增长的新主题。地方经济作为全国经济的基本单位，要实现增长质量和效益的提升，就必须从速度提高向结构优化转型，通过结构转型升级来提高地方经济增长质量。经济结构优化主要包含以下几方面内容：一是优化产业结构。要改变产业原有的低端锁定现状，促进第二产业提质升级，在发展第三产业的过程中主要引导具有可持续性增长潜力的新型服务业优先发展。二是优化分配结构。首先要改善长期分配不均衡状态，通过完善收入分配制度缩小区域间、城乡间、行业间的收入差距。其次要建立公平的市场竞争环境与人才考核制度，充分发挥人的主观能动性，从而打破社会阶层的固化现象，缩小代际间的流动效应，促进提升现有的社会公平度。最后要优化供需结构，通过提高产品附加值优化产品的质量，以满足社会对高质量产品日益旺盛的需求。从产业结构、分配结构、供需结构等全面入手，通过优化地方经济结构的方式提升经济增长的质量与效益。

三、从运用高端生产要素来提高经济增长质量

过去对地方经济增长的宏观调控主要为速度型调控，调控的目标主要是提高经济增速、扩大经济规模。在以速度增长为价值取向的旧常态时期，宏观调控的方式较为单一，调控方向多为促进经济加速，对应的调控政策多针对传统促进经济数量增长的要素领域。我国经济进入新常态时期以后，地方经济增长也开始由规模速度型向质量效率型过渡。此时，单一的速度型调控将不能继续发挥作用，针对传统要素领域的调控政策也随着要素禀赋结构的变化而失效，地方经济主要面临的是更加复杂的结构与发展问题。因此，新常态要求要素供给从自然资源、劳动力、资本等低端要素转向人力资本、技术进步、产业升级等高端要素，通过运用高端生产要素来提高增长质量。要素升级主要涵盖了技术进步、人力资本积累、物质资本改善、科学知识进步、信息化加快等方面，知识与人力资本将成为

未来地区经济的核心竞争力。在信息化高速发展的今天，不仅要注重当地要素质量的提升，更要打通地区间的流通障碍，使要素在地区间实现快速流通。同时，要克服时间与空间的限制，发挥全球智库的作用，缩小信息成本，最大限度地提升生产效率。

四、从供给与需求相结合来提高经济增长质量

供给管理和需求管理是全国乃至地方经济宏观调控的两种主要方式。供给管理是通过提高生产能力来促进经济增长，借助对总供给的调节来实现宏观经济目标；而需求管理则是通过提高社会需求来推动经济增长，以既定生产要素供给为前提对总需求进行调整和控制。以往地方经济的宏观调控主要是通过对投资、消费和出口等需求因素进行调节，通过增加需求促进经济增长，达到对地方经济宏观调控的作用。随着中国经济进入新常态，影响地方经济增长的因素从需求因素为主转向了供给因素为主。为了实现经济运行中供给与需求端相结合的均衡状态，对地方经济增长的宏观调控就相应地要把供给管理与需求管理相结合。具体而言，为促进地方经济的长期增长，实现对地方经济增长的宏观调控要从短期需求因素为主转向长期供给因素为主。在供给端探索与当地新经济新业态相适应的管理，一方面坚持"三去一降一补"与提高产品质量相结合，另一方面强化创新驱动力将生产可能性曲线外推，充分发挥地方宏观调控在供给侧改革中的目标性与前瞻性作用；在需求侧通过利用大数据、云计算与个性化定制等新兴工具逐步完善生产过程中对需求的实时把控和预测机制；从而助力地方经济中供给与需求相结合的高效生产，最终促进地方经济增长质量的提升。

五、从降低增长成本来提高经济增长质量

过去地方经济处于以要素驱动为核心的数量增长时期，增长的成果长期取决于生产要素投入总数的高低。这一时期地方经济增长的共性是以规模效应促进经济总量的增长，地方经济的出发点是快速提高当地的经济总量，实现总产值的大幅提高，从而完成相应的经济指标。与之对应的地方经济行为是大力发展规模化项目，全力支持规模以上工业企业的发展，发展方式是投资拉动型，发展导向是第二产业为主。这一时期经济增长的成本和代价并未进入各地方经济实行主体的考虑范围，在成本效益两项平衡问题中，出现了严重的倾斜状态，且这种非常态增长在要素趋于无限供给的增长初期并没有完全暴露。但经过长期非均衡增长后，要素禀赋条件开始发生变化，支撑中国经济增长的土地、资源、劳动力等要素供给开始稀缺，要素使用成本迅速上升，人口资源环境等困境对经济持续快速

增长产生了更强的约束。此时，经历过长期非正常快速增长之后的中国面临着环境、资源、人口、技术等多重约束，传统的经济增长模式宣布失效，与之对应的地方依靠要素投入来实现经济增长的方式也走到了尽头。因此，地方经济必须实现从要素驱动转向创新驱动的转型来降低经济增长的成本、提高全要素生产率，推动经济增长质量的持续提高。

第四节　新常态下提高经济增长质量的路径转型

新常态下经济增长速度的换挡并不意味着我们要降低对经济发展的要求，而是在新常态背景下，通过经济结构的调整，提高经济增长质量。在经济新常态背景下，提升增长质量需要从规模扩张向报酬递增转型，从结构多元化向结构高级化转型，从比较优势向竞争优势转型，从传统业态向新兴业态转型。

一、从规模扩张向报酬递增转型

在新常态要素禀赋结构变化的背景下，经济增长受到资源禀赋的严重约束，提高经济增长质量需要从规模扩张转向报酬递增。当经济增长数量扩张到一定程度时，社会生产规模会逼近生产可能性边界，实际经济增长率将接近最大潜在增长率，此时面对资源禀赋的稀缺性，就迫切需要实现从要素投入的规模扩张向资源配置效率递增转型，需要通过资源的重新组合提高生产水平，以技术创新为路径实现要素重组和优化配置，提高能源使用率及生产要素利用率，从而形成更高效的资源配置机制，使生产力水平由规模报酬不变向规模报酬递增发展。因此，新常态背景下，我国经济增长需要形成自主创新的动力从而促进经济增长质量的进一步改善。首先，要加快实施创新驱动发展战略，鼓励自主性研发，掌握更多拥有自主知识产权的创新型技术，为创新驱动增长模式的建立提供重要保障。其次，要依靠自主创新和劳动力素质提高，切实增强产业竞争力和提高全要素生产率，实现向产业价值链中高端的跃进。最后，要依靠创新驱动有效克服资源环境制约，完成经济结构的调整和发展方式的转变，以实现中国经济的长期可持续发展。

二、从结构多元化向结构高级化转型

过去对我国经济增长的宏观调控主要是总量调控，经济增长的目标是总量目标，引起经济增长的变量也是总量视角下的变量。在经济进入新常态以来，我国业态转型。一方面，需要对原有产业形态赋予时代变革的新要素，探索新技术革命下生产、流通领域中的新中介平台，充分利用新中介平台更出色的表现力、更真实的体验感、更精准的数据分析和更广泛的沟通环境实现自身产业形态与经营模式的革新，从而打造适应快速发展新时代的新业态。另一方面，对在信息、人工智能化等新市场背景下衍生出的新产业，应进一步利用自身数据化、个性化的优势，拓展新业态形式，加强差异化经营。通过数字产业规模的扩大和产业数字化转型带动产业结构的优化升级，充分挖掘国民经济的结构性潜能，从而提高经济增长质量。

第九章

新常态下我国省级层面地方经济增长质量和效益的监测预警

党的十九大报告中指出"我国经济已由高速增长阶段转向高质量发展阶段，正处在转变发展方式、优化经济结构、转换增长动力的攻关期。"[①] 自此，习近平总书记在不同场合多次强调高质量发展，指出"要推动经济高质量发展，牢牢把握供给侧结构性改革这条主线，不断改善供给结构，提高经济发展质量和效益。"[②] 党的十九届五中全会上提出了"十四五"时期的经济发展目标："经济发展取得新成效，在质量效益明显提升的基础上实现经济持续健康发展。"[③] 这意味着"十四五"时期乃至未来很长一段时间，高质量发展仍将作为贯穿国家发展全过程的主要旋律。"高质量发展"一词内涵丰富，习近平总书记指出"经济、社会、文化、生态等各领域都要体现高质量发展的要求"[④]。这不仅包含经济增长过程中经济效益的高要求，还涵盖了对社会效益和生态效益的高标准，是经济增长数量累积到一定阶段所必须考虑的问题。区域协调发展一直是我国高质量发展建设中的重点领域，是实现结构优化的必经之路。近年来，我国深入贯彻实施区域协调发展战略，不断推进区域发展形势逐渐向更高水平迈进，但不平衡不充分的问题仍然存在。2019 年 8 月 26 日在中央财经委员会第五次会议上，习近平总书记指出当前我国所面临的区域经济发展不均衡的问题主要体现在三个方面："一是区域经济发展分化态势明显；二是发展动力极化现象日益突出；三是部分区域

---

① 习近平：决胜全面建成小康社会，夺取新时代中国特色社会主义伟大胜利——在中国共产党第十九次全国代表大会上的报告 [R]//中共中央党史和文献研究院. 十九大以来重要文献选编（上册）[M]. 中央文献出版社，2019：21.

② 习近平在江西考察并主持召开推动中部地区崛起工作座谈会时强调：贯彻新发展理念推动高质量发展 奋力开创中部地区崛起新局面 [EB/OL]. 中国青年网，2019－05－24.

③ 中国共产党第十九届五中全会公报 [N]. 人民日报，2020－10－29.

④ 习近平：关于《中共中央关于制定国民经济和社会发展第十四个五年规划和二〇三五年远景目标的建议》的说明 [EB/OL]. 新华网，2020－11－03.

发展面临较大困难。"[①] 考虑到当前中国所面临的这一系列区域经济发展不均衡的问题，构建有效的高质量发展提升路径需要充分考虑地方政府是发展经济的中坚力量，以及各省的资源禀赋、经济发展阶段不同等现实情况，以省（区、市）为单位预测未来几年经济增长质量变化的基本趋势和拐点，从而为制定有针对性的宏观调控政策提供重要信息，尤其是当高质量发展面临各种挑战与桎梏时，可以及时地调整政策确保经济高质量发展，使宏观政策调控能够由事后调控转向事前调控，提升政策制定和执行的科学性和有效性。

第一节　新常态下我国省级层面经济增长的特点

步入新常态以来，我国省级层面经济表现为增速放缓、结构深度调整、新动力亟待培育等特征。各省级在经历了几年的转型调整之后，经济规模不断扩张，产业规模逐渐向中高端迈进，国际竞争力显著提升，但省级间经济呈现出加速分化的趋势，区域经济不平衡的问题非常突出。

一、新常态下我国省级层面经济增速持续下滑，且省级间经济分化显著

1. GDP 减速放缓，但省级间分化持续扩大

新常态下，依靠投资和廉价劳动力支撑的高经济增速难以为继，发展方式从追求速度和规模的粗放型转向追求质量和效益的集约型，发展动力由传统的要素驱动转向创新驱动，增长速度也从高速转向中高速。近10年来，我国经济增速基本上呈持续下滑的趋势（见图9-1）。至2019年底，我国经济增速已经跌至6.37%；截至2020年底，受新冠肺炎疫情的严重冲击，国内外经济活动广泛受到抑制，我国经济增速迅速跌至2.60%。东部、中部、西部及东北地区的实际GDP增长率从2011年10%以上的高位持续下跌，截至2019年东部、中部、西部及东北地区实际GDP增长率分别为6.15%、7.21%、6.69%、4.49%，截至2020年增速已分别跌至2.98%、1.46%、3.29%、1.08%。分区域来看，2011~2019年，以北京、上海为代表的东部省份经济缓中趋稳，2019年同比增速变动在1%以内，该类省份经济结构、创新水平等方面的条件较好，是我国经济转型调整的背景下增长的发动机和稳定器。中西部省份间分化严重，一边是贵州、云南、西藏等中西部传统工业型省份，在"一带一路"建设和大数据战略的实施下经济高

---

① 习近平：推动形成优势互补高质量发展的区域经济布局［EB/OL］.中国政府网，2019-12-15.

速发展，贵州、云南、西藏三省份 2019 年经济增速分别是 8.30%、8.10%、8.10%，连续两年增速蝉联前三，尤其贵州在 2017 年以前始终保持着 10% 以上的高增速；另一边则是以山西、内蒙古、陕西为代表的以资源能源输出为主、产业结构相对单一的省份，经济转型难度大，经济下滑趋势明显，尤其是内蒙古，2019 年经济增速仅为 5.20%，在全国排名倒数第五。东北三省经济一致大幅下滑，吉林、黑龙江 2019 年经济增速仅为 3.00%、4.00%，位居全国排名末两位，在资源价格走低、传统工业产品需求锐减的背景下，该类省份经济举步维艰，通过完善体制机制、化解结构性矛盾进行深度调整，是该类省份转型的必由之路。

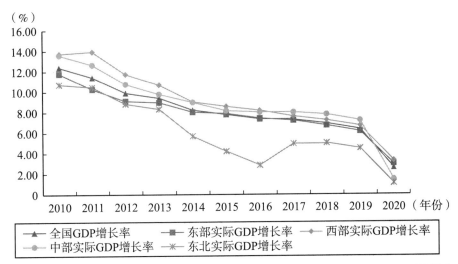

图 9 - 1　2010～2020 年我国东部、中部、东北、西部地区实际 GDP 增长率

资料来源：笔者根据《中国统计年鉴 2021》计算得出。

2. CPI 温和上涨，PPI 小幅下滑，CPI 与 PPI 间的差距逐渐缩小

工业生产者出厂价格指数（PPI）和中国居民消费者价格指数（CPI）分别代表的是产业链条中上游产业（工业）价格收益与中下游产业（加工业及流通行业）价格收益的景气程度，两种价格水平的变动与相关产业的收益以及人员流动直接相关。CPI 与 PPI 作为最直接反映社会物价水平及市场景气程度的指标，一直都是我国当前及未来经济走向的重要风向标（吕捷和王高望，2015）。2012～2016 年，受全球经济复苏缓慢的影响，国际大宗商品价格持续下跌，尤其在"十二五"中后期，以煤炭、原油等为代表的工业品价格急速下跌，结构性产能过剩突出，在稳健的货币政策下，CPI 缓慢增长、PPI 连年下滑，两个指标的背离式增长成为新常态经济的一大特点。2016 年之后，随着钢铁、煤炭等产能过剩行业去产能的推进，工业品供需矛盾逐渐改善，工业品价格上升，进而推动 PPI 由降至

升。截至 2016 年底各省份 PPI 逐渐上升，相继追上并赶超了稳步增长的 CPI，形成 PPI 与 CPI 之间的剪刀差。随着工业品生产的正常化以及工业品下游市场供大于求的现状，2017 年原油、钢铁等工业品的价格有所下降。天津、河北、山西等大部分省份于 3 月 PPI 开始下滑，此后 CPI 与 PPI 之间的剪刀差逐渐缩小。2018 ~ 2020 年，CPI 逐渐超过 PPI（见图 9 - 2）。分省份来看，2015 年 CPI 与 PPI 差距较小（指数相差 10 以内）的省份 23 个，CPI 与 PPI 差距较大（指数相差 10 以上）的省份 8 个；截至 2017 年，CPI 与 PPI 差距较小的省份增至 25 个，CPI 与 PPI 差距较大的省份降至 6 个；截至 2019 年所有省份 CPI 与 PPI 的指数差距均降至 10 以下。且 CPI 与 PPI 差距较小的省份主要是东部省份和经济发展较好的中西部省份，而 CPI 与 PPI 差距较大的省份主要分布在资源密集型地区和老工业基地（见图 9 - 2）。

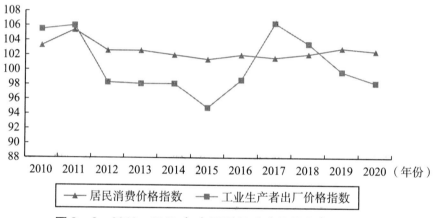

图 9 - 2　2010 ~ 2020 年中国居民消费价格指数（CPI）与工业生产者出厂价格指数（PPI）

资料来源：笔者根据《中国统计年鉴 2021》计算得出。

3. 进出口贸易低迷，各地进出口增速震荡剧烈

2010 年我国进出口总额的增速高达 33.9%，达到增速巅峰；自此开始逐年下跌，到 2015 年增速已经跌至 - 7.09%，2016 年增速小幅回升但仍为负值（- 0.86%），从 2017 年开始进出口总额回升，整体呈现正向增长，到 2019 年进出口总额高达 315627.32 亿元，2020 年尽管受新冠肺炎疫情冲击，但仍呈现正增长（同比增长 1.88%），进出口总值达到 321556.93 亿元（见图 9 - 3）。总体来看，2015 ~ 2020 年全国进出口总额尽管呈现增长态势，但整体增长速度不佳，震荡剧烈。分省份来看，2019 年，进出口额增速前 10 位的省份依次是湖南（35.24%）、新疆（18.54%）、云南（12.84%）、广西（9.5%）、四川（9.43%）、安徽（9.37%）、湖北（8.30%）、河北（7.69%）、重庆（6.24%）、

江西（5.61%），后 10 名分别为青海（－25.08%）、贵州（－13.61%）、天津（－12.98%）、吉林（－8.58%）、甘肃（－8.2%）、辽宁（－8.1%）、宁夏（－7.6%）、江苏（－5.18%）、广东（－4.41%）、陕西（－4.26%）。陕西、辽宁等资源密集型省份增速下滑源于国际能源市场需求骤减，能源价格走低；广东、江苏等东南沿海发达省份增速下滑则是低端加工制造品的出口需求下降，而中高端产品的生产仍处在起步阶段造成的。从变化趋势来看，2011～2014 年各省份的进出口绝对额持续增长，但增速持续走低；2015 年，我国有 25 个省份出现了负增长；2016 年仅山西呈现正增长，其余 30 省份均呈现负增长；2017 年除海南、甘肃、青海外其余各省份已恢复正增长；至 2019 年又有 13 省份呈现负向增长，具体为青海省（－25.08%）、贵州省（－13.61%）、天津市（－12.98%）、辽宁省（－8.10%）、吉林省（－8.58%）、甘肃省（－8.20%）、宁夏回族自治区（－7.6%）、江苏省（－5.18%）、广东省（－4.41%）、陕西省（－4.26%）、上海市（－4.22%）、西藏自治区（－2.81%）、河南省（－0.38%）；截至 2020 年仍然有 12 省份呈现负增长，具体为西藏自治区（－55.82%）、宁夏回族自治区（－49.02%）、青海省（－39.36%）、北京市（－19.55%）、黑龙江省（－18.11%）、辽宁省（－10.31%）、新疆维吾尔自治区（－9.79%）、内蒙古自治区（－5.48%）、吉林省（－2.17%）、甘肃省（－2.37%）、广东省（－1.25%）、天津市（－0.67）。新常态下各省份进出口贸易额震荡剧烈，意味着我国对外贸易仍处于转型调整之中。

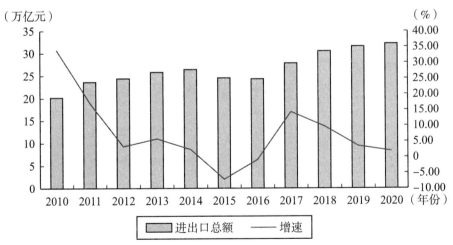

图 9－3　2010～2020 年我国进出口总额及其增长情况

资料来源：笔者根据《中国统计年鉴 2021》计算得出。

二、新常态下我国省级经济结构趋于合理但转型升级任务依然艰巨

1. 产业结构渐趋合理化，但仍需进一步转型升级

观察 2010～2020 年我国三次产业占比情况，第二产业占比逐年下降，第三产业占比呈上升的趋势，自 2015 年后第三产业占比超过 50%（见图 9-4）。当前我国各省份经济发展阶段参差不齐，呈东部快、中西部滞后的现状。2010 年以第三产业为主导产业的省份仅有 5 个，分别为北京市、上海市、海南省、贵州省、西藏自治区；2015 年以第三产业为主导产业的省份增加至 16 个，分别为北京市、天津市、山西省、辽宁省、黑龙江省、上海市、江苏省、浙江省、广东省、海南省、重庆市、贵州省、云南省、西藏自治区、甘肃省、新疆维吾尔自治区；截至 2019 年后全国 31 个省均以第三产业为主导产业，且占比持续上升。北京市、天津市、上海市等东南沿海省份经济起步较早，已基本上实现了产业结构多元化，三次产业占比较为合理，被喻为"世界工厂"；山西省、黑龙江省等资源大省，可能由于去产能的推进，使得第二产业下滑过快，第三产业占比攀升；重庆市、贵州省等中西部省份在新常态背景下，积极推进经济转型升级，逐渐形成了第三产业为主导的产业体系；河北省、内蒙古自治区、吉林省、安徽省等省份分布在我国中西部地区，主要利用当地的资源禀赋优势发展重工业或者资源采掘业，产业结构较为单一，产业间和产业内布局极不合理，要将发展第三产业和重新布局三产内结构同步推进。尽管我国各省份产业结构渐趋合理化，但在新常态的背景下，全球经济增长乏力，欧美国家的贸易保护主义的思潮逐渐蔓延，使得低端加工制造品的外需骤减，各省份仍亟须通过产业高级化制造高精尖产品，进一步推动经济转型升级。

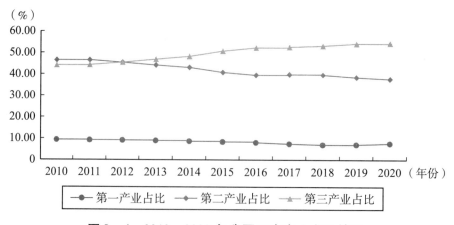

图 9-4 2010～2020 年我国三次产业占比情况

资料来源：笔者根据《中国统计年鉴 2021》计算得出。

2. 消费拉动力日益强劲，消费结构逐渐多元化、高端化

随着居民可支配收入的提高，我国居民消费结构经历了从生存型消费转向发展型消费和享受资料消费的转移升级，从原来低水平的衣食住行消费转向关注衣食住行的品质、质量，从物质型消费转向服务型消费升级，由传统消费模式转向新型消费模式。在消费结构升级的推动下，消费对区域经济的拉动作用越发显著。2019 年，社会消费品零售总额增速大于等于 10% 的省份有 8 个，该类省份主要来自中西部地区，按增速由高到低依次为江西省（11.3%）、安徽省（10.56%）、云南省（10.45%）、河南省（10.38%）、四川省（10.35%）、湖北省（10.31%）、湖南省（10.24%）、福建省（10%），除北京市、天津市、内蒙古自治区、贵州省、海南省、青海省、宁夏回族自治区、新疆维吾尔自治区 8 个省份外，剩余 23 个省份的社会消费品零售总额增长率均高于实际 GDP 增长率。进一步分析发现，增速突出的省份分布在中西部地区，特别是河南省、江西省，显现出强劲的消费拉动力。增速后 10 位的省份则差异显著，一类是像北京这样经济领跑全国的省份，这类省份社会消费品零售总额基数较大，在 31 个省份中分别位列 12 名，加之低端产业的市场需求下降，该类省份消费需求增速相对较慢；另一类是以新疆维吾尔自治区为代表的资源密集型省份以及吉林省、辽宁省、黑龙江省为代表的重工业省份，该类省份正处在经济结构深度调整期，去库存、去产能加速推进，这可能是其消费拉动力疲弱的一大原因。

3. 城镇化进程持续推进，但省份间城镇化水平差异显著

2020 年，我国城镇化率已达到 63.89%。城镇化水平排名前 10 位的省份是上海市、北京市、天津市、广东省、江苏省、浙江省、辽宁省、重庆市、福建省以及内蒙古自治区，城镇化率分别为 89.3%、87.55%、84.7%、74.15%、73.44%、72.17%、72.14%、69.46%、68.75%、67.48%，除了重庆市和内蒙古自治区外，其余省份均来自东部地区。而城镇化率处于后 10 位的省份湖南省、安徽省、四川省、新疆维吾尔自治区、河南省、广西壮族自治区、贵州省、甘肃省、云南省以及西藏自治区的城镇化率分别为 58.76%、58.33%、56.73%、56.53%、55.43%、54.20%、53.15%、52.23%、50.05% 以及 35.73%，全部来自中西部地区。可见，我国的城镇化水平呈现东部省份高、中西部省份低的现状，大部分东部地区已基本完成了城镇化，而中西部地区只有少数像重庆这样的省份城镇化进程较快，其余地区仍处在亟须加速城镇化的阶段。新常态下，通过推进中西部地区的城镇化进程，将会拉动内需，是化解商品房库存高、产能过剩严重的一个重要渠道。

三、新常态下我国省级经济旧动力衰竭，新动力有待培育

当前内外经济环境的变化使得我国经济的可持续增长面临极大地挑战。从国

内来看，资本边际收益连年下滑、人口红利渐趋消退、居民消费结构持续升级；从国际来看，全球增长动力不足，各国进口需求急剧缩减。在此背景下，低端加工制造品成本上升的同时外部需求减少，而东南沿海地区居民的关注点已从消费品的数量转向产品的质量、品质和服务，其对低端制造品的需求也在减少，对于中西部地区居民而言，虽然对低端制造品仍有极大的需求，但是由于收入水平相对较低的限制，潜在的消费需求无法激发，一时间我国出现了极为严重的结构性产能过剩。以广东省、福建省为代表的东南沿海省份，经济增长主要来自中低端加工制造品的出口及较为发达的服务业，内外需求疲弱使得大量的低端加工制造品严重滞销，较为发达的服务业在国际上也仅处于中等水平，难以满足高收入人群的需求，致使出国旅游、出国购物受到追捧。中西部大部分省份的经济增长中第二产业占比仍然较大，湖南省、湖北省、河北省等省份的第二产业内部以重化工业为主，陕西省、山西省、内蒙古自治区等省份则以资源采掘业为主，在国际能源价格下跌以及国际粗钢需求量下滑的背景下，中西部省份经济也是举步维艰。经济中结构性产能过剩极为严重，过去依赖投资驱动、低成本劳动力驱动以及出口驱动的经济增长模式不可持续，各省份亟须寻找、培育新动力。

第二节　我国省级层面经济增长质量和效益监测预警的指标体系与方法

确定经济增长质量和效益监测预警的指标体系和方法是监测预警实施的前提条件。

一、省级层面经济增长质量和效益监测预警指标体系的构建

经济增长质量一词具有丰富的内涵，任保平（2012）从经济增长的条件、过程以及结果清晰地界定了经济增长质量的内涵和外延。经济增长质量的提升是在追求经济数字扩张的过程中，注重效率的改善、结构的高端化、居民福利的公平性、生态环境消耗的极小化。任保平、赵通（2019）指出高质量发展就是指经济发展质量的高水平状态。任保平、杜宇翔（2020）从经济发展成本度量的角度指出高质量发展是低成本的经济发展。任保平、刘笑（2018）从宏观、中观与微观三个维度对高质量发展中的质量变革展开分析，明确了新时代我国高质量发展中质量变革的战略思路与战略重点。任保平（2019）指出高质量发展应当体现新发展理念，以创新为第一动力、以协调为内生特点、以绿色为普遍形态、以开放为必由之路、以共享为根本目的。由此可见，经济增长质量的高水平状态体现在经

济社会活动的方方面面。本书沿着这一思路，将经济增长质量和效益的监测预警细化为条件、过程、结果及效益四个方面，并据此构建四大维度的省区经济增长质量和效益的监测预警指标体系。指标体系具体包含以下内容：

从条件维度来看，主要是对经济主体中的半成品产量和投资情况进行监测预警，具体包括钢材产量、水泥产量、货运量、投资新开工项目与深市股票成交量五个指标。钢材与水泥是工业发展的基础半成品；货运量反应固定资产投入，新开工项目反映社会对经济发展前景的预期，而股票成交量反映资金投入情况，三个指标均反映经济投资情况。

从过程维度来看，主要是对各省份经济结构的监测。本书选取工业增加值、发电量、进出口总额三个指标，反映地方经济增长质量的形成过程。工业增加值是对地方工业发展状况的反映，发电量与 GDP 变化一致，可以更加准确地反映地方经济发展状况，进出口总额是对地方参与国际贸易程度的体现。

从结果维度来看，其是对省区经济增长质量结果的价值判断，对经济发展状况评价。高质量发展表现在对利益和谐的重视以及稳定持续发展的重视。本书选取 PPI、工业产品库存以及地方政府的财政收入指标，对经济增长质量的结果进行判断。PPI 反映生产领域价格变动情况，表现不同地区生产领域的市场价格走势；工业产品库存可以直接反映工业持续发展状况，体现工业生产走势；地方政府财政收入是地方政府财政实力的一种体现，可以在一定程度上反映地方经济的发展好坏。

从效益维度来看，应涵盖经济效益、社会效益、生态效益三个方面（任保平，2015）。本书从经济、社会、生态三方面进行效益的监测预警。具体地，本书选取固定资产投资完成额、客运量、居民消费价格指数（CPI）及 PM2.5 四个指标。固定资产投资完成额反映了投入产出效率，是经济效益的体现；客运量与CPI 代表着人民生活和福利水平，构成对经济增长社会效益的体现；PM2.5 直接反映地方空气环境质量，体现省级经济增长的生态效益。

由此，本书从 4 大维度、10 个方面构建了包含 15 个基础指标的省区市经济增长质量和效益的监测预警指标体系（见表 9 - 1）。

表 9 - 1　　省区市经济增长质量和效益监测预警指标体系

方面指数	分项指标	基础指标	计量单位	指标属性
条件维度	半成品产量	I_1—钢材产量	万吨	正
		I_2—水泥产量	万吨	正
	经济投资	I_3—货运量	亿吨	正
		I_4—投资新开工项目	个	正
		I_5—深市股票成交量	百万元	正

续表

方面指数	分项指标	基础指标	计量单位	指标属性
过程维度	产业结构	I_6—工业增加值（同比）	%	正
	地方经济	I_7—发电量	亿千瓦时	正
	国际收支	I_8—进出口总额	千美元	正
结果维度	产业发展	I_9—PPI	—	逆
		I_{10}—工业产品库存	亿元	正
	财政实力	I_{11}—地方政府的财政收入	亿元	正
效益维度	经济效益	I_{12}—固定资产投资完成额	亿元	正
	社会效益	I_{13}—客运量	万人	正
		I_{14}—CPI	—	逆
	生态效益	I_{15}—PM2.5	微克/立方米	逆

注：这些指标直接使用原始数据。

资料来源：历年《中国统计年鉴》，各省份统计年鉴及《中国经济数据库》。

二、省级层面经济增长质量和效益监测预警方法的选取

经济增长质量和效益监测预警需要构建一个包含多个指标和输入输出的综合评估系统，并且指标间存在非线性关联性。对于非线性方法选取，考虑到经济增长质量是价值评价而非最优目标问题，以结构风险最小化为原理的支持向量机方法不能应用于经济增长质量和效益的监测预警。BP神经网络方法虽非求解最优目标问题，但其网络结构较为复杂，在指标较多的情况下会拉低误差下降速度、延长计算调整时间、训练存在局部极小问题。在应用BP神经网络方法之前，应用粗糙集方法对指标进行约减，可以很好地解决这一问题。粗糙集理论可以在不改变原本解释能力的前提下剔除非关键信息，降低监测系统的复杂度，有效地降低BP神经网络的复杂性。

根据上述分析，本书采用粗糙集—BP神经网络方法构建省份经济增长质量和效益的非线性监测预警系统。首先运用粗糙集方法对预警指标进行属性约简，然后将约简后保留的预警指标作为BP神经网络的样本数据，进行学习训练，最后根据得出的结果开展警情分析，完成对经济增长质量和效益的监测预警。具体如下所示。

1. 以粗糙集作为前置系统约简指标属性

粗糙集理论中，知识由信息系统（属性和对象）来表示，信息系统中的属性可进一步分为条件属性和决策属性（陈德刚，2013）。本书的条件属性即指上述基础指标体系，但无决策属性。本书构建的经济增长质量和效益预警体系属于粗

糙集理论中无决策属性的信息系统，不适用于邻域粗糙集。鉴于此，本书运用基础指标构建经济增长质量和效益的指数，并根据指标的数值范围确定决策属性，构建包含条件属性和决策属性的信息系统，进而采用邻域粗糙集约简指标属性及计算各指标权重。其中综合指数的计算如下：

首先，将指标属性分为两类：正向指标和逆向指标，在此采取以下两种公式对两类指标进行无量纲化处理。

正向指标：$A(X_i) = (X_i - X_{min})/(X_{max} - X_{min})$

逆向指标：$A(X_i) = (X_{max} - X_i)/(X_{max} - X_{min})$

其中 $A(X_i)$ 为指标标准化后的值，X_i 为指标的实际数值，X_{max} 和 X_{min} 为指标的最大值和最小值。

其次，依据经济增长质量和效益预警体系，将去除量纲的基础指标加权平均，并采用同样的方法合成综合指数。

2. 经济增长质量和效益预警综合指数合成与评价

以约简后的基础指标体系为基础，合成经济增长和效益的预警评价指数，合成方法如下：

$$Q = F(Q_i) = \sum_{i=1}^{n} W_i \times Q_i \qquad (9-1)$$

其中，W_i 为第 i 个指标的权重，Q_i 表示第 i 个指标去量纲后的值。根据综合指数的范围，划分相应警度界限，对省区经济增长质量和效益进行预警评价及分析。

3. 以 BP 神经网络为核心构建经济增长质量和效益预警系统

BP 神经网络预警系统以约减后的指标集合作为输入值，经济增长和效益的预警评价指数为输出值，进行训练。隐含层设置为 1～4 层，每个隐含层节点个数（yy）由经验公式 $y = \sqrt{n+m} + a$ 确定，其中 m 为输入节点个数，n 为输出节点个数，$a \in [1, 10]$ 且 $a \in Z$。运用训练出的神经网络检验样本输出进行系统综合分析，并对精度提高程度进行对比说明。

第三节　我国省级经济增长质量和效益
提升所面临的约束条件

现阶段我国的供给侧改革已取得初步成效，并进入到改革推进的纵深之年，虽然各省级去产能的效果显著，但是经济增长的新动力尚未培育成熟。现阶段我国省级推进经济高质量发展主要面临三方面的制约：省级经济增长持续分化的制约、省级经济发展动力不足的制约、省级经济不同程度结构失衡的制约。

一、经济增长持续分化的制约

经过改革开放 40 多年的经济发展，我国省级经济增长的差异越来越显著，呈现出东部优于西部的显著特征，且随着时间的增长，各省级间的差异逐渐扩大。如今省级经济增长分化已成为各省级经济进一步发展不可回避的问题。省级经济差异的不断扩大不仅会造成省级经济发展严重失调，还会带来严重的社会问题。具体表现为：一方面，资本的逐利性决定了资本将会流向经济较为活跃、市场化程度更高的发达地区，因此，随着时间累积，省级经济分化将会产生马太效应，省级经济分化将愈演愈烈；另一方面，随着省级间经济增长差异的扩大，省级间居民的收入水平差距也将随之扩大，当收入差距超过临界点之后社会稳定将会受到威胁，收入较低的居民倾向于从事非法活动赚取收入，而非从正当渠道赚取收入。收入较高的居民拥有社会绝大部分的财产，但当社会不稳定时，这类人群的财产安全感极低，因而倾向于向海外转移财产。可见，省级经济持续分化并不会带来经济的长期可持续发展，当省级经济差异越过临界点之后，经济高速增长的省级所带来的经济成果无法弥补经济落后省份减少的经济成果。此时，社会财富不增反降，整个经济将会陷入困境。因此，省级经济增长持续分化是制约我国经济增长质量提升的关键因素。

二、经济发展动力不足的制约

经济发展动力不足是省级推进经济高质量发展的又一关键约束条件。随着经济步入新常态，以低成本劳动力和资本扩张推动经济发展的模式不可持续，经济增长的旧动能逐渐消退，新旧动能转换已成为必然趋势。各省亟须探寻本地经济发展的核心动力，带领经济摆脱颓势。现实是，不仅中西部地区，甚至是我国经济发展最快的东南沿海省份也在过去的几十年间采用粗放型的经济发展模式，不同的是省级间的核心产业类别，内陆省份发展低端重工业和资源采掘业，沿海省份发展中低端加工制造业和中低端服务业。各省区市对经济增长的核心动力——自主创新尚未给予足够的重视，致使整个经济体创新意识、创新型人才和创新型企业较为匮乏。现阶段我国已将自主创新定位为经济发展的新动能，但我国各省的自主创新水平处于较低水平，仍无法在经济中形成聚集力量。创新要素的培养和积聚需要巨额的资本给予支撑，需要政府、企业、学校、个人的共同努力，无法在短时期内实现质的变化。近几年我国省级经济仍将处于旧动能消退、新动能缓慢培育的过渡调整期，各省份未形成本地的核心经济增长动力是我国推进经济高质量发展的制约因素。

三、经济结构失衡的制约

经济结构对一个地区的经济发展具有至关重要的影响，现阶段省区市内经济结构失衡已成为制约我国经济发展的关键因素。结构的失衡在东部省份集中体现在产业、供需两大结构上。长期以来，东部地区依靠出口低端加工制造品和提供中低端劳动密集型服务发展经济，随着经济步入新常态，全球经济持续低迷，低端加工制造品的国际需求疲软，低端加工制造业和低端服务业的国内需求随居民消费结构的升级也出现了大幅下滑，使得社会中低端制造品的供给远大于需求，供需结构失衡不断加剧。正如党的十九大报告中所说"我国社会主要矛盾已经转化为人民日益增长的美好生活需要和不平衡不充分的发展之间的矛盾"①。中西部省级的经济结构失衡主要表现为产业结构低端锁定及各产业内部产业单一化、同质化，即绝大部分中西部地区仍以第二产业为主导产业，且发展的第二产业以钢铁等重工业或者石油、煤矿等资源采掘业为主，该类产业仍处于相应产业链的初始端，且该类产业在初始加工阶段具有极大的污染性。在新常态的背景下，国际原油价格大幅下滑，国内经济转向质量型增长，长久支撑中西部省份发展的主导产业大部分沦为过剩产能。而中西部省份产业基础薄弱，难以在短时间内提高一个台阶。现阶段该类省份仍在转型中求发展，但仍未摆脱困境。综上，省级经济结构的不协调是制约经济高质量发展的一大因素。

第四节　我国省级经济增长质量和效益提升的政策调整

中央在党的十九大报告中明确指出现阶段我国已由高速增长阶段转向高质量增长阶段，到 2035 年要基本建成社会主义现代化，到 2050 年我们要建设现代化的强国。"十四五"时期是我国从全面建成小康社会向全面建成社会主义现代化国家跨越、开启社会主义现代化国家新征程的关键阶段。为了早日实现这一目标，我国亟须制定各省级经济增长质量提升的有效路径。

一、打破省级分割，促进省级经济协调发展

在过去的几十年中，我国的财政分权及 GDP 为核心的官员考核机制使得地方

---

① 习近平在中国共产党第十九次全国代表大会上的报告［EB/OL］. 人民网，2017 – 10 – 18.

政府竞相发展本地经济，这一制度在推动经济快速增长的同时，各省级的本地保护主义行为愈演愈烈。各省级在经济发展过程中各自为政，限制资本、人才等要素自由流动，严重阻碍了我国一体化竞争性市场的形成。随着时间的累积，省级间为了发展本省经济出现了严重的恶性竞争，致使我国省级经济分化严重，经济增长的省级所带来的社会福利无法弥补经济下滑省份所带来的经济损失，削弱了整个经济体的增长效率。因此，在发展质量型经济的背景下，应打破省级经济分割，形成现代经济市场秩序，促进各省级合作共赢。具体地：一是引导省级地方政府建立合作关系，形成协同发展的局面。各省级应重新审视现阶段的产业结构是否适合，探寻具有本地特色的产业，鼓励全民发展该类产业并视规模的大小进行专业化分工，形成具有本地特色的、高效率的产业体系，打破现行省级间同质化的产业布局。二是破除省级要素市场分割，提升资本、人才等要素的利用效率。进一步推进要素市场改革，扩大要素自有流动的空间范围，使每一种要素尽可能地实现最优配置，提升经济活动开展的效率。

二、全面提高自主创新能力，培育经济新动能

在新常态的背景下，经济从数量增长阶段转向质量提升阶段是对我国现阶段经济新形势的正确判断，也是推进经济的主要方向。创新要素作为要素投入中最有活力、最富价值的要素，培育、积聚创新要素是推进经济高质量发展必不可少的。现实是，无论是东部发达省份，还是中西部欠发达省份，省内创新人才、创新企业均极其匮乏。因此，各省级应重视自主创新能力的培育，形成创新要素红利驱动经济转型的局面。一是增加创新要素供给，并尽可能地将创新要素集聚起来，使人才、企业、高校等创新要素形成协同作用。东部省份国际化水平和经济发展水平较高，在创新创业上具有天然的优势，而中西部地区高等教育资源极其丰富，在理论创新上占据优势。因此，中西部省份应重点进行理论研究，争取在前沿理论上实现突破，东部省份应在理论创新的基础上，将其应用实践，并通过扩散效应引领落后省份实现技术更新换代。二是积极推进知识创新。将知识创新置于重要的地位，设计制度激励高校和科研院所进行知识创新，使科学家能够从知识创新中获得足够的收益，激活科学家的创新细胞；为高校研究人才提供更多的交流机会，使其能够及时捕捉到相关领域的前沿性研究，开拓研究视野。三是大力实施技术创新。加强技术、知识方面的创新人才互动交流，贯通知识创新应用于现实生产力的渠道。

三、升级经济结构，实现省级内经济结构平衡化

过去几十年，我国经济结构在经济数字增长的同时完成升级，经济中仍保持

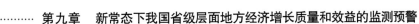

着供给端产业结构的低端锁定、需求端消费结构高级化的局面，低端的产业供给已无法满足居民的需求。当前经济中供给的产品低于人民对产品和服务需求的质量。因此，各省级应升级经济结构，以产业结构升级为主，实现省级内经济结构平衡发展。一是加强产业政策的引导作用。东部省份应致力于将科技创新转换为产业创新，以先进科技推动产业变革，将知识创新应用于培育战略性新兴产业。同时，鼓励制造业企业从生产型向生产服务型转变，引导服务业企业关注消费者的需求，提升服务的水平和质量。此外，引导中西部地区围绕本地特色，发展本地化、差异化的产业。如贵州省应利用本地生态环境优势，大力发展文化旅游业，而非延续其他省份的老套路发展低端制造业。二是构建完善的市场机制，更好地发挥价格机制的引导作用，使资本流向边际收益更高的新兴产业领域，助力产业结构转型，形成以市场化规则竞争、淘汰落后企业的良性环境。

第十章

新常态下我国区域层面地方经济增长质量和效益的监测预警

改革开放 40 多年来，中国经济高速发展，年均增长约占世界经济增量的 1/3，2021 年经济总量 1143670 亿元，突破 100 万亿元①，"中国奇迹"被人津津乐道。然而，经历过经济高度繁荣期后，"奇迹"背后的问题开始显现，中国经济面临结构失衡、生态恶化、产能过剩等严峻问题。随着中国经济进入新常态，经济上行速度放缓，增长目标由追求数量转向追求质量与效益，经济增长质量与效益的提升将成为这一时期中国经济增长的主题。在整体经济增长质量过程中，区域经济作为全国经济的基本单元，其增长质量和效益的提高关乎全局。同时，我国区域经济增长质量和效益的提升不仅局限于短期、当前，更要着眼于长期、可持续，挖掘经济增长质量和效益的潜力。因此，对我国区域经济增长质量和效益的监测预警具有重要的经济与政策意义。

第一节　新常态下我国区域层面经济增长的特点

中国经济经历过古典与新古典主义的数量高速积累时期后，自 2010 年起，部分地区经济增长率出现下行趋势，自 2011 年起，全国整体经济增长率逐步下滑。较之先前的高速经济增长过程，中国经济进入了发展的"新常态"阶段。新常态阶段不仅意味着我国进入经济增长速度全面放缓的新增长阶段，也意味着我国进入创新伊始、经济结构随之变化的新探索阶段，更意味着我国进入经济运行方式与经济增长动力大幅转换的全新过渡阶段。这些新时期的变化以及新阶段的经济发展特征不仅体现在全国整体经济层面，更体现在作为全国经济发展基本单元的区域经济层面。具体而言，新常态下我国区域层面经济增长呈现日益显著的分化

---

① 国家统计局. 中华人民共和国 2021 年国民经济和社会发展统计公报［N］. 人民日报，2022 - 03 - 01.

状态，各区域经济板块间发展模式与发展速度均有较大差异。此外，区域经济板块内部也开始呈现日益显著的空间扩散效应，区域经济的增长潜力越来越依赖于结构优化的速度以及创新能力的提升。

一、区域经济呈现超传统性的分化状态

新常态时期，国民经济整体呈现增速放缓、结构逐渐转化等特质。首先，从纵向来看，中国经济在新常态背景下发展态势开始朝缓中趋稳、稳中求质的方向转变。在此转型历程中，区域分化经历了一定时期的演变，在结构转型驱动下，自初始的并驾齐驱到转轨后的差异化发展，分化趋势日益显著。其次，横向来看，区域经济在此过程中逐渐打破传统行政区域边界，呈现出要素聚类日益清晰的分化状态。

从分化的外延来看，区域经济的分化已从单一的 GDP 增长率等经济增长的结果差异延伸到经济增长条件及经济增长过程中的多维层面。地区间的分化逐步由点及面，在空间特征上具有划时代的普遍性与超越传统的辐射性。在增长率层面经济带之间有逐步缩小的趋势，但在广阔的外延面上，地区间叠加裹附着丰富的模式特征与政策倾斜，辅之各异的执行路径与经济效率，最终传导于增长结果与演化效益。这种由贯穿经济增长各环节差异引发的区域间的分化结果对区域经济的细致分类研究提出了更高的要求，对传统区域板块划分与宏观调控带来了挑战。不但要求细化区域政策指导的空间板块，更要求对目前分属于不同区域板块的地区基于发展现状与潜力做更精准的甄别，从而改变政策落后发展的阶段性扭曲，内化政策服务高质量发展的机制活力。

二、区域经济各板块中呈现日益显著的扩散效应

扩散效应是指位于经济扩张中心周围的地区，随着发展改善与中心地区建立起流通桥梁，从中心地区获得资源，促进本地区的发展的历程。我国区域经济发展过程是典型的追赶、超越模式，具有显著的扩散效应，而在新常态背景下区域经济更呈现出空间、人口等多维扩散效应。

第一，空间扩散效应。区域经济数量增长时期，各区域内部随着省区市经济发展格局的不断优化，在一定范围内自发形成以具有先发优势的省区市为核心，通过极化效应吸引先进技术、资本等，从而进一步扩大规模的增长极带动式发展模式。新常态时期，区域经济中出现新的多元增长极并行发展状态，在形成新增长极的分化格局背景下，周边省、市通过扩散效应加快从增长极处获取新的增长红利。这种扩散效应既存在于传统东、中、西三大经济带内部，又延伸至各大经

经济进入结构的全面转型升级时期，经济增长追求的主要目标开始转向对结构升级、质量提升等更深层次的追求，由此引起经济增长的变量也开始转为结构和质量视角下的变量。结构多元化可以促进经济增长质量的提升，当生产要素总量一定时，结构多元化可以将低效率的生产要素从低效率产业转移到高效率产业，从而提高经济增长质量，但这也容易造成产业结构的低端锁定和结构失衡。因此，新常态要求我国必须实现经济结构从多元化向高级化的转型。新常态下，推动中国未来经济增长的核心因素将从过去的投资规模扩张转向技术进步和人力资本作用的发挥。因此，需要通过知识和技术为主的现代产业部门的快速发展，促进产业结构的高级化；提高自主创新能力，促进科技成果向现实生产力的转化；注重人力资本积累，倡导科技、知识和技术在产业发展中切实发挥作用。经济结构升级越快，对经济增长质量的促进作用越大。

三、从比较优势向竞争优势转型

在数量增长时期，我国依靠比较优势理论寻找在国际分工体系中的定位，在此基础上开展国际间的贸易、扩大经济规模、提升经济效率。改革开放以来，我国经济增长始终依赖于建立在比较优势基础上的开放型、外向型经济增长方式。各地区或者利用有利区位开展市场开放型、外向型经济，或者依靠资源禀赋走向资源导向型经济增长道路。但无论是对哪种增长模式，在国内劳动力、土地等要素成本上升、比较优势逐步衰减的大环境下，经济增长高度依赖比较优势的局面已经难以为继。进一步来说，在世界级科技与产业革命以及国内外经济大环境剧烈变化的背景下，我国迫切需要打造新的发展优势、寻求新的增长空间。同时，为完成从比较优势向竞争优势的转变，需要重建当地经济发展的动力支撑结构，从而加强人力、智力、科技等资源在经济增长中的作用。长期自主研发及创新能力的提升是完成从依靠比较优势转向依靠竞争优势发展道路的先决条件。因此，新常态下提升我国经济增长质量，首先需要完成发展方式的转型，即由外生的技术促进型经济增长转向内生的创新驱动型经济增长。

四、从传统业态向新兴业态转型

随着工业4.0的快速崛起和信息经济的飞速发展，大量新产业、新业态、新模式不断涌现并越来越活跃，这不仅为我国的经济增长注入了新的活力，而且也为提升经济增长质量做出了重要贡献。新的产业发展形态和经营方式，不仅可以提高产业运行效率，而且可以扩展就业容量、优化收入分配结构，对经济增长质量产生积极影响。因此，新常态阶段，提高经济增长质量需要从传统业态向新兴济带之间，使得区域经济逐渐打破传统经济带之间的隔离，呈现出更为交错复杂、界限模糊的区域格局。

第二，人的扩散效应。区域扩散过程中伴随着城镇化程度的不断提高。城镇化模式在人口结构的变化及劳动力迁移的趋势下，从传统的"空间城镇化"逐渐演变为"人的城镇化"，开始第一阶段的增长极人口聚集反应。这一阶段城镇化人口走向主要是从农村流向城市，从周边流向增长极中心，初步完成聚集，为增长极快速发展提供保障。其后随着增长极的成长，周边区域通过极化效应重铸人才吸引力，人口开始出现增长极向周边回流现象。在新常态时期，这一特征更为显著。

三、结构优化及创新实力成为区域经济增长潜力提升新引擎

经济数量增长初期，先发区域经济规模扩张主要依靠区位及资源优势，这一阶段区域间发展差异并不显著。其后发展路径发生分歧：一部分区域持续发展粗放型要素促进增长路径，增长率逐渐从高走低；另一部分先发区域率先完成资本积累，并开始进行前瞻性产业结构转型升级布局，从而拉开区域间发展差距。近年来由于资源禀赋结构发生变化，区域原有增长红利不再，资源禀赋不可逆转，依靠传统资源优势的增长区域出现颓势，增长动力不持续，而依靠转型实现现代化可持续增长的区域则持续领跑。不难看出，经济总量的扩张依赖产业结构的转换，同时产业结构的转换也会带动经济增长，这种结构因素是经济长期增长的重要变量之一，在新常态时期尤为显著。结构优化已成为区域经济增长潜力提升的新引擎。

另一部分先发区域在完成初期积累后，发挥内生增长动力，乘科技革命"东风"步入"熊彼特"式创新增长阶段。原始区域创新格局较为简单，以东部地区先发优势为主，中西部显著落后，伴随经济社会的进步与发展，各地方主体逐渐意识到创新在新常态这个关键时期的决定性作用，明确变革时期推动区域经济发展质量、效率、动力升级，都需要依靠创新驱动来实现。随着经济发展意识形态的变化，区域创新格局也开始呈现多元化趋势，区域科技创新总体格局逐步改善，在投入与转化规模上均出现了东部"一枝独秀"向东中西协同发展的有利转变。三大经济带上，东部继续领先；省级上，中西部等省份逐渐发力，创新综合实力增强；城市发展上，北京、上海创新中心领航发展，杭州、苏州等各具特色、亮点纷呈。全国综合科技创新水平在各级区域百花齐放的时代下，也不断进阶，西部地区创新产出规模方面虽然低于东、中部地区，但增长模式与速度均有显著改善[①]。新常态时期，创新实力成为增长潜力提升的新引擎，以创新杠杆撬

---

① 资料来源：《中国区域创新能力评价报告2019》。

动经济持续快速增长将给予落后区域经济迅速崛起的机会。

第二节　我国区域层面经济增长质量和效益
监测预警的指标体系与方法

一、均质区域划分

均质区域打破三大经济带之间的笼统分割，以区域间是否具有要素禀赋的相似性为评判依托，以发展的初始积累与增长模式的可依照性为划分调整。按照均质区域的标准，去除西藏后我国 30 个省区市可划分为北部沿海地区、东部沿海地区、南部沿海地区、东北地区、黄河中游地区、长江中游地区、西南地区、大西北地区，共八大主要经济区域，如表 10 – 1 所示。

表 10 – 1　　　　　　　　我国八大均质区域划分

区域名称	具体包含的省区市	区域名称	具体包含的省区市
北部沿海地区	北京、天津、河北、山东	黄河中游地区	山西、内蒙古、河南、陕西
东部沿海地区	上海、江苏、浙江	长江中游地区	安徽、江西、湖北、湖南
南部沿海地区	福建、广东、海南	西南地区	广西、重庆、四川、贵州、云南
东北地区	辽宁、吉林、黑龙江	大西北地区	甘肃、青海、宁夏、新疆

以上区域划分符合细致化研究，在经济增长的初始投入阶段具有模式开端的一致性，增长过程与传导机制的相似传导为增长结果的聚类讨论意义。这种基于区域间禀赋群体差异的经济增长质量层面研究凸显了地区间经济增长的内在差异，有益于甄别未来潜力路径，在此基础上宏观预警并依据相关结论提出前瞻性提升区域经济增长质量和效益的路径更具有现实意义。

二、区域经济增长质量和效益预警指标体系建立

区域经济增长质量和效益的监测预警建立在对其评价研究基础上。区域经济增长质量和效益拥有丰富的内涵，新常态下其研究视角也具有时代特殊性。因此，在对区域经济增长质量和效益监测预警指标体系建立过程中，应侧重于理论根基与选择逻辑的多重创新。首先，根据学界现存基于经济增长质量的普遍界

定，以多维度分析为基础，分层次建立对经济增长条件、过程、结果全方位预警分析的综合体系。其次，结合长期对经济增长质量研究成果，在结果层面打破传统桎梏，划分纯增长结果与经济增长带来的间接效益结果。综上，将我国地方经济增长质量和效益的预警划分为条件、过程、结果和效益四个维度。

条件维度关注经济增长质量的条件形成维度，包括经济主体中的半成品产量和投资现状。首先，在区域经济增长过程中，受早期数量积累时期惯性，半成品中第二产业仍占据主要地位，地方房地产及基础建设产业发展支撑着地方 GDP 保持中高速增长。因此，选取钢材产量、水泥产量为代表衡量半成品产量。其次，投资状态反映在投资链条的各个环节，从融资总额、投资标的到项目进程均应纳入指标体系。区域经济融资情况选取各区域深市股票成交量衡量；投资标的选取投资新开工项目衡量，反映融入资本的落地情况；房地产行业发展已包含在半成品指标中，因此项目进程应更注重贡献实体经济的类型，选取货运量来衡量。

过程维度内涵较为广泛，重在反映区域经济增长质量的形成及由新常态背景下结构导向的区域经济生产方式特征。首先，产业结构是区域经济增长模式的第一要义，但由于三产比例及产业高级化进程等指标缺乏月度数据，本章仅以工业增加值（同比增长率）反映区域经济增长质量在产业贡献视角的形成过程。其次，选取区域发电总量反映区域经济增长质量中的增长轨迹。最后，以区域进出口总额反映区域经济增长过程的国际贸易贡献路径。

结果维度是对区域经济增长质量结果的价值判断，也是对经济有质量发展的结果评价。区域经济发展质量取决于对区域经济可持续发展潜力、区域增长成果分配以及区域社会公平的关注及促进。首先，本章选取仍在持续贡献增长动力的工业发展潜力指标，工业生产者出厂价格指数（PPI）及工业产品库存反映现阶段区域经济可持续发展潜力。其次，由于对成果分配及社会公平层面缺乏口径一致、具有可比性的统一宏观数据，本章仅选取以区域政府财政收入为代表的区域财政实力作为经济增长成果分配及社会公平基础层面的衡量。

效益维度是对经济增长效益的评价，依据任保平（2015）对经济增长效益的内涵界定，区域经济增长效益主要包括经济、社会、生态三个方面。经济效益反映经济各部门间生产投入和产品分配的状态，即以投入产出为核心的节约关系，本章选取固定资产投资完成额为代表；社会效益以区域客运量及区域 CPI 作为主要代表；生态效益在评价及一般统计上均以城市为单位，在此暂不列入区域效益维度。

根据上述分析，本章从四大维度构建方面指数，各方面指数中扩散分项指标，分项指标中延伸基础指标，最终构建包含 14 个基础指标（$I_1 \sim I_{14}$）我国区域经济增长质量和效益的监测预警系统指标体系。具体指标如表 10 - 2 所示。

表 10 – 2　　　　　区域经济增长质量和效益监测预警指标体系

方面指数	分项指标	基础指标	指标属性	计量单位
条件维度	半成品产量	I_1 钢材产量	正	万吨
		I_2 水泥产量	正	万吨
		I_3 货运量	正	亿吨
	经济投资	I_4 投资新开工项目	正	个
		I_5 深市股票成交量	正	百万元
过程维度	产业机构	I_6 工业增加值（同比）	正	%
	区域经济	I_7 发电量	正	亿千瓦时
	国际收支	I_8 进出口总额	正	千美元
结果维度	产业发展	I_9 生产者均价指数	逆	—
		I_{10} 工业产品库存	正	亿元
	财政实力	I_{11} 地方政府财政收入	正	亿元
效益维度	经济效益	I_{12} 固定资产投资完成额	正	亿元
	社会效益	I_{13} 客运量	正	万人
		I_{14} 消费者均价指数	逆	—

在初步构建区域基础指标后需要注意的是，由于区域经济具有普遍的分化特征，以上述八大区域为划分节点，各大经济板块之间的分化状态更显著于传统三大经济带。因此，对具有更广阔外延的经济增长质量与效益而言，八大区域间会有更为显著的差异化表现。这种表现也应反映在指标体系当中，即根据区域特征与样本数据特征构建具有针对性的差异化的区域经济增长质量与效益预警指标体系。换言之，需要在基础指标的范畴内，剔除冗余指标，筛选对各不同区域经济增长与效益影响最为有效的关键指标，约简过程在后文详细介绍。

三、地方经济增长质量和效益监测预警的方法说明

宏观经济是一个复杂的系统，经济增长的波动是由多种因素作用的结果，因此宏观经济应使用非线性方法回归以保证经济预警的有效性。在对非线性方法的选取中，BP 神经网络作为人工智能领域的一大分支，能够大规模识别并处理非线性化数据，包含输入层、隐含层及输出层三个神经元层次，以网络的结构完成输入空间与输出空间的映射。

但实际应用中单纯的 BP 神经网络，存在网络结构复杂、循环次数过多、误差下降不明显等问题，且由于上文所述经济区域增长质量与效益具有地方特色广阔的外延，需要对基础指标体系进行属性约简。因此，本章以粗糙集构建区域经

济增长质量与效益预警的前置系统，选用粗糙集与 BP 神经网络结合的方法对区域经济增长质量和效益进行综合监测预警。从而满足保持原有预警能力不变的前提下剔除冗余信息，降低信息系统复杂度，有效优化 BP 神经网络的训练精度。

（一）粗糙集作为前置系统约简指标属性

粗糙集用于衡量决策系统中条件属性和决策属性的对应关系，这里的条件属性即上述基础指标体系，但本章构建的区域经济增长质量和效益预警体系中无决策属性，与传统的邻域粗糙集不相契合，因此本章选取信息熵粗糙集进行属性约简。信息熵是对不肯定程度的度量，适用于对知识集的数量化，建立信息熵粗糙集系统能够解决一般知识的模糊性，给出定量解释。本章使用信息熵（H）计算公式如下：

$$H = -\frac{1}{\ln n}\sum_{i=1}^{n}P(I_i)\ln P(I_i) \qquad (10-1)$$

其中，I_i 表示第 i 个对应的指标属性值，具体指标离散化后属性值计算过程在后文中详细叙述，$P(I_i)$ 表示第 i 个指标属性出现的概率。完成信息熵计算后即可使用相应结果作为粗糙集决策属性，从而衡量条件属性与信息熵之间的关系。粗糙集得出结果归一化处理后即为各条件属性的客观权重，根据重要程度进行筛选指标，权重为 0 的条件属性即基础指标为冗余指标，将其剔除后剩余指标构成新的区域经济增长质量与效益的关键指标体系。

（二）经济增长质量和效益预警综合指数合成与评价

以关键指标体系为基础合成区域经济增长质量和效益综合预警评价指数，公式如下：

$$Q = F(Q_i) = \sum W_i \times Q_i \qquad (10-2)$$

其中，W_i 表示第 i 个指标的权重，Q_i 表示第 i 个指标去量纲后所对应的值。合成综合指数后，统计其分布，划分相应警度，对区域经济增长质量和效益进行预警评价分析。

（三）以 BP 为核心构建经济增长质量和效益预警系统

构建 BP 神经网络预警系统时将关键指标凝合成的数据集合作为 BP 神经网络的样本输入值，综合指数作为输出，进行训练。其中隐含层设置为 1~4 层，每个隐含层节点个数（y）根据经验公式确定：

$$y = \sqrt{n+m} + a \qquad (10-3)$$

其中 m 为输入节点个数，n 为输出节点个数，$a \in [1, 10]$ 且 $a \in Z$。

　　根据上述设定，运用训练出的神经网络检验样本输出进行系统综合分析，并对精度提高程度进行对比说明。

第三节　我国区域层面经济增长质量和效益提升所面临的约束条件

　　供给侧改革实施至今，进入"三期叠加"阵痛期，现阶段我国区域经济增长质量和效益的提升面临着区域经济不协调、区域经济增长长期动力不足、区域经济供给需求动态平衡阶段性缺失等来自区域经济平衡、动力及结构三大层面的约束。

一、区域经济层面增长质量和效益的多层次分化

　　区域经济增长质量和效益的多层次分化是我国区域经济增长质量和效益提升所面临的平衡约束条件。从区域经济增长质量与效益预警分布结果来看，横向空间分布与纵向时间分布上均有较大差异，形成多层次分化现状。首先是横向空间分布。八大区域经济增长质量和效益的预警结果显示，各区域间从样本期开始质量和效益状态相差较大，且呈现无线性规律的阶梯形分布，质量和效益高低梯队也并不固定，波动性较强，存在显著的空间分化特征。其次是纵向时间分布。对经济现行数量先行区域而言，年度经济增长规模持续扩张，但随着经济增长总量的不断增加，质量和效益并未随之持续提升。各区域在规模扩张最快的时间频繁出现"重警状态"，尤其是较为发达的三大沿海区域及东北地区。而中游、西部地区在质量改善路径上表现较优，在数量扩张时期初期质量和效益反向差距较小，且后期数量扩张伴随一定时期内的质量和效益的改善，但总体来看，各年间警度出现频率走势未明，存在显著的时间分化特征。

　　这种多层次分化阻碍了区域经济增长质量和效益的进一步提升。主要原因是区域横向显著分化现状反映出各区域无法发挥协调一致联动式机制，区域宏观调控点、面效果无法顾及，调控效果低于预期，提升质量和效益路径受阻。加之我国长期实行同质化经济政策，区域差异化、定制化发展战略实施效果欠佳，各区域多走模仿追逐路径，区域差距持续存在。

二、区域经济层面新增长极点持续增长动力不足

　　区域经济新增长极点持续增长动力不足是我国区域经济增长质量和效益提升

所面临的动力约束条件。新常态时期，区域经济在要素禀赋变化、原有增长红利不再，传统要素推动力减弱等挑战下，呈现多层次分化状态。分化结构下易构建形成新的增长带和增长极，但在不断形成新增长极过程中，区域经济规模与经济增速仍延续已有规律。具体而言，首先，区域经济规模整体仍持续"东强中西弱"模式，且三大沿海地区规模占比再度上升，中部地区波动较小，而西部地区略有下滑，东北地区作为传统资源型、重工业带动发展区域受"去产能"冲击显著且转型较慢，先行规模明显下降，部分时间段内甚至出现负增长。其次，经济增长速度延续"中西快东慢"格局，尤其各沿海及东北地区经济增速回稳态势明显。

因此，根据现有区域经济格局分析可以看出，各新增长极对区域经济的改善程度有限，改善成果不稳定。原因是新的可持续增长模式应以扩大生产可能性边界的内生动力为核心，这种内生动力以科技创新为引擎，通过创新发展路径提高区域经济增长潜力。但根据经济增长质量和效益预警结果显示，新常态下，多数区域经济增长质量和效益波动显著，创新投入不足，且创新成果转化力度较弱，区域经济增长内生动力转化路径受阻，经济增长效率提升程度较小，经济增长潜力提高有限，经济持续增长动力依然不足，难以遏制区域经济分化加剧趋势，进而难以推进区域经济增长质量和效益的提升。

三、区域经济层面结构升级存在阶段性扭曲

区域经济结构升级存在阶段性扭曲是我国区域经济增长质量和效益提升所面临的结构约束条件。在数量高速增长遗留问题开始显现后，各区域均积极实施经济结构转型升级战略，一些区域在初期结构转型成果较为突出，多数区域在转型过程中进入了产业、供求、消费等结构层面的阶段性扭曲困境。

首先是产业结构层面。在2011年以来产业结构转型过程中，各区域工业产值同比增长率均经过显著下降，从八大区域来看，除东部沿海及大西北地区工业产值同比增长率在2016～2017年有显著回温外，其余地区向上波动区域均不明显，东北地区甚至出现过多次负增长状态。虽然以工业为主的发展模式饱受争议且带来了巨大的增长隐患，但整体来看，我国工业化、城市化的历史任务还未完成，经济发展的基本面未完全转型，基础设施建设及高速增长的房地产行业仍是区域经济增长的主要推动力。在此背景下转型重点落脚于大力布局第三产业，服务业的迅速扩张带来的结构优化引致的单位 GDP 能耗下降仅是阶段性特征。长期来看，区域经济进入了难以通过生产过程中 TFP 的提高促进经济增长质量和效益提高的结构阶段性扭曲困境。其次是供求结构层面，区域经济正从粗放型增长向集约型增长、从分工化初期向分工高级化转型。在此过程中，长期积累的结构性矛

盾正通过供给侧改革逐渐改善。但区域经济近年来在矫正要素配置扭曲、减少低端无效供给、扩大有效中高端供给、缓解供需结构错配现状的过程中由于缺乏长期机制，中长期动力塑造不足，进入供求结构的阶段性扭曲困境。最后是消费结构层面，消费升级发挥了阶段性作用，但根据近年区域经济增长质量和效益预警过程显示，我国各区域 PPI 与 CPI 剪刀差持续存在。从月度数据来看 PPI 同比涨幅显著，但 CPI 涨幅较小。可以看出消费结构升级进入了上游产品结构改善效果显著、下游消费动力依然不足的阶段性扭曲困境。

第四节　我国区域层面经济增长质量
和效益提升的政策调整

当前，质量型变革的核心是突破低端发展质量的桎梏，转向高质量发展的可持续路径。改革开放 40 多年来，中国经济数量型高速增长离不开改革的政策红利，发展的诸多弊端也来自数量时期的政策倾斜与评判基准。因此，扭转高速发展背后的阶段性扭曲难以依靠经济的自发过程实现。在变革时期，区域经济质量与效益的提升需要各地区因地制宜，有效制定宏观政策，充分激发市场活力，引导经济增长方式的变革。要着眼于市场运行机制中频发、易发的错配环节，以一贯的逻辑对现行区域经济增长的初始条件、运行过程等方面进行质量型调控，从而使经济结构与演化结果逐渐步入绿色发展轨迹，重新激发长期增长活力。

首先，对初始的金融、人力资本层面原始阻隔进行疏通。引导具有倾向于短期热点、投机本性的资本逐步迈入绿色循环模式，流入具有发展前瞻性的新兴技术领域，助力创新与科技难关的涅槃。对人力资本则提供自由流通保障与自由发展机制，在为市场机制下区域间人才的流通互助提供有效政策支持的同时，关注再就业与创业等自由发展领域。其次，对数量型运行机制中的数量调控、个体调控、转移调控、需求短期调控等落后于质量型发展理念与发展现状的调控机制及时变革，转向质量导向、协调发展、内生创新、长期需求等绿色有效调控。通过自上而下调整区域经济增长目标制度与价值判定，解放区域数量考核压力，以质量型思维激发调控活力。

一、从数量型政策调控转向质量效益型调控

质量型增长新时代，区域经济增长的宏观政策应匹配效率型多元化增长的新特征，在传导机制与运行的政策引导中积极地由数量型转为质量导向型。调控的价值取向以发挥要素的创新作用为依托，以绿色循环机制为主体，将要素集中于

提高区域经济效率的领域。对三大沿海区域而言，较早的质量布局与数量规模的绝对优势给予其质量调控的先天土壤，调控核心在于多领域创新红利的释放与现代化生产路径的契合。一是在传统生产领域，发挥变革大机遇下自上而下主体的转型动力，以要素质量提升、技术打磨等贯穿生产全链条的创新模式饱满传统产品的附加值，提升产品竞争力，达到以效率提升传统要素消减的损失。二是在新兴生产领域，平滑高速增长背景下科技革命落后于增长带来的区域格局变动，充分发挥创新氛围下的效率溢出效应，一方面开发新的生产要素补充原有禀赋的消逝，另一方面扩大创新技术影响面，发挥乘数效应。对东北地区而言，质量的快速下滑为数量向质量调控的过渡提出了刻不容缓的实际要求。老工业基地复苏困境、质量型人口红利、政府挤出效应下新兴民营经济的乏力亟待打破发展限制，寻求差异化发展，地区调控时应主动管理弱化考核，不以数量为转型效益目标，给予经济政策与市场机制缓冲时间。对中游地区而言，较快的追赶速度为质量型调控提供转型机遇，调控核心在于平稳革新，走出低端锁定陷阱，规模效率与技术效率实现双赢的同时注重改善要素质量提升以及效率提升中高净值低贡献度的扭曲困境，完成质量型跨越。对两西部地区而言，数量与质量双重落后的历史背景对全面质量转型提出了迫切要求，调控核心在于追赶超越，寻求地区特色发展模式，以效率提升为调控核心，剥离要素投入式的路径依赖，发挥经济体内外一致作用力。

二、从增长极政策调控转向区域协调发展调控

数量增长时期区域经济增长的长期目标以速度增速为核心，初始禀赋的差异带来投入的数量级分化，在不同效率的运行轨迹下生成了区域间增长结果与效益的多维度分化。根据区域经济增长质量和效益预警结果显示，区域多层次分化是区域经济增长质量和效益进一步提升的重要阻碍。党的十九大报告指出，要破解这一阶段性错位的发展，强化区域协调发展理念，既患寡亦患不均，以提高平均福祉为历史使命。具体而言，实施区域协调发展调控，要转变思路，从原有的促进区域新增长极带动调控思路，转向以补短板、强弱项为核心的协调发展调控。以结构布局优化为具体出发点，扩散强增长极原有高成长性产业带动作用，突破区域经济系统内部增长极对周围地区高吸取低返回的相互联系与制约下形成的增长阻力，使系统内部内分力大小与组合作用力走向平衡与协调，从而缩小区域内发展主体维度上的差异。尤其在系统内部多层次差异的中游与西部地区，从各自突破发展转向依托于清晰化的主体功能区建设以及区域内部各省、市政府的合作机制，重在充分发挥合作过程中区域地方政府主动承担积极性，避免参与合作的区域地方政府的责任扩散效应，从而全面拓宽发展空间、增强发展后劲，实现全

面协调可持续发展。

三、从区域转移调控转向区域内生创新调控

数量增长时期区域间的协调多为政府的资源转移，以发达区域的盈余贴补欠发达地区的部分损失，短期以应急，但长期难以改善自身竞争力不足的本质。质量型增长时期，事后的成果转移应以内生的创新驱动替代，激发区域经济内生活力。在通过增强区域经济创新力和竞争力来实现区域经济增长质量和效益提升过程中，以三大沿海地区的发展模式来看，创新孵化需要主观与客观双重条件，主观上需要创新各主体突破需求的低端锁定，以更高的思想与技术理念浇灌创新土壤；客观上需要打破传统机制对创新的阻隔效应，在供给端着力加强创新机制建设与保障。具体而言，一是要着力于具有前瞻性、引领性的基础科技创新研究的支持制度建设；二是要加强与调动区域创新积极性、促进区域科技成果转化相匹配的体制机制建设；三是要推动区域经济通过新业态、新品牌迈向全球价值链中高端的激励机制建设；四是要促进区域培养创新人才和创新团队的保障机制建设。通过以上创新的供给侧机制建设，对区域创新驱动发展战略的深入实施提供与区域新经济相适应的有效供给端保障。

四、从需求管理调控转向绿色供求动态平衡调控

需求管理与供给管理是区域经济宏观调控的两种主要方式，需求管理是对需求侧进行调节管理的宏观调控方式，面对传统"三驾马车"，增长目标非长期，匹配红利已经逐渐消退的凯恩斯主义增长诉求。供给管理是对供给端进行调节，面对生产环节，增长长期目标，匹配潜力增长模式与效率提升阶段的质量转型。新常态时期，长期需求管理下的"三期叠加"危机频发，国际贸易博弈背景与国内要素禀赋结构变迁彰显了需求管理的弊端。此时，从生产方面入手的供给端为主调控成为质量与效益型增长的核心。但为避免过度供给侧调控走上单一需求管理调控的旧路，对供求双方应赋予新时代下的动态新定义，不再追求单一层面的过度干预，转向区域内部以生产领域调控为主的供求双方动态平衡。同时，在需求侧探索有效预测模式，建立区域体系外部供给与需求相结合的高效动态平衡，最终实现内外一致作用，助力区域经济增长质量和效益的提升。

△△△ 第十一章

新常态下我国重点城市层面地方经济增长质量和效益的监测预警

城市是以非农业产业和非农业人口集聚为主要特征的居民点，集中体现人类活动在经济、政治、文化等各个领域的发展变迁。城市经济增长具有丰富的内涵，不仅包括经济数量的增长与经济规模的扩大，还涵盖了经济增长质量和效益的提升。作为一个地区经济增长的极点，城市经济通过极化效应、扩散效应和示范效应对省级经济、区域经济乃至全国经济增长都具有带动作用。本章在介绍新常态下我国城市经济增长特点的基础上，初步构建城市经济增长质量监测预警的指标体系，之后通过基于信息熵的粗糙集对选取的指标进行合理化甄选和约简，最后使用 BP 神经网络算法构建城市经济增长质量监测预警系统。从本章所选取的城市的监测预警结果来看，以上方法能够以较高的准确度对城市经济增长质量和效益进行监测预警。

第一节　新常态下我国城市层面经济增长的特点

一、城市、城市经济与城市经济增长

城市是具有高度集聚特征的地域类型，其产生和发展作为人类文明演进的重要部分，展现着现代文明与传统文化的不断碰撞与融合，是人类活动在经济、政治、文化等各个领域的发展变迁的集中体现，具有鲜明的空间形态、经济活动、社会结构、运行机制等。在现代社会的发展中，城市作为各类要素和活动汇聚的综合体，具有生产、服务、管理、协调、集散和创新等功能，各类要素在城市这个整体和系统中有机结合，不同功能充分发挥作用，在开放的环境中不断提升发展水平。

　　城市经济是以城市为载体，由工业、商业等各种非农业经济部门聚集而形成，第二产业和第三产业相对发达、发展较快，城市经济结构在协调中优化，资本、技术、知识、信息等现代高端生产要素聚集，涉及规模经济、集聚经济、地方化经济、城市化经济等多方面内容。城市经济发展水平是城市政治、文化、交通、教育等多方面的集中体现，作为地区经济的增长极，城市经济增长水平也从各个方面影响着一个地区和国家的发展。

　　城市经济增长是城市经济的动态演化过程，具有更加丰富的内涵，不仅包括经济数量的增长与经济规模的扩大，还涵盖了经济增长质量和效益的提升，包括了经济结构优化、生产效率提升、福利与分配状况改善、生态环境向好发展等。城市经济增长对省级经济、区域经济乃至全国经济增长都具有推动作用，这种推动作用是通过三大效应体现出来的。一是极化效应，迅速增长的推动性产业吸引和拉动其他上下游产业及与其相关的经济活动。主要城市或者中心城市具有极化效应，它可以形成一个省际或者区域经济增长的增长极，引起生产要素的聚集，从而加速其经济增长速度并扩大其对资本及人力资源的吸引范围。二是扩散效应，所有位于中心城市的周围地区会伴随着中心城市地区基础设施的改善等发展历程发展自身经济，主要是通过从中心城市地区获得物质资本与人力资本等，以加速当地的资本积累速度，从而产生刺激促进本地区发展的效应。三是示范效应，具有某种同质发展要素的城市中率先利用这种要素发展起来的城市对其他城市产生的示范作用。城市经济增长能够通过以上三种效应对一个地区乃至一个国家的经济增长产生强劲推动力，是影响一个地区和国家经济发展水平的重要因素。

二、新常态下我国城市经济增长的特点

　　随着中国经济结束了改革开放以来长达40多年之久的高速增长的奇迹，进入到中高速增长的新常态阶段，我国城市经济增长呈现出了不同的状态和特点，具体来说：

　　一是我国城市经济由高速增长向中高速增长转换。一方面，新常态下，城市经济增长已不再延续改革开放以来经济持续高速增长的态势，生产总值、固定资产投资、社会消费品零售总额、进出口贸易额等多项指标增速普遍下降。另一方面，城市经济的活跃程度趋于下降，包括国有企业、民营企业和小微企业在内的各类企业的生产和发展面临着不同的困难，部分行业企业甚至出现持续亏损。其中，个别国有企业由于产能过剩、债务问题积累、现代企业制度不健全等问题导致经济效益严重下滑；民营企业尚处于转型升级的困境，发展前景不甚明朗；小微企业由于规模较小，更容易受到经济增速放缓的影响，加之面临劳动力和融资成本不断上涨的压力，停产、半停产、关闭的企业明显增加。

二是传统的城市经济增长模式向现代化的城市经济增长模式转型。改革开放前，我国城市经济增长以优先发展重工业为核心，在计划经济和赶超战略下，资源配置向城市经济严重倾斜，生产活动在技术上跟进模仿，在要素投入上利用低成本劳动力的比较优势，依靠工业化实现城市经济增长。改革开放以来，城市经济引入市场经济，财政分权、晋升激励、以 GDP 为核心的绩效评估制度有力地促进了政府主要依靠招商引资和出口创汇实现的投资和出口的显著增长，从而拉动城市经济的高速增长。但是，随着中国经济进入新常态，城市经济在增长的过程中表现出高速度、低质量、低效率和结构失衡的特征，实际的经济增长率已接近潜在的增长率，社会生产的规模已接近生产的可能性边界，企业被锁定在全球产业链和价值链的中低端，传统的追求数量和规模的城市经济增长模式需要向更加追求质量和效益的现代化城市经济增长模式转型。

三是新常态下城市经济正在探索新的增长点和驱动力。我国大部分城市的经济增长主要依靠以资源开采和传统低端要素投入的工业，以廉价劳动力和低端产品生产为基础的对外贸易，以及政府和企业共同拉动形成的房地产经济等。但是在新的阶段里，城市经济增长需要从要素驱动型向创新驱动型转换，寻找新的增长点，探索能够带动城市经济增长迈向新台阶的新兴产业和行业，启动新的发展引擎，拓展新的增长空间。

因此，在新常态背景下，城市经济增长的内涵不仅包括数量和规模上的增长，还涵盖质量和效益的提升。在增长的数量方面，城市集聚经济效益和规模经济效益不断提高，国民经济收入不断增长，城市吸引力、辐射力和综合实力不断增强，成为国家经济增长的极点和引擎。在质量和效益方面，城市经济增长则具有更丰富的内涵，具体来说，一是城市经济结构各个方面、各个要素关系和资源分配的协调优化，其中产业结构调整升级对城市经济结构优化的作用尤为突出，具体表现为国民经济的重心向第二产业、第三产业转移升级，由劳动、土地、资金为主的传统要素投入型产业向以科技、知识、信息为主的高端要素投入型产业转移。二是生产效率不断提高，城市的科学技术进步、城市中企业的组织管理改善、城市政府体制改革等方面对城市经济增长的推动作用日益增强。三是福利与成果分配状况不断改善，收入分配问题和各类社会问题得到有效改进和妥善解决。四是资源利用更加节约高效，生态环境问题得到有效治理，不仅为城市居民提供更加优美的生活环境，也使得绿色经济、绿色产业成为城市经济新的增长点。除此之外，城市经济稳定增长、不断加深开放程度、不断提高经济素质、加速扩大内需也是城市经济增长的重要方面。

由此，新常态下我国重点城市层面经济监测预警体系的构建应涵盖城市经济增长的内涵，监测预警的范畴也从单一对经济增长数量指标进行监测预警向综合对质量效益指标进行监测预警。

第二节　我国重点城市层面地方经济增长质量
监测预警的指标体系与方法

一、我国重点城市层面经济增长质量监测预警的指标体系

我国重点城市层面经济增长质量监测预警指标体系的构建从城市经济增长质量的内涵出发，包含了条件、过程、结果与效益四大维度，不同维度下具体指标的选取则依据实时性和可获得性原则进行确定。具体分析如下。

首先，在维度划分方面，一是城市经济增长质量的条件维度，主要反映城市经济增长的前期投入状态，是经济增长和质量效益提升的基础和条件，具体描述城市经济主体对于未来经济走势的预期、城市经济及人力投资情况与城市工业发展所需的半成品生产情况等，该维度下的指标对城市未来一段时间的经济增长状况和趋势更加敏感。二是城市经济增长质量的过程维度，主要反映由经济结构决定的生产组织方式下所生产的产品与服务对城市经济增长过程。各个城市由于在自然地理、资源禀赋、人口素质、工业基础、对外贸易和科技实力等方面存在的差异，形成了不同的经济结构和生产组织方式。城市的各类经济活动，包括农业、工业、服务业等都会在此基础上开展。因而可以用城市不同行业、企业生产的产品与服务反映城市经济增长的过程，如工业增加值、进出口总值、发电量等。三是城市经济增长质量的结果维度，依据城市经济增长的不同方面和综合发展水平测度和评价城市经济增长的结果，不仅包括对经济增长总量的衡量，还要能反映经济增长的后续状况，并强调对增长的结果进行价值判断，涉及城市经济增长的成果是否得到合理分配、城市经济增长是否具有可持续性、城市经济素质是否能为城市经济经济持续发展提供有力支撑等内容，具体包括产品库存、生产者出厂价格指数、政府财政收入等指标。四是城市经济增长质量的效益，主要包括经济效益和社会效益两个方面，其中经济效益是经济投入与产出进行比较的结果，反映城市经济增长的代价和持续性，较高的经济效益意味着城市经济活动能够以较低的投入获得较高的产出；社会效益反映城市经济在数量上的增长成果能否为城市居民所共享，城市居民的生活状况和福利水平是否得到显著提高。该维度下的指标具体包括固定资产完成额、城市居民消费价格指数、政府公共支出等。

其次，在确定了维度之后，我们对具体指标选取与数据的获取基于以下原则：一是科学性，城市经济预警指标符合城市经济增长的内涵及城市经济的基础理论，在条件、过程、结果和效益四大维度的指导下进行选取，并充分考虑现阶

段国内外学术界具有通用性和权威性的评价标准。二是普遍性，城市经济预警指标体系的设计必须考虑到各个城市社会发展的不同水平，选择具有普遍性的指标，不同城市在预警实施的具体过程中能够进行广泛选取和个别调整，从而使得城市经济增长质量的预警结果具有横向可比性和纵向可比性。三是实时性，为了尽可能确保城市经济增长质量的预警结果具有较高的科学性和准确性，较好地为下一阶段城市经济增长提供指导意义，指标的选取和数据的获取必须具备短期时效性。因而我们在预警的实施中选取月度数据进行监测预警。四是真实性，为了充分发挥城市经济预警指标体系的功能，数据来源必须真实可靠，在对数据进行处理时，所选取的方法和处理结果力求准确无误。五是可获得性，考虑到不同城市统计工作的不同状态，选择数据易于获取、缺失值较少的指标，提高指标体系在具体的预警实施中的可操作性。

最后，本章从四大维度九个方面构建包含 13 个基础指标的我国重点城市层面地方经济增长质量和效益的监测预警系统指标体系（见表 11 - 1）。

表 11 - 1　我国重点城市层面地方经济增长质量监测预警指标体系

方面指数	分项指标	基础指标	指标属性	计量单位
条件维度	半成品产量	C1 水泥产量	正	万吨
		C2 货运量	正	万吨
	经济投资	C3 银行业机构本外币各项贷款余额	正	亿元
过程维度	产业结构	C4 规模以上工业企业增加值	正	亿元
	地方经济	C5 工业用电量	正	万千瓦小时
	国际收支	C6 进出口总额	正	亿美元
结果维度	产业发展	C7 生产者出厂价格指数	逆	%
		C8 工业产品库存	正	万元
	财政实力	C9 一般公共预算收入	正	亿元
效益维度	经济效益	C10 全社会固定资产投资完成	正	亿元
	社会效益	C11 客运量	正	万人
		C12 城市居民消费价格总指数	逆	%
		C13 一般公共预算支出	正	亿元

二、我国重点城市层面地方经济增长质量和效益监测预警的方法

城市经济增长质量和效益的提升不仅包括数量的积累和规模的扩张，还涵盖了经济结构、对外开放、产业发展、财政实力、社会效益等多个方面，是多种因

素共同作用的一个综合结果。因此，城市经济增长质量的监测预警系统是包含多个方面和指标的综合评价系统。对于复杂的综合系统，常见的多元线性回归分析会造成预警结果失真，因此我们在城市经济增长质量监测预警方法的选择上，考虑非线性方法。

非线性的监测预警方法主要包括 BP 神经网络和支持向量机（SVM）两种[①]。其中，人工神经网络算法具有自适应功能、泛化功能、非线性映射功能和高度并行处理的特征，因而不需要依靠先验知识和规则，就能够通过对样本数据特征的逐步学习和训练，寻找到样本数据之间的内在关系，为现实世界中不同因数之间呈现的复杂非线性关系提供了有效的工具。对于有噪声或不完全的数据，人工神经网络算法也能够显示出较好的容错能力。同时，人工神经网络算法学习规则简单且自学能力较强，便于通过计算机实现。BP 神经网络是人工神经网络的一种，该算法通过误差反向传播的方法对样本数据进行训练，只要在学习和训练的过程中设置足够多的隐含层和隐节点等，就可以逼近任意的非线性映射关系。BP 神经网络的缺点是需要较大样本量，收敛速度较慢，易陷入局部最优，训练结果不太稳定并且存在过度学习的可能性。

支持向量机（SVM）同样作为非线性预警方法，所具有的优势主要体现在小样本、非线性及高维模式识别等方面，并具有较好的可推广性。对于线性不可分的情况，支持向量机能够将低维空间线性不可分的情况通过非线性映射将问题转化为高维空间线性可分的情况。但是，支持向量机的方法针对二次规划问题的最优求解，因而更适用于风险最小化的风险控制问题。

基于对非线性预警方法 BP 神经网络和支持向量机的对比，我们拟采用 BP 神经网络的方法对城市经济增长质量进行监测预警。而针对 BP 神经网络存在的误差下降速度较慢以及训练存在局部极小等问题，我们考虑引入粗糙集理论和方法作为数据预处理系统对以 BP 神经网络方法为核心的城市经济增长质量的监测预警体系进行改善。粗糙集理论主要在数据不完整和知识模糊的情况下，在保留关键信息的前提下对数据进行约简，用于描述和处理不完备信息，目前已经在属性约简、数据挖掘、机器学习和模式识别等众多领域得到了广泛应用。在指标筛选方面，粗糙集理论的优点主要表现在：不需要任何先验信息和人为假定，也不需要大量的复杂计算，而是直接从数据出发，在不损失信息的条件下约简冗余信息，发现数据间的关系，提取有用特征。因此，我们拟引入粗糙集理论对多维非线性映射关系的经济变量数据进行分析，筛选出其中重要的经济指标，弥补传统指标筛选中由于缺乏统计理论基础支持而存在的信息冗余问题。

综合以上分析，我们采用粗糙集与 BP 神经网络结合的方法构建城市经济增

---

① 梁循. 支持向量机算法及其金融应用［M］. 北京：知识产权出版社，2012.

长质量监测预警系统。首先，运用粗糙集理论对监测预警指标体系中选取的指标进行合理化甄选，得到保留的关键指标的权重。其次，使用保留的关键指标的样本数据作为 BP 神经网络的输入，对输入样本数据进行训练，并对训练后的神经网络进行测试和检验。最后，对使用 BP 神经网络输出的城市经济增长质量划分警度。

第三节　我国重点城市层面经济增长质量监测预警基本原理的实施步骤

一、BP 神经网络的基本原理与实施步骤

BP 神经网络属于人工神经网络的范畴，作为一种智能信息处理系统，能够通过其核心功能 BP 算法，经过自身的学习和训练在给定输入值时得到最接近期望输出值的结果，而无须事先确定输入与输出之间映射关系的数学方程[①]。基本的 BP 算法主要是通过两个部分实现的：一是信号的前向传播，信号通过隐含层，经过线性变换形成输出信号；二是信号的反向反馈，是将输出误差以反方向通过隐含层向输入层传递，使得误差沿梯度方向下降，当输出层的误差平方和小于指定的误差时即完成了对样本数据的学习和训练。

具体步骤如下：

（1）数据归一化。对数据进行归一化处理，归一化频率范围在 $[-1, 1]$ 之间。

（2）网络初始化。对于给定的输入与输出样本序列，在 $[-1, 1]$ 之间随机给定各连接层权值 w_{ij}、w_{jk} 和阈值 a、b。设定误差函数 e，输入层神经元节点数 n，隐含层神经元节点数 l，输出层神经元节点数 m，学习速率 μ 以及神经元激励函数。

（3）隐含层输出计算。隐含层 H 的计算公式为：

$$H_j = f(\sum_{i=1}^{n} w_{ij}x_j - a_j),\ j=1,\ 2,\ \cdots,\ l \qquad (11-1)$$

其中 l 为隐含层节点数，f 为隐含层激励函数，函数形式为 $f(x) = \dfrac{1}{1+e^{-x}}$。

（4）输出层输出计算。输出层 O 的计算公式为：

① 李国勇，杨丽娟. 神经·模糊·预测控制及其 MATLAB 实现 ［M］. 北京：电子工业出版社，2013.

$$O_x = \sum_{j=1}^{l} H_j w_{jk} - b_k, \quad k = 1, 2, \cdots, m \tag{11-2}$$

（5）误差计算。均方根误差 E 的公式为：

$$E_k = Y_k - O_k, \quad k = 1, 2, \cdots, m \tag{11-3}$$

其中 Y 为期望输出值。

（6）权值更新。误差反向传播更新连接权值 w_{ij}、w_{jk}的计算公式为：

$$w_{ij} = w_{ij} + \mu H_j(1 - H_j) x(i) \sum_{k=1}^{m} E_k - w_{jk}, \quad i = 1, 2, \cdots, n; \quad j = 1, 2, \cdots, l \tag{11-4}$$

$$w_{jk} = w_{jk} + \mu H_j E_k, \quad j = 1, 2, \cdots, l; \quad k = 1, 2, \cdots, m \tag{11-5}$$

其中 μ 为学习速率。

（7）阈值更新。误差反向传播更新网络节点阈值 a、b 的公式为：

$$a_j = a_j + \mu H_j(1 - H_j) \sum_{k=1}^{m} E_k w_{jk}, \quad j = 1, 2, \cdots, l \tag{11-6}$$

$$b_k = b_k + E_k, \quad k = 1, 2, \cdots, m \tag{11-7}$$

（8）判断算法是否结束。当样本数据输出结果的误差达到预设精度或学习次数大于预设次数时，算法结束。否则，重复步骤（3）~（7）。

二、粗糙集的基本原理与实施步骤

在城市经济增长质量监测预警的指标体系构建中，由于初步选取的指标数量较多且相关度不高，部分指标的作用并不明显，因此在训练神经网络之前需要引入粗糙及理论和方法，对初步选取的监测预警指标进行筛选和属性约简，提高神经网络的训练效率和准确度。同时，对于城市经济增长质量监测预警系统这一无决策属性信息系统，我们拟采用基于信息熵的粗糙集算法进行指标约简。具体原理如下：

（1）信息系统。粗糙集理论中的知识表达采用信息系统的形式，可定义为 S = (U, A, V, f)，其中 U 是对象全体的非空有限集，即论域；A 是属性全体的非空有限集；V 是全体属性的值域；K = (U, A) 表示 U×A→V 的一个映射，称为信息函数。一般知识表达系统包括了不含决策属性的知识表达系统，即信息系统，以及含有决策属性的知识表达系统，称为决策系统。

每一个属性子集 B ∈ A 决定了一个二元等价关系 IND（B）：

$$IND(B) = \{(x, y) \in U \times U \mid, \forall C \in A, f(x, C) = f(y, C)\} \tag{11-8}$$

等价关系 IND（B）构成 U 的一个划分，用 U/IND（B）= $\{x_1, x_2, \cdots, x_n\}$ 表示，其中 x_i 表示不同的等价类，在 IND（B）下与 x 不可分辨的所有对象构成一个等价类，记为 $[x]_{IND(B)}$。

（2）信息熵，用于度量对一事件的不肯定程度，可理解为某种特定信息出现的概率。一个较为有序的系统，其信息熵相对较低；反之，一个系统越混乱，信息熵就越高。定义属性子集 $B \in A$ 的信息熵为 $H(B)$ 为：

$$H(B) = - \sum_{i=1}^{n} p(x_i) \ln P(x_i) \tag{11-9}$$

三、城市经济增长质量监测预警系统的实施步骤

通过以上对城市经济增长质量监测预警指标体系的构建和监测预警方法的选择，综合基于信息熵的粗糙集属性简约算法和 BP 神经网络两种方法，构建城市经济增长质量监测预警系统。具体步骤如下：

（1）对预警指标样本数据进行处理。首先，由于我们拟采用城市经济月度数据，因而需要对月度数据进行季节调整；其次，对于指标体系中的逆指标，采用去倒数的方法进行处理使之正向化；最后，对指标样本进行离散化处理，生成预警指标的属性决策表，以满足粗糙集处理的需要。

（2）通过基于信息熵的粗糙集对城市经济增长质量监测预警指标进行属性约简，剔除对监测预警系统作用不明显的指标，并得到保留的关键指标在监测预警系统中的权重。

（3）构造 BP 神经网络结构。首先，由基于信息熵的粗糙集约简后的城市经济监测预警指标作为 BP 神经网络的输入层，并确定 BP 神经网络的输入层节点。其次，通过保留的关键指标的权重计算城市经济增长质量的综合指数，作为 BP 神经网络训练样本的训练输出值，并确定 BP 神经网络的输出层节点。最后，通过不断的训练和学习来确定隐含层节点个数。

（4）BP 神经网络的训练和测试。首先，将样本数据分为训练集和测试集，并对训练集数据做归一化处理。其次，使用归一化之后的样本数据作为 BP 神经网络的训练集进行训练。最后，进行精度检验。

第四节　我国重点城市层面经济增长质量和效益提升所面临的约束条件

改革开放 40 多年来，中国经济实现了奇迹般的跨越式增长，城市经济作为地方经济的重要力量已经成为中国经济增长的极点，发挥着不可忽视的作用。随着中国经济进入"新常态"，改革开放以来通过规模扩张和需求管理实现经济高速增

长的模式已经构成对自然资源、生态环境和劳动力资源等多方面的约束。具体而言，我国城市经济增长质量和效益提升所面临的约束条件主要有以下四个方面。

一、在重点城市层面经济增长质量和效益提升的条件方面

首先，要素投入以自然资源、物质资本和劳动力等传统低端要素为主，经济增长主要依靠投资和出口拉动，科技、知识、信息、人力资本等现代高端要素尚未成为经济增长的主要驱动力。尽管近几年来，北京、深圳、上海和广州等一线城市创新能力和科技实力得到显著提升，且传统产业不断向中西部地区转移，但自主创新能力与科技发展水平与国际经济发达城市仍存在一定差距；大部分中西地区城市仍作为承接产业转移的角色，经济增长方式有待转变。其次，城市基础设施建设整体水平不发达，一是交通基础设施和市政公共设施的供给难以满足城市发展的需要；二是智慧城市尚处在规划和初步开展的阶段，城市在基于物联网、云计算、大数据等技术的信息平台建设上还存在较大的发展空间。最后，在城市发展规划和建设方面，不同城市在进行规划时缺乏区域一体化的思想，出于城市竞争目的进行城市规划建设容易造成产业结构同质化，特色优势产业得不到较好发展。同时，由于城市规划的过程较为封闭，社会专家和公众参与度不高，规划结果往往缺少社会公众的意见和选择，容易导致城市形象工程与政绩工程建设，造成资金与资源浪费，并降低城市居民的生活满意度和归属感。

二、在重点城市层面经济增长质量和效益提升的过程方面

首先，城市产业结构同质化现象严重，高级化进程缓慢。在过去粗放式的生产方式中，城市规划以城市竞争为目标，普遍发展以物质资本、劳动力等传统低端要素为主要投入的工业，而具有城市特色的第一产业和第三产业发展相对缓慢，对城市经济增长的作用并不显著，短期内难以作为城市经济新的增长点。其次，在城市产业发展方面，一是城市农产品品种不优，品质不高，难以满足城市居民日益提高对生活品质的要求。同时，城市农产品的附加价值较低，品牌意识薄弱，配送、包装、加工、宣传等方面的专业化和一体化程度有待提高，以满足城市居民不断变化的生活方式。二是第二产业的发展受到创新能力与科技水平的约束，尤其是中西部地区城市在产业发展过程中作为承接产业转移的角色，尚处在价值链的中低端，主要在纺织、服装、化工、家用电器等科技含量低的领域占有较大份额。东部一线城市尽管科技创新水平较高，但在产品设计、关键零部件和工艺装备等环节对核心技术的掌握程度与国际水平仍存在差距，整体自主研发设计能力薄弱，先进制造技术的研究和应用水平低。三是第三产业产值较低，服

务业品质相对不高，在企业的组织规模、管理水平与营销技术上与国外都存在相当大的差距。最后，在城市产业集聚方面，产业集聚程度和水平较低，集群多为同类企业在地理位置上的靠近，企业间合作交流十分有限，高水平的协同发展产业体系有待进一步发展。尽管近些年不少城市重视对产业园区的规划和建设，但在招商引资时缺乏对产业发展的长期构想和总体布局，产业园区企业关联度不高，难以在各个环节互相提供配套供应和服务，比如关键配件的生产提供以及专业化的咨询等。不可忽视的是，同类企业在同一区域的简单聚集，容易造成产品同质化、恶性竞争和市场秩序混乱等问题，企业缺乏创新意识和投入，品牌形象和利润难以得到显著提升。

三、在重点城市层面经济增长质量和效益提升的结果方面

首先，城市财政实力存在较大差异，且由于经济下行、企业利润下降以及营改增试点后的政策性减收等原因，城市一般公共预算收入增速持续回落。根据"2020 年中国重点城市一般公共预算收入分析"，位居前十位的城市分别为上海、北京、深圳、苏州、重庆、杭州、天津、广州、南京和成都，东北和西部城市排名较低①。这是由于东部地区城市经济实力普遍较高，产业结构不断调整优化，而东北地区和西部地区传统工业和资源型城市居多，产业结构高级化进程缓慢。另外，长期以来城市经济增长和城市建设对土地财政的依赖性较大，不少城市的"第二财政"早已超过"第一财政"，造成产能过剩、资源浪费、民间投资抑制等问题。其次，在城市活力与增长潜力方面，我国城市两极分化严重。一线城市创新发展转型较快，无论在商业氛围、人口活力、外资青睐程度还是对外开放程度等多个方面均有较好表现。根据中国城市规划设计研究院近日发布的《"一带一路"倡议下的全球城市报告（2020）》，上北深广进入前 20 名，其中上海排名第 3，北京排名第 4，深圳排名第 12，广州排名第 14②。而位于东北地区、中西部地区以传统工业和资源型城市居多，经济增长以传统要素投入实现，忽视了对大型龙头企业的引进和对创新型企业的培育。另外，人的因素也是构成城市活力的重要内容，但不同城市人力资本情况也有不同表现。我国的高素质人才流向依然主要为北京、上海、深圳、广州等经济较为发达的一线城市，值得注意的是我国新一线城市对于人才的吸引力正快速增长，如杭州、成都、西安、武汉、南京、重庆、郑州等，生活幸福感、城市环境质量、个人偏好等因素逐渐成为影响新一代青年人选择就业地点的重要因素。而我国东北地区、西部地区的大部分城市由于

① 2020 年，中国各大城市财力榜［EB/OL］. 国民经略，2021 - 03 - 02.
② 全球价值活力城市排名：上北深广位列中国内地前四［EB/OL］. 21 世纪经济报道，2020 - 12 - 02.

转型缓慢、缺乏增长潜力以及人才激励机制尚不健全等因素，人才流失严重的问题依然构成城市经济增长质量提升的约束。

四、在重点城市层面经济增长质量和效益提升的效益方面

首先，随着我国大部分城市仍处于传统低端要素投入的粗放型生产方式和投资驱动型的经济增长模式，经济效益长期偏低，增长缓慢，与国际经济发达城市存在较大差距。大部分城市全要素生产率波动较大且尚未表现出明显的上升趋势，普遍存在传统生产要素的高投入，对自然资源的高耗费和对生态环境的高污染现象。其次，在社会效益方面，城市居民收入分配、社会保障体系建设、公共设施建设、不断涌现的社会问题等方面需要得到更多的重视、改善和解决。一是劳动报酬比重较低、收入分配不公以及贫富差距拉大等问题依然存在。二是社会保障方面尚未形成完善的基本建制，依然存在部分群体没有被列入社会保障的范围。三是城市居民的生活环境和生活质量有待于实现跨越式提升。最后，在生态效益方面，城市产业发展在长期中的生产模式和经济增长方式造成了严重的自然资源耗费和生态环境破坏，加之环境治理的重视程度和投入力度不足，造成城市大气污染、水污染、固体废弃物污染等问题，工业化污染严重。另外，城市的大规模扩张对城市园林绿化建设造成不可忽视的负面影响，雾霾问题、噪声污染、城市垃圾、城市绿化面积减少、尾气污染等问题严重破坏了城市生活环境，制约城市居民生活水平的提升。

第五节　我国重点城市层面经济增长质量和效益提升的政策调整

随着我国经济进入"新常态"，城市经济增长也面临着新环境、新目标和新要求。增长的目标已不仅是追求数量的积累和规模的扩张，而是在宏观上更加重视增长质量和效益的提升，在中观更加重视经济结构尤其是产业结构的协调和高级化，在微观中更加重视个人的自由和发展。在新常态背景下，实现城市经济增长质量和效益的提升需要针对当前面临的约束做出有针对性的政策调整。

一、在重点城市层面经济增长质量和效益提升的条件方面

首先，由要素驱动型向创新驱动型经济增长转型，城市经济持续增长所依赖的要素投入更多地转向科学技术、知识信息、高素质人才等。一是促进形成城市经济和城市企业中的科技与知识创新协同，将更多的企业、科研院所和高等院校

等有序纳入城市多元创新体系之中，以企业为主导，依市场建平台，使得城市经济中的各类创新主体在合作中优势互补。二是在城市经济增长的过程中重视城市人口素质的提高、城市人力资本的积累和配置，为城市经济持续稳定增长提供智力支持。三是为各类创新提供有序运行的市场环境和充分有效的体制机制。其次，全面提高城市基础建设水平，满足城市发展的需求。城市基础设施建设的内容不仅包括交通基础设施、邮电通信基础设施、能源通信等传统基础设施建设，还包括基于物联网、云计算、大数据等基于互联网技术的信息平台、智慧城市等现代基础设施建设。最后，城市规划建设需要根据不同城市自身的特点对空间布局、土地利用、基础设施建设等进行综合部署和统筹安排，充分考虑到城市发展在长期中的持续性，避免城市竞争所导致的产业结构同质化、城市形象工程与政绩工程等。同时，城市规划需要社会专家、城市居民等不同群体的共同参与，使规划的结果充分吸收和反映公众的意见和选择。

二、在重点城市层面经济增长质量和效益提升的过程方面

对于产业结构和产业发展，一是推进城市农业的产业化和市场化生产经营，着力提高城市农业的发展水平和附加价值，树立农产品的品牌意识，在配送、包装、加工、宣传等多个环节提高专业化和一体化程度，以满足城市居民对农产品品质和生活质量要求的不断提高。二是走新型工业化道路，推动产业化创新，提高要素配置效率并减少工业生产造成的资源、生态环境问题，解决产能过剩问题，促进产业结构向中高端迈进。东部经济较为发达的城市尤其要重视产业创新及战略性新兴产业的培育，中西部经济欠发达的城市要积极承接产业转移，同时提高资源配置效率，避免工业生产对资源的过度开采以及对生态环境的破坏。三是要立足城市特色，推动产业结构的中高端化，大力发展现代金融业、现代物流业、信息服务业、文化产业等现代服务业；围绕"互联网＋"，通过大数据、云计算、物联网技术和应用与人工职能等，在传统零售、移动出行、生活服务等方面拓展新的理念和模式，促进互联网和经济社会融合发展。对于城市产业集聚来说，城市的产业集聚不仅是企业在地理位置上的聚集，而且是集聚区域内的企业彼此实行高度的分工协作，从而使整个产业集聚区获得一种外部规模效应。因此城市在进行产业集聚区的规划建设过程中应充分依据产业发展规律和产业关联度，切不可为了城市竞争而盲目招商。

三、在重点城市层面经济增长质量和效益提升的结果方面

对于财政实力而言，城市财政实力的提高不仅要依靠城市经济增长数量的积

累和规模的扩张，还要更加依靠产业的高级化发展和经济结构的优化升级。尤其对于东北地区和西部地区长期依靠土地财政的传统工业和资源型城市，在新的阶段更要逐步化解土地财政产生的诸如产能过剩、资源浪费、民间投资抑制等问题，并通过产业的发展和高级化增强财政实力。对于城市活力而言，一是要发挥城市经济中的企业对于城市创新的引领作用，政府通过各类政策不断提高对企业研发投入的力度，鼓励和促进企业对新产品的设计和生产、对新技术的钻研和发明、对组织管理方式的变革等。二是通过积极引进国内外符合城市自身发展目标的大企业，大力培育和支持中小微企业的发展，充分激发城市活力和发展潜力。三是充分重视人的因素在激发城市活力中的重要作用，重视高素质人才的培育和引进，东部经济较为发达的城市应立足于其自身的优势汇集创新型人才，不断深化教育改革和课程改革，优化人才成长环境，而中西部地区经济欠发达的城市应在注重普及基础教育的同时加大对人才的吸引力度，建立健全人才引进和激励机制。

四、在重点城市层面经济增长质量和效益提升的效益方面

首先，在社会效益方面，一是促进居民收入稳定增长，健全职工工资决定和正常增长机制，继续增加经营性收入和工资性收入水平；重视由利益冲突向利益和谐的转化，实现由少数人分享型的增长向全体人民分享的增长模式转变。二是在健全社会保障体系，提高社会保障的覆盖率和保障能力，增强社会保障的普惠性与公平性；推动义务教育均衡发展，在此基础上不断深化教育改革和课程改革；实施积极的就业政策和就业促进计划，保持就业稳定。三是重点关注并着力解决与城市居民生活息息相关的社会问题，比如房价、食品药品安全、物价、失业等；加大力度扩大城市公共物品供给，改善城市面貌，为城市居民提供更加便捷的生活条件。其次，在生态效益方面，一是将生态环境内生化于经济增长，以绿色经济、绿色产业作为城市新的经济增长点，突破资源环境瓶颈约束。二是在经济增长中努力把握人与自然之间关系的平衡，寻求人与自然的和谐发展，为城市居民提供良好的自然生活环境，满足城市居民对清洁饮水、清新空气、安全食品的基本需求。三是加强生态环境保护的宣传，倡导文明健康的绿色消费方式和绿色生活方式，使节约资源和保护环境的理念成为公序良俗。

第十二章

我国地方经济增长质量和效益的
仿真模拟和预测

对我国地方经济增长质量和效益的研究，一方面，基于地方经济增长质量和效益的内在机理构建适当的价值谱系和方法谱系，对短期地方经济增长质量和效益进行监测和预警，可以提前一个完整时点准确把控未来一个周期地方经济增长质量和效益的走势和变化，以及时适应当前宏观政策的主要调整方向；另一方面，还需要在长期视角下对我国地方经济增长质量和效益进行预警和预测。其一，在长期维度下，对我国地方经济增长质量和效益进行监测预警，可以从总体上观测未来较长的一个时间向量内是否存在重大转折，由于经济增长质量和效益的提高是基于经济增长数量发展到一定程度上经济系统、社会系统和自然系统之间耦合状态的不断演进，经济增长质量和效益的稳定提高便具有政策嵌入的滞后性。因此，对我国地方经济增长质量和效益长期视角的监测预警就弥补了短期监测预警的不足。其二，对我国地方经济增长质量和效益的长期趋势预测，是在现有的资源禀赋、经济结构和制度模式的依存和整合中，得到未来最大可能会获得的期望值。对我国地方经济增长质量和效益的长期预测，可以从宏观层面观测现有经济体系的优劣状态，具体来说，现阶段地方经济增长质量和效益增长若处于平缓形态，在排除其他非随机性因素带来的波动以及新动力的供给之外，随着时间维度的变化，地方经济增长质量和效益是否会一直维持这种低迷现象甚至出现负向引导效应，这是我们迫切关注并亟须尽早掌握的经济信息，这样才能对未来经济行为进行良性循环的政策制度进行调整和指示，此时，长期趋势性预测就显得尤为重要。因此，本章尝试从这一逻辑原点引入，从我国省级经济增长质量和效益、区域经济增长质量和效益及重点城市经济增长质量和效益三个层次出发，分别对我国地方经济增长质量和效益进行宏观层面的预警和长期趋势预测，从而与短期、实时性监测预警共同构筑生成我国地方经济增长质量和效益的长效预警系统，为我国各地方经济增长质量和效益提高的政策路径生成提供可借鉴的支撑。

第一节　省级层面经济增长质量和效益的
宏观预警与长期预测

一、长期视角下我国省级层面经济增长质量和效益预警及预测的方法选择

在对我国省级层面经济增长质量和效益的短期监测预警中，我们选择利用粗糙集进行属性约减，并结合 BP 神经网络进行智能学习和训练，对下一个时间周期（12 个月）地方经济增长质量和效益进行监测和预警。然而，在长期视角下，我们期望看到经济增长质量和效益在未来更长时间（两年及以上）的变动特征，而 BP 神经网络在进行较长时间的多步预测或者滚动预测时，先收集原始信息进行单步预测，再将网络输出值反馈给网络输出端作为第二次预测的输入值，从而反复进行迭代，以得到对未来较长时间维度的预警和预测。在这样迭代和滚动的过程中，每一次的误差也会进一步累加，从而使得输出值距离真实值具有较大的距离偏差，影响结果的准确性和真实性。

因此，本章采用适用于长期预警的方法对我国省级层面经济增长质量和效益进行宏观层面的监测预警以及趋势预测。其一，采用景气指数综合预警方法，其原理是首先选取能代表当期经济增长质量和效益优劣状态的基准指标，并计算其余指标与基准指标之间的时差相关关系，从而确定能反映经济增长质量和效益优先变动、同步变动以及滞后变动的指标组合，以建立综合先行指标景气指数和同步指标景气指数，对先行指标和同步指标相对应的波动转折之间相错的周期进行追踪识别，以预警省级层面经济增长质量和效益在较长时间里才表现出的波动状态，不仅能正确把控未来省级层面经济增长质量和效益的基本运行方向，更可以对未来经济增长质量和效益的起落行为及时进行指引。

其二，在对我国省级层面经济增长质量和效益进行长期预测和仿真模拟过程，我们选取灰色预测法与主成分分析相结合的方法。灰色预测法，是对既包含已知信息，又含有不确定信息的系统进行预测，用观测到的反映预测对象特征的时间序列数据构造灰色预测模型，预测未来某一时刻的特征值。灰色预测的基本原理是首先对原始数据累加生成列，其次构建 GM（1，1）的灰色预测模型，计算灰色模型参数，最后对预测模型进行残差检验、关联度检验、后验差检验以及光滑性检验对模型的合适度和精度进行判断，通过建立残差均值修正或尾部数列 GM（1，1）修正模型对已构建的灰色预测模型进行优化，调整模型拟合精确度

以达到长期预测的标准，对地方经济增长质量和效益长期预测的效果具有显著优越性。主成分分析是一种多变量统计方法，它是最常用的降维方法之一，通过正交变换将一组可能存在相关性的变量数据转换为一组线性不相关的变量，转换后的变量被称为主成分。这里使用灰色预测模型与主成分分析方法结合，对 2020～2050 年我国地方经济增长质量和效益进行仿真模拟及预测。

二、我国省级层面经济增长质量和效益指标体系的优化构建

通过本书前面章节对我国省级层面经济增长质量和效益的价值判断和内在理论机理的研究和梳理，从经济增长的条件、经济增长的过程、经济增长的结果及经济增长的效益四大方面维度构建我国省级层面经济增长质量和效益指标体系。本章对我国省级层面经济增长质量和效益进行预警和预测判断是基于长期视角，数据选取各省 2000～2019 年度数据，由于数据的时间维度较短，为了弥补数据长度较短带来的信息缺失，对原有设定的我国省级层面经济增长质量和效益指标体系进行扩充和优化，旨在可获得更多数据信息，以提高对省级层面经济增长质量和效益预警及预测的正确性和合理性。

相较于短期经济增长质量和效应的指标体系，在长期里，对省级层面经济增长质量和效益指标体系进行补充，首先，在条件维度方面放入了技术投入分项指标维度设定，并根据数据可获得性，以研发（R&D）经费投入及科学技术支出作为该分项维度的基础指标。本书认为，条件维度指在经济建设前期，为满足当期经济生产及发展而投入的要素组成，包括原材料的投入、经济投资、房产投资等，与此同时，技术作为经济增长质量和效益提高的决定性因素，一方面，科技力量的投入会从根本上解决生产中的规模报酬不变及规模报酬递减负向锁定，从而提高经济增长的效率，以促进经济增长质量的升级及经济增长效益的高端输出；另一方面，对于人力资本建设的资金投入，可以培养并提高劳动者素质和技能水平，增加了生产要素中劳动者质量的提高，对省级层面经济增长质量和效益的增长具有重要影响和作用。其次，在结果维度中，对经济能力进行扩充。由于信息技术产品作为时代化发展的演进标志性成品，具有引领时代的价值和效用，并且未来世界更是以信息和技术引领的智能化发展新革命。因此，在这一分项指标下，不仅设定包括地方政府的财政性收入，也增加了产品进入消费阶段，关于邮电信息行业以及技术新兴行业的最终业务量和成交额。最后，对于各个分项维度进行了较为全面的优化，在经济效益指标下增加了地区人均生产总值指标和劳动者报酬，将城镇登记失业率以及社区福利机构数纳入社会效益，在生态效益维度设定了单位地区能耗、工业二氧化硫排放量以及废水排放总量作为基础指标进行优化和补充，具体的我国省级层面经济增长质量和效益指标体系如表 12-1 所示。

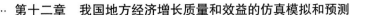

表 12 - 1　　　我国省级层面经济增长质量和效益的指标体系

方面指数	分项指标	基础指标	指标属性	计量单位
条件维度	半成品产量	粗钢产量	正指标	万吨
		水泥产量	正指标	万吨
	投资水平	金融机构人民币贷款余额	正指标	亿元
		房屋建筑新开工面积	正指标	万平
		货运量	正指标	亿吨
	技术投入	R&D 经费支出	正指标	亿元
		科学技术支出	正指标	亿元
过程维度	产业结构	工业增加值	正指标	亿元
		第三产业增加值	正指标	亿元
	地方经济	发电量	正指标	亿千瓦时
		城市供水总量	正指标	万立方米
	国际收支	国际旅游外汇收入	正指标	百万美元
		进出口总额	正指标	万美元
结果维度	消费能力	社会消费品零售额	正指标	亿元
		居民消费水平	正指标	元
		地方政府的财政收入	正指标	亿元
	经济实力	邮电业务总量	正指标	亿元
		技术市场成交额	正指标	万元
效益维度	经济效益	固定资产投资完成额	正指标	亿元
		人均地区生产总值（真实值）	正指标	元
	社会效益	劳动者报酬	正指标	亿元
		客运量	正指标	万人
		城镇登记失业率	逆指标	%
		医疗卫生机构数	正指标	个
	生态效益	废气中 SO_2 排放总量	逆指标	万吨
		单位生产总值能耗	逆指标	万吨标准煤
		废水排放总量	逆指标	万吨

资料来源：历年《中国统计年鉴》，各省份统计年鉴及《中国经济数据库》。

三、省级层面经济增长质量和效益的宏观预警

基于我国省级层面经济增长质量和效益指标体系，使用 2000～2019 年数据对我国省级层面经济增长质量和效益进行宏观层面的景气综合指数监测预警研究，

一方面，弥补了在短期实时预警中可能存在的由时间延迟及制度引导滞后性带来的经济增长质量和效益状态波动输出周期较长而使得重大转折不可被观测的问题；另一方面，可以立足于宏观全局，来监测预警省级层面经济增长质量和效益发展未来几年的整体状态。在省级层面我们选取了吉林省、北京市、湖南省、四川省及广西壮族自治区为代表进行演示分析，利用景气综合指数分析预测法对吉林省、北京市、湖南省、四川省及广西壮族自治区经济增长质量和效益先行指标和同步指标之间的相关变动关系进行模拟，从而对地方经济增长质量和效益进行监测和预警。

图 12 - 1 为 2000 ~ 2020 年吉林省经济增长质量和效益景气综合指数预警，反映了吉林省经济增长质量和效益先行指标和同步指标之间的相关变动关系，同步指标反映了当期实际的变动行为，而先行指标可提前若干个周期对未来经济增长质量和效益的波动进行一定程度的预测和预警。如图 12 - 1 所示，2001 ~ 2014 年，经济增长质量和效益的先行指标和同步指标都处于趋于稳定上升的基本态势，经济增长质量和效益并未出现较大的波动和转折，先行指标在 2001 ~ 2006 年出现快速增长的态势，而在 2006 ~ 2014 年增长速度逐渐放缓，先行指标在 2015 年出现下降状态，而同步指标在 2011 年之前呈现快速增长态势。而在 2011 年之后呈现缓慢增长趋势，2015 年陷入增长低迷且乏力的现状，甚至有下滑的倾向。但由于先行指标在 2017 ~ 2020 年呈现快速增长状态，预示着同步指标在 2020

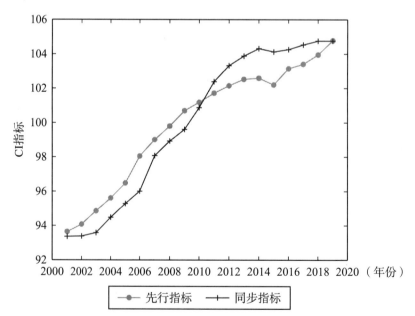

图 12 - 1　2000 ~ 2020 年吉林省经济增长质量和效益景气综合指数预警

资料来源：笔者依据《吉林省统计年鉴 2021》计算得出。

年之后也可能会呈现经济增长质量和效益趋于较好的方向的发展。但是，由于现阶段受新冠肺炎疫情等因素的影响，吉林省经济增长质量和效益动力薄弱，增长乏力，地方政府仍然应引起重视，通过优化经济结构，调整制度供给，以规避经济增长质量和效益低迷的瓶颈路径。

图 12-2 为 2000~2020 年北京市经济增长质量和效益景气综合指数预警，整体上看，北京市经济增长质量和效益在 2000~2019 年度呈现持续增长的状态，意味着北京市经济增长质量和效益发展持续向好。然而，从先行指标和同步指标之间的变动关系来看，在 2005 年先行指标呈现第一个下降拐点行为，相对应的同步指标在 2007~2009 年增速显著放缓，即预警相差 2~4 个年度的周期，2005~2006 年经济增长质量和效益先行指标处于持续增长状态，然而在 2007 年出现第二个拐点。从同步指标可以看出，在 2009~2010 年经济增长质量和效益持续稳定增长，在 2011 年该指标增长速度有所下滑。先行指标在 2015 年第三次出现下滑，而同步指标反映在 2016 年增速有所波动。由经济增长质量和效益先行指标预警情况，我们认为在未来几年中，北京市同步指标会呈现小幅度的波动行为，整体处于较为快速的发展状态。2019 年同步指标与前几年相比，北京市经济增长质量和效益增长较为缓慢，经济增长质量和效益虽然较为稳定，但是依然存在增长压力较大的可能性，因此，北京地方政府亟须构建经济增长质量提升的新动力机制，以带动经济增长质量和效益的新一轮提升。

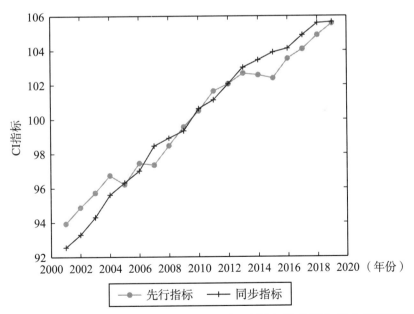

图 12-2 2000~2020 年北京市经济增长质量和效益景气综合指数预警

资料来源：笔者依据《北京市统计年鉴 2021》计算得出。

图 12-3 为 2000~2020 年湖南省经济增长质量和效益景气综合指数预警，从图中可以看出，湖南省的先行指标和同步指标在 2000~2020 年经济增长质量和效益指数整体上是持续向好且提高的。具体来看，经济增长质量和效益的先行指标在 2001~2010 年是处于较快的变动率，但是在 2010~2016 年增长放缓，且具有波动性，同步指标也在滞后六期时呈现放缓姿态。可以看到，近年来湖南省经济增长质量和效益可能存在波动状态，但是在长期里，湖南省经济增长质量和效益会趋于快速增长的态势，这是由于近年来，我国全面进入经济增长新常态，传统以经济增长数量为核心的旧经济增长结构劣势日渐凸显，在经济新禀赋条件下，以经济增长质量和效益为重心的新比较优势尚未激发，经济增长质量和效益会陷入一段平缓的依赖路径或波动路径之中，这需要引起我们极大的重视和关注。为尽早跨越低迷期，实现快速增长趋势，湖南省应致力于供给结构性改革，清理无端低效供给，提高优质绿色供给，从而全面提高地区经济增长供给体系的质量和效率，以缓和地区结构性矛盾压力，与此同时，需要甄别并优先发展具有潜在比较优势的新型产业，通过技术提升和产业升级，促进经济增长质量和效益，打破上行所遇阻碍，以逃离现有困境。

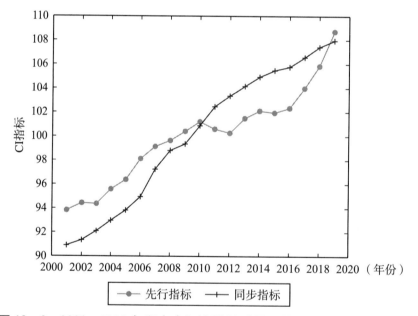

图 12-3　2000~2020 年湖南省经济增长质量和效益景气综合指数预警

资料来源：笔者依据《湖南省统计年鉴 2021》计算得出。

图 12-4 为 2000~2020 年四川省经济增长质量和效益景气综合指数预警，其中，先行指标在 2001~2007 年呈现持续稳定的增长状态，在 2008 年有略微下降波动，而后处于缓慢增长态势，但是，在 2010 年以后，四川省经济增长质量和效益先行指标开始缓慢、波动甚至负向发展的状态，2013 年到达近年来低值点，此

后开始回暖，2015 年以后基本呈现较为快速发展的趋势。从同步指标的当期变动来比较分析，在 2011 年之前，同步指标也表现出稳定缓慢且持续的繁荣增长，在 2011 年之后四川省虽然经济增长质量和效益依旧呈现增长状态，但明显看到增速放缓，2015 年时呈现出负向变动，先行指标提前两期预警。从先行指标近年来的走势预测，未来几年里四川省经济增长质量和效益会持续提高，但是增速并不稳定。因此，四川省亟须提高经济增长的全要素生产率，提高要素的资源配置效率，以实现经济增长的规模报酬不变向规模报酬递增转变。

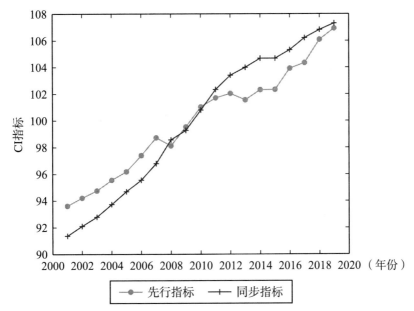

图 12 - 4　2000～2020 年四川省经济增长质量和效益景气综合指数预警

资料来源：笔者依据《四川省统计年鉴 2021》计算得出。

图 12 - 5 为 2000～2020 年广西壮族自治区经济增长质量和效益景气综合指数预警，从先行指标观测，地区先行指标在 2001～2010 年都呈现持续稳定增长的基本态势，在 2010～2011 年度出现下降状态，2012 年开始继续表现为持续增长的状态。从同步指标行为对比，我们可以看出，2001～2012 年，当期经济增长质量和效益是不断增长的，而在 2013 年时出现下滑，这与先行指标的 2010～2011 年下滑相对应，先行指标提前三期预警，然而由于先行指标行为表现继续增长，预测未来该地区经济增长质量和效益也会出现新一轮的发展和增长，经济增长质量和效益发展具有较好的优势和潜力。基于此，广西壮族自治区地方政府应当继续积极推动改革创新机制，构建并完善地方创新系统，并且坚持充分重视经济效益、社会效益和生态效益的三元共续协调发展，以促进经济增长质量和效益增长新动力的平稳换挡和从容接续。

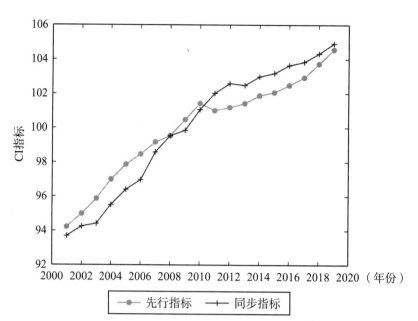

**图 12 - 5　2000 ~ 2020 年广西壮族自治区经济增长质量
和效益景气综合指数预警**

资料来源：笔者依据《广西壮族自治区统计年鉴 2021》计算得出。

四、省级层面 2000 ~ 2050 年经济增长质量和效益的仿真模拟及预测

对我国省域地方经济增长的中长期趋势进行预测，主要是利用多种计量方法和智能方法预测我国省域地方经济增长质量和效益的重要经济指标的发展趋势，以便前瞻性地把握我国地方经济增长质量和效益的运行及其趋势，为我国地方政府及时制定调控政策提供服务。预测可以从总体上对地方经济增长质量和效益的总体趋势上预测，也可以从条件维度、过程维度、结果维度以及效益维度四个维度预测长期视角下各个指标的发展趋势和变化状态。对省级层面经济增长质量和效益的仿真模拟和预测是从经济现象的历史、现状和规律性出发，运用科学的方法，经过对经济增长质量各个方面情况的调查，获得了大量的资料、数据和信息，通过对这些资料、数据、信息的整理、分析和研究，对地方经济增长质量的现状做出定性、定量结论，并结合地方经济增长质量的历史状况，运用科学的方法，对地方经济增长质量的未来前景进行测定。

图 12 - 6 显示出 2000 ~ 2050 年吉林省经济增长质量和效益指数预测情况，从图 12 - 6 中可以看到，以 2000 年为起点时，吉林地区经济增长质量和效益指数偏低，地区经济增长质量和效益的效益维度和过程维度指数比较低，影响了地区整体经济增长质量和效益的增长和提高，吉林省经济增长质量和效益指数是处于缓

慢提高的基本状态。对于 2020 年之后的长期预测行为，未来吉林省经济增长质量
和效益指数会继续增长，但是考虑到新冠肺炎疫情影响，在较长的时间内（大约
为 20 年）经济增长会出现波动，之后经济增长质量和效益水平会进入较为快速的
发展阶段，实现地区经济增长质量和效益的繁荣发展。从分项维度来看，吉林地区
的结果维度指数呈现稳定增长，条件维度在 2012 年以前呈现增长状态，在 2012 年
以后持续下滑，而经济增长质量和效益的过程维度以及效益维度指数值起始值相对
较低，但是，过程维度在 2010 年以后增长较为快速，效益维度在 2006 年以后快速
增长，在 2013 年有所回落。因此，该地区不仅应当重视经济增长过程中的投入产出
效率问题以及产业结构优化问题，更应该关注经济质量增长过程中的效益实现，增
进人民福祉，保护绿色生态环境，促进地区经济增长质量和效益的持续升级。

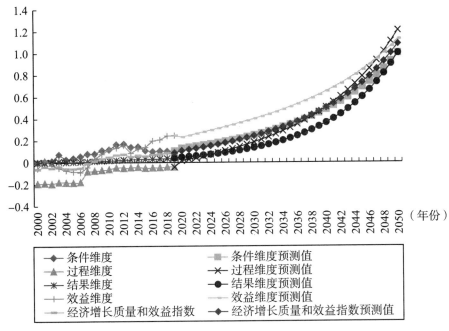

图 12 - 6　2000～2050 年吉林省经济增长质量和效益指数预测

资料来源：笔者依据《吉林省统计年鉴 2021》计算得出。

图 12 - 7 是 2000～2050 年北京市经济增长质量和效益指数预测，在 2000 年
时，北京市经济增长质量和效益指数值低下，地区经济增长质量和效益的条件维
度、过程维度及结果维度的分项维度指标值较低，而经济增长的效益维度指数较
高，2000～2019 年，北京市经济增长质量和效益指数有了显著的提高，条件维
度、过程维度值持续增长，结果维度虽然增长，但增速缓慢且动力低迷，效益维
度值却呈现较大波动且下滑态势。从长期趋势预测来看，未来北京市经济增长质
量和效益指数会持续增长，而条件维度、过程维度、结果维度和效益维度也逐渐

开始显著提高。这说明，未来北京市经济增长质量和效益发展状况较好，经济增
长质量在经济结构不断优化和调整的步伐中稳定增长，地区经济增长产出水平较
高，人民福利水平也具有相对优势。因此，北京市应当将着力点放在结果维度的
动力转换，发挥结果维度的比较优势，以及实现效益维度的稳定快速发展。北京
作为我国发展较快的城市，应当积极秉承科技强国的治国理念，充分发挥技术水
平的先进性和创新思路的前沿性，加大科学技术的研发和创新，以实现地区经济
增长质量和效益的全面繁荣。

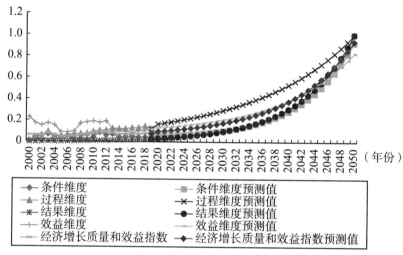

图 12 - 7　2000～2050 年北京市经济增长质量和效益指数预测

资料来源：笔者依据《北京市统计年鉴 2021》计算得出。

　　图 12 - 8 反映了 2000～2050 年对于湖南省经济增长质量和效益指数预测。湖
南省在 2000 年时经济增长的效益维度和过程维度指数值较低，湖南省经济增长质
量和效益综合指数也处于较低水平，2000～2020 年，湖南省经济增长质量和效益
的效益维度指数值和过程维度指数值趋势上有所提升和增长，但是指数值依然不
高，由于该省经济增长的条件维度和结果维度指数的拉动作用弱化，总体上看，
湖南省经济增长质量和效益增长速度较缓慢。从 2020 年以后的地区预测值发现，
未来湖南省经济增长质量和效益以及分项维度值会持续缓慢、稳定的增长，分项
维度发展程度差别性不显著，在 2040 年之后，湖南省经济增长质量和效益会实现
快速增长和飞跃。因此，湖南省应当充分注重地区经济增长的结构性矛盾，一方
面，将经济增长的重心从追求经济增长数量向追求经济增长质量和效益转移，重
塑新常态背景下经济运行新动力；另一方面，需要识别地区阶段性禀赋差异，充
分激发地区优势产业，收敛饱和供给以及趋同化供给，以迈向创新经济增长结构
转型的必由之路。

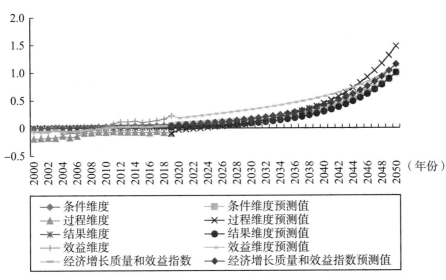

图 12 - 8　2000～2050 年湖南省经济增长质量和效益指数预测

资料来源：笔者依据《湖南省统计年鉴 2021》计算得出。

图 12 - 9 是 2000～2050 年四川省经济增长质量和效益指数预测。从图 12 - 9 中可以看出，近年来四川省经济增长质量和效益整体发展较好。2000 年初始值时，该省经济增长质量和效益值较低，效益维度呈现负值且仍处于下降趋势，但自 2008 年以来，该省经济增长质量和效益指数值处于逐步提高的状态。而经济增长的条件维度、过程维度以及结果维度发展较为均衡，但增长乏力，增速缓慢。这意味着，四川省经济增长数量和质量有所提升的同时，地区的经济效益、社会

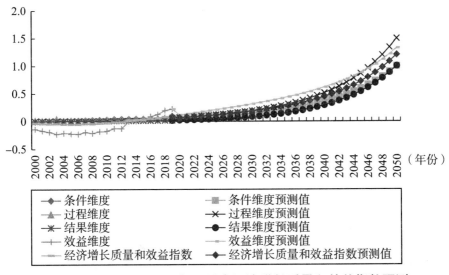

图 12 - 9　2000～2050 年四川省经济增长质量和效益指数预测

资料来源：笔者依据《四川省统计年鉴 2021》计算得出。

效益和生态效益并不理想，对于地区人民福利水平及生态环境问题并未充分重视和关注，自2008年我国推进生态文明建设以来，地区经济增长的生态效益有所改善并不断提升。从2020年以后的预测值来看，四川省经济增长质量和效益总体接续增长态势，但在2035年以前增速较为平稳，而2035年以后会实现经济增长质量的稳定提高及经济增长效益的良好发展，分项维度未来预测值也持续向好。

图12-10是2000~2050年广西壮族自治区经济增长质量和效益指数预测，从图12-10中可以明显看出，广西壮族自治区地方经济增长质量和效益在2000~2020年度处于波动状态，且2010年以后呈现下降发展的状态，各分项维度反映，地区经济增长条件、过程、结果维度指数值较低且处于缓慢增长，但是效益维度呈现较大波动，且持续下滑，阻碍了地区经济增长质量和效益的持续提高。从未来的长期预测值来看，广西壮族自治区经济增长质量和效益未来会持续增长，分项维度中，效益维度指数值在2028年开始实现增长，在2046年才呈现由负值转正，条件维度、过程维度和结果维度指数发展步伐一致且持续增长，在2035年以后快速发展。由于效益维度的负向拉动，造成广西壮族自治区经济增长质量和效益指数在2000~2038年持续为负，条件维度、过程维度和结果维度指数无法抵消效益维度的巨大损失，以至于长期表现为持续低迷不振的状态，可能在未来相当长的一段时间才会有所提高和突破。这意味着，广西壮族自治区效益维度的矛盾和桎梏较为严重，阻碍了地区经济增长质量和效益指数的稳定快速发展。因此，广西壮族自治区亟须关注经济增长的效益水平，提高经济效益、社会效益和生态效益的协调性，使新常态背景下地区经济增长质量和效益踏上平衡、联动的新征程。

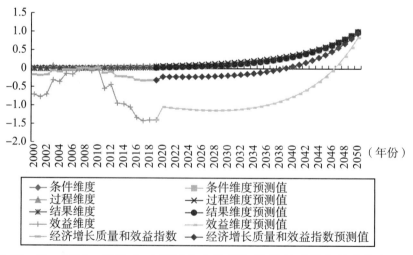

图12-10　2000~2050年广西壮族自治区经济增长质量和效益指数预测

资料来源：笔者依据《广西壮族自治区统计年鉴2021》计算得出。

第二节　区域层面经济增长质量和效益的
宏观预警与长期预测

一、区域层面经济增长质量和效益的宏观预警

通过对省级层面经济增长质量和效益的宏观预警和各维度长期趋势预测分析，可以看出我国各地方经济增长质量和效益未来的变动状态、优势及不足之处。然而，从区位因素度量可以较系统、较全面且更具有整体性地观测我国未来经济增长质量和效益的运行行为，以填补空间影响变动的空白。由于各个地方的资源初始禀赋不同，经济结构不同以及发展优势的区别，区域经济增长质量和效益监测预警就十分具有必要性，在区域层面对我国经济增长质量和效益进行预警和预测可以进一步研究地方经济增长质量和效益的全局发展态势，对地方经济增长质量和效益的政策设计具有纲领性的指导意义。

区域经济增长质量和效益的指标体系沿用省份经济增长质量和效益指标体系，东部、中部、西部以及东北地区经济增长质量和效益基本指标指数值是使用各区域内省级层面的加和平均进行测算，继续使用景气综合指数预警方法对我国区域经济增长质量和效益进行宏观预警（见图12－11）。

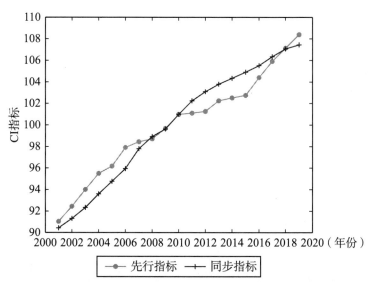

图12－11　2000～2020年东部地区经济增长质量和效益景气综合指数预警

资料来源：笔者依据《中国统计年鉴2021》计算得出。

2000～2020 年东部地区经济增长质量和效益景气综合指数预警如图 12－11 所示，先行指标和同步指标在 2001～2020 年一直处于上升阶段，经济增长质量和效益发展水平持续向好，先行指标在 2010～2015 年增长较为缓慢，2015 年以后又呈现快速增长状态，经济增长质量和效益发展稳定且快速。从同步指标来看，2011～2016 年呈现缓慢增长，与先行指标相差一个年度的时间周期，并在 2016 年以后增长速度有所提高。这意味着，未来东部地区经济整体增长质量和效益的增长较为稳定，排除外在随机因素影响，经济系统内部运行不会出现较大的波动现象。

2000～2020 年中部地区经济增长质量和效益景气综合指数预警如图 12－12 所示，经济增长质量和效益先行指标在 2001～2010 年度处于持续增长的基本状态，在 2010～2011 年开始下降，2012 年以后又出现缓慢上升的状态，与反映当期变动行为的同步指标相比，同步指标在 2014～2015 年出现止步不前，2016 年开始继续稳定提高，说明中部地区在 2015 年经济增长质量和效益发展趋冷，同步指标与先行指标相差四年的时间周期，先行指标可以提前四年预警当期经济增长质量和效益波动和转折变动。先行指标在 2015 年以后实现快速增长速度，意味着同步指标在 2019 年以后，经济增长质量和效益很可能出现快速增长的态势，波动性和下滑状态不易出现，中部地区经济增长质量和效益发展趋势劲头较好。

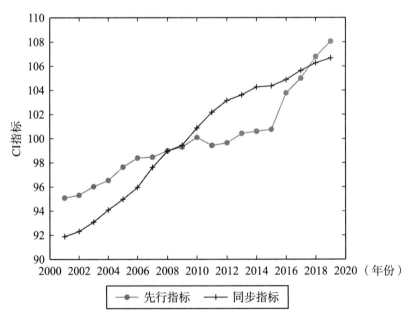

图 12－12　2000～2020 年中部地区经济增长质量和效益景气综合指数预警

资料来源：笔者依据《中国统计年鉴 2021》计算得出。

在 2000 ~ 2020 年西部地区经济增长质量和效益景气综合指数预警分析中（见图 12 - 13），西部地区先行指标在 2000 ~ 2020 年虽然整体维持增长状态，但是增速并不平稳。在 2012 ~ 2015 年经济增长质量和效益呈现增长乏力且下滑状态，意味着先行指标在这一时期上行压力较大，继续增长的势头薄弱，动力作用已达饱和。这与同步指标在 2014 ~ 2015 年变动吻合，先行指标在 2015 年以后经济增长质量效益呈现稳定且快速上升，这意味着，从 2017 年开始，西部地区经济增长质量和效益的同步指标也将继续呈现稳定增长。由于经济增长进入新常态新阶段，西部地区依然存在经济结构的失衡、经济增长的有效供给不足、经济增长中的创新能力欠缺等矛盾，因此，西部地区要想打破阶段性阻碍，实现经济增长质量和效益的进一步提高，应充分注重新动能的注入、接续和转换效应。

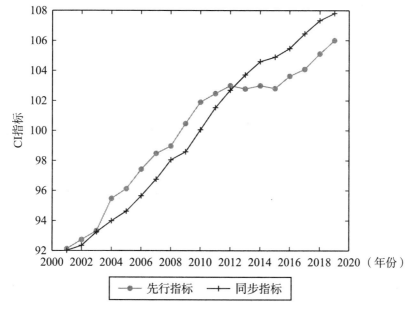

图 12 - 13　2000 ~ 2020 年西部地区经济增长质量和效益景气综合指数预警
资料来源：笔者依据《中国统计年鉴 2021》计算得出。

图 12 - 14 是 2000 ~ 2020 年东北地区经济增长质量和效益景气综合指数预警，从先行指标和同步指标之间的相对变动关系可以看出，先行指标在 2013 ~ 2015 年出现较大幅度下降，2015 ~ 2016 年增长，从同步指标对比来看，同步指标在 2014 ~ 2016 年出现下降波动，之后呈现稳步提升状态，在 2014 年出现的重大转折，与先行指标在 2013 年的拐点相对应，这说明东北地区经济增长质量和效益先行指标和同步指标之间存在一个时间周期的变动关系，先行指标可以提前一年预警经济增长质量和效益的当期波动行为。由于先行指标在 2017 ~ 2019 年增长较好，可以预测，经济增长质量和效益同步指标未来几年发展较好，但是 2015 年经济增长质

量和效益的急速下降状态仍然不可忽视，东北地区经济增长质量和效益存在的问题是由经济内部结构性矛盾导致，其制约不容小觑。

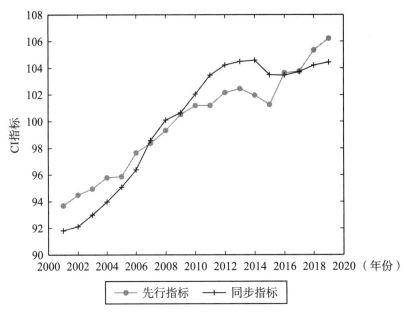

图 12 – 14 2000～2020 年东北地区经济增长质量和效益景气综合指数预警
资料来源：笔者依据《中国统计年鉴 2021》计算得出。

二、区域层面2000～2050年经济增长质量和效益的仿真模拟及预测

使用景气综合指数预测方法对我国四大区域经济增长质量和效益进行宏观预警，可以从较长期变动影响预警我国区域经济增长质量和效益的未来发展的波动和转折状态，以及时调整政策导向，规避经济增长低潮期，绕过较大转折点。与此同时，对区域层面 2020～2050 年经济增长质量和效益以及其分项维度指标进行预测，旨在从长期趋势性视角下观察各区域未来经济增长质量和效益的发展状态，探索不同区域之间各自存在的阻力和差异性矛盾，有针对性地破解，可以促进各地区经济增长质量和效益的繁荣发展，并推动区域之间联动包容式的协调并且发挥地区间相互依存、积极融合的影响作用。对各区域层面 2020～2050 年经济增长质量和效益的仿真模拟及预测分析如下。

图 12 – 15 是 2000～2050 年东部地区经济增长质量和效益指数预测，东部地区经济增长质量和效益指数自 2000 年以来总体表现为较为持续稳定的增长，各分项维度中，效益维度指数值初始值最低，但是自 2006 年以后增速较快，2010 年以后带动了东部地区经济增长质量和效益的提高，成为东部地区经济增长质量和效益的比较优势，意味着东部地区早期效益维度薄弱，但地方政府在充分重视和

改进中，地区效益维度实现了快速的发展，成绩斐然，而东部地区结果维度指数值相对较低且增速缓慢。从 2020 年以后的预测值可以看出，东部地区经济增长质量和效益快速发展且持续提高，效益维度指数值高于其他三个分项维度指数值，结果维度指数值低于其他维度值。因此，说明未来该地区经济增长质量和效益发展状态整体较好，东部地区经济增长的效益对经济增长质量和效益的提高贡献度较大，然而东部地区结果维度指数值相对较为落后，意味着东部地区需要提高优化产业结构，提高经济增长实力，着力于创新型技术进步的质的突破以及科技实力的全面增强，东部地区不仅要努力提高自主创新实力，更要着力于创新型高层次的人才培养，打造创新高地。一方面，要将创新成果转化为实际生产力，提高投入产出效率，增强资源优选配置能力，注重经济效益和质量的增长。另一方面，要从技术创新上升到科技创新的高度，以实现经济增长质量和效益的全面优化。

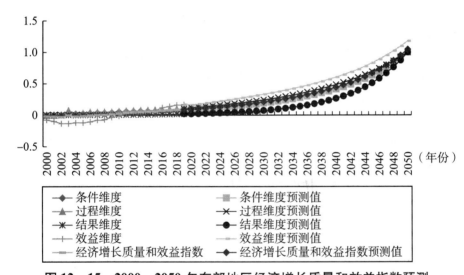

图 12 - 15　2000～2050 年东部地区经济增长质量和效益指数预测

资料来源：笔者依据《中国统计年鉴 2021》计算得出。

2000～2050 年中部地区经济增长质量和效益指数预测如图 12 - 16 所示，2000 年中部地区经济增长质量和效益指数值较低，2000～2019 年中部地区经济增长质量和效益呈现为缓慢增长的基本态势，从分项维度来看，中部地区过程维度和效益维度指数值较低，阻碍了中部地区经济增长质量和效益的发展，直到 2010 年经济增长质量和效益指数才突破负值陷阱。从 2020 年以后预测值来看，中部地区经济增长质量和效益将不断提高，但是 2030 年以前经济增长质量和效益增长较为缓慢，从 2040 年以后经济增长质量和效益将实现新的超越，这反映出中部地区经济结构调整进程缓慢，且对传统的经济结构具有惯性依赖，中部地区在经济结构的优化升级及供给侧结构性的改革之路需要一定的时间。中部地区效益维度和过程维度指数预测值相比条件维度和结果维度偏低一些，一方面，说明中部地区生态环境约束力渐强，环境治理力度与经济发展速度偏离，高耗能、高污染等隐患加剧。另一方面，中部地区的产业结构层次低，没有形成独特的比较优势。由于第二产业长期以传统加工业为主，产品附加值低，产品趋同化、区域产业同构化现象严重，导致竞争优势无法发挥，地区比较优势尚未形成。

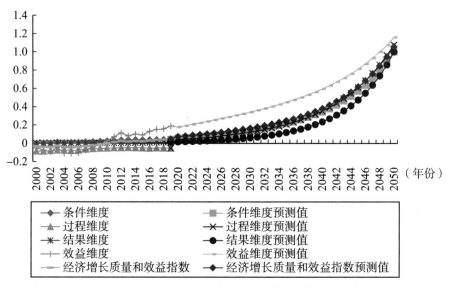

图 12 - 16　2000 ~ 2050 年中部地区经济增长质量和效益指数预测

资料来源：笔者依据《中国统计年鉴2021》计算得出。

2000 ~ 2050 年西部地区经济增长质量和效益指数预测如图 12 - 17 所示，西部地区经济增长质量和效益在 2000 ~ 2019 年表现为缓慢增长、增长低迷，分项维度中，西部地区早期效益维度指数值较低，阻碍着经济增长质量和效益的提高，而后波动性较大，2015 年以后西部地区效益维度指数值提高显著。从 2020 年以后预测值来看，西部地区未来经济增长质量和效益指数值将持续提高，结果维度预测值相对较弱一些，效益维度成为核心动力。说明西部地区在现阶段需要提高经济增长的结果维度，重视西部地区人民的经济消费能力激发。由于西部地区伴随着高速的经济增长，经济社会生态三元矛盾逐渐凸显，地区人民福利水平较低及日趋恶化的环境质量给未来的发展造成深深的隐忧，因此，西部地区地方政府需要充分重视经济增长质量成果的分配和贡献，加强地区人民福利共享和民生建设水平的进一步增强。

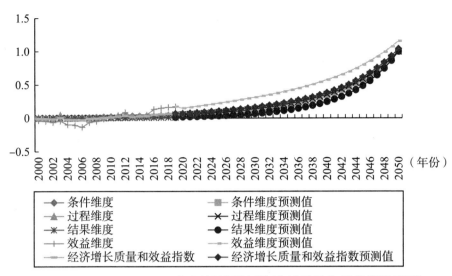

图 12 - 17　2000 ~ 2050 年西部地区经济增长质量和效益指数预测

资料来源：笔者依据《中国统计年鉴 2021》计算得出。

图 12 - 18 是 2000 ~ 2050 年东北地区经济增长质量和效益指数预测，可以看出东北地区经济增长质量和效益在 2000 年时指数值偏低，主要是由于过程维度指数值偏低拉动着东北地区经济增长质量和效益的低值无法突破，2000 年以来，东北地区经济增长质量和效益指数值不断提高，虽然过程维度指数也持续增长，但其总量依旧低于其他维度指数水平，而效益维度和条件维度整体总量较高，但是条件维度在 2011 年以后持续下滑。从 2020 年以后预测值来看，东北地区经济增

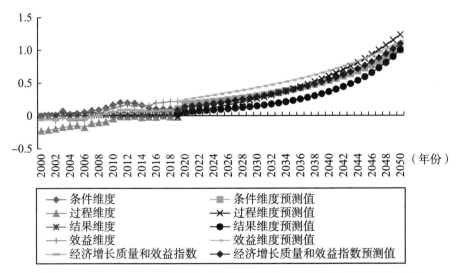

图 12 - 18　2000 ~ 2050 年东北地区经济增长质量和效益指数预测

资料来源：笔者依据《中国统计年鉴 2021》计算得出。

长质量和效益会持续增长，效益维度指数预测值较高，结果维度指数值依旧处于落后水平，这意味着东北地区未来的发展应侧重于经济增长质量的结果维度的全面增强，增强地区人民经济分配、经济共享和福利保护，并进一步实现经济模式的转型以及生态环境的建设。

第三节　重点城市层面2000～2050年的经济增长质量和效益的宏观预警与长期预测

一、重点城市层面经济增长质量和效益指标体系的优化构建

基于上述对省级层面以及区域层面经济增长质量和效益的预警预测分析的逻辑和方法，我们继续对重点城市层面进行经济增长质量和效益的宏观预警和长期趋势预测分析，希望从不同的视角来把握未来我国地方经济增长质量和效益发展规律和变化特征，以对地方政府宏观调控政策提供更为准确的信息。根据城市年度数据的可获得性，在省级层面我国地方经济增长质量和效益指标体系的基础上，我们对城市地方经济增长质量和效益宏观预警及长期趋势性预测的指标体系进行略微调整，延续我国地方经济增长质量和效益的理论机理和内在价值判断，从经济增长的条件维度、过程维度、结果维度以及效益维度四个方面进行构建，得到包含10个分项指标、23个基础指标的我国重点城市经济增长质量和效益指标体系，具体指标构建如表12－2所示。

表12－2　　我国重点城市经济增长质量和效益的指标体系

方面指数	分项指标	基础指标	指标属性	计量单位
条件维度	投资水平	金融机构人民币贷款余额	正	万元
		外商直接投资项目数	正	个
		货运量	正	万吨
	技术投入	科学技术支出	正	万元
过程维度	产业结构	工业增加值	正	亿元
	地方经济	社会用电量	正	万千瓦时
		城市供水总量	正	万立方米
	外资使用	实际利用外资金额	正	万美元

续表

方面指数	分项指标	基础指标	指标属性	计量单位
结果维度	产出水平	社会消费品零售额	正	万元
		生产者物价指数	正	元
		地方政府的财政收入	正	万元
	经济实力	邮电业务收入	正	万元
		房地产开发企业投资完成额	正	万元
效益维度	经济效益	固定资产投资完成额	正	万元
		人均地区生产总值	正	元
		城镇单位在岗职工平均工资	正	元
		客运量	正	万人
	社会效益	单位人口拥有图书藏量	正	册/每百人
		医疗卫生机构数（医院和卫生院之和）	正	个
		城镇登记失业人数	逆	人
	生态效益	工业 SO_2 排放总量	逆	吨
		废水排放总量	逆	万吨
		一般工业固体废物综合利用率	正	%

资料来源：历年《中国城市统计年鉴》《中国经济数据库》，各城市统计年鉴及各城市统计局年度统计公报。

二、重点城市经济增长质量和效益的宏观预警

在对我国重点城市经济增长质量和效益预警以及预测研究时，本章节选取乌鲁木齐市、哈尔滨市、西安市、南京市及武汉市五个重点城市为例进行监测预警分析，旨在为其他重点城市宏观预警及仿真模拟及预测形成借鉴性研究范式，重点城市经济增长质量和效益宏观预警模拟如图 12 – 19 至图 12 – 23 所示。

2000 ~ 2020 年乌鲁木齐市经济增长质量和效益景气综合指数预警如图 12 – 19 所示，从图 12 – 19 中可以看出，乌鲁木齐市经济增长质量和效益先行指标在 2001 ~ 2003 年度表现为持续增长，2003 ~ 2004 年出现第一个拐点，在 2004 ~ 2006 年继续增长，在 2006 ~ 2007 年出现第二个拐点，2007 ~ 2013 年持续上涨，2013 ~ 2014 年出现第三个下滑拐点，之后出现缓慢增长状态。从同步指标来看，

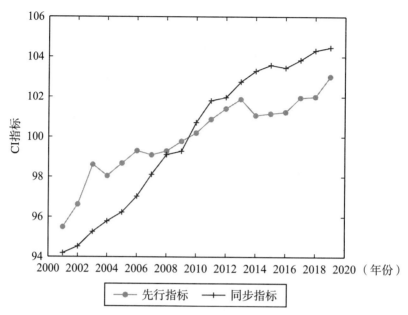

图 12 - 19 2000 ~ 2020 年乌鲁木齐市经济增长质量和效益景气综合指数预警

资料来源：笔者依据《新疆维吾尔自治区统计年鉴 2021》计算得出。

地区经济增长质量和效益的发展在 2001 ~ 2008 年持续稳定提高，分别在 2008 ~ 2009 年、2011 ~ 2012 年、2015 ~ 2016 年出现三次拐点，与先行指标相对应，直到 2016 年同步指标突破上行压力，开始新一轮稳定的提升。与先行指标相比，同步指标在滞后 3 ~ 5 个周期里与先行指标具有相似变动行为。自经济新常态以来，乌鲁木齐市经济增长的结构性压力巨大，短期经济增长质量和效益的低迷甚至衰退倾向难以反转。然而，先行指标预测未来经济增长质量和效益会有新的进步，这意味着，乌鲁木齐市在进入经济新常态和新阶段，结构性经济矛盾逐渐被激发，传统的经济增长动力作用于地区经济增长的效果微弱，致使地区经济增长质量和效益随时间推移表现为停滞或走低，但是未来预测乌鲁木齐市经济增长质量和效益的增长趋势折射出地区近年来改革初露优效，应继续加快地区供给侧转型，维稳地区经济增长质量和效益新平衡。

从图 12 - 20 可以看出 2000 ~ 2020 年哈尔滨市经济增长质量和效益景气综合指数预警，首先，从先行指标来看，地区经济增长质量和效益指数值在 2001 ~ 2015 年呈现增长状态，在 2010 ~ 2011 年出现第一次下降拐点，在 2012 ~ 2013 年回升，2013 ~ 2014 年呈现下滑态势，即第二次拐点出现，2014 年以后持续快速增长。从同步指标来看，2011 ~ 2012 年、2014 ~ 2015 年分别呈现下滑状态，与先行指标两次拐点相对应，先行指标在提前 1 ~ 2 个周期时间内预警，同步指标自 2015 年以后，开始较为稳定增长。整体来说，2010 年以后，哈尔滨市经济增长质量和效益波动较为剧烈，稳定性欠缺，而哈尔滨市经济增长质量和效益表现出来的这种波动性特征，区别于传统意义上经济的周期性波动，而是内生于结构层面的动能弱化。这意味着，地区经济增长质量和效益的状态并不会随着时间的推送或者市场内部的消解作用而有所回升，相反，这种趋势性会长期持续并且影射经济系统内的矛盾和壁垒。而对于地区内部经济增长的新动力转换并不适合通过需求导向的强刺激调节，而应从经济体系内部运行结构为出发点，考量如何顺利引导经济迈向新征程。

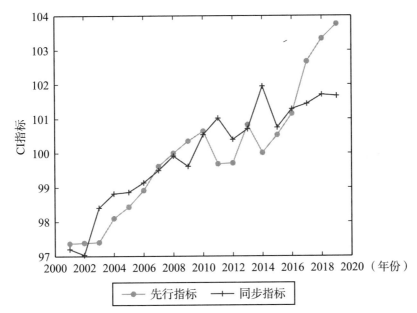

图 12 - 20　2000 ~ 2020 年哈尔滨市经济增长质量和效益景气综合指数预警

资料来源：笔者依据《黑龙江省统计年鉴 2021》计算得出。

图 12 - 21 是 2000 ~ 2020 年西安市经济增长质量和效益景气综合指数预警，西安市经济增长质量和效益先行指标近年来有较大的波动，2002 ~ 2003 年，西安市经济增长质量和效益先行指标出现显著下滑拐点，而西安市经济增长质量和效益先行指标缓慢增长，2008 ~ 2009 年先行指标出现第二个下滑拐点，2014 ~ 2015 年出现第三个下滑拐点，2017 ~ 2018 年出现第四个下滑拐点。而从同步当期指标来看，2004 ~ 2005 年、2014 ~ 2015 年、2018 ~ 2019 年出现三次下滑拐点，与先行指标前三次下滑拐点相对应，且意味着在 2020 年以后，西安市经济增长质量和效益的同步指标可能将出现第四次下滑，亟待重视。根据西安市近年来经济增长质量和效益状态与未来趋势观测发现，西安市现阶段经济结构约束阻力日益加大，由于低端行业之间差异性低，产品趋同化现象严重，而高端产品却供不应求，产品市场呈现分层次的供求失衡，导致市场经济竞争优势被抑制，在生产可能性边界没有被扩大的条件下，生产的规模报酬递减模式将

会被长期锁定。因此，地区亟须打造高新产业集群以及发展新兴产业链，升级产业结构，在增强要素使用效率的同时，促进工业产业高级化、服务产业品质优化发展。

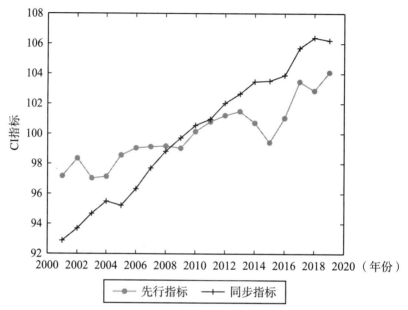

图 12 - 21　2000 ~ 2020 年西安市经济增长质量和效益景气综合指数预警
资料来源：笔者依据《陕西省统计年鉴 2021》计算得出。

　　2000 ~ 2020 年南京市经济增长质量和效益景气综合指数预警如图 12 - 22 所示，从同步指标来看，南京市经济增长质量和效益同步指标和先行指标整体在 2001 ~ 2019 年发展较快较好，具体来看，先行指标在 2012 ~ 2013 年、2014 ~ 2015 年出现两次下降拐点，之后一直呈现显著增长。同步指标在 2013 ~ 2014 年、2016 ~ 2017 年出现的下降拐点与先行指标两次拐点相对应，先行指标提前 1 ~ 2 个周期预警。2015 年以后先行指标呈现稳定增长状态，意味着 2018 年以后同步指标在一定时间内发展也将呈现较为稳定，不易出现较大波动的。这意味着，由于南京市作为我国东部发展较快的重点城市，传统以经济增长数量为核心导向时发展优势突出，而进入经济增长新常态阶段，旧的比较优势弱化，地区全要素生产率以及潜在增长率都持续下降，经济增长资源禀赋转变，使原本作为经济增长动力的资源逐渐稀缺化，导致边际产出效率逐级递减，即使是发展较快的南京市也难逃经济增长衰退境地。因此，南京市亟须通过技术进步和自主创新的充分供给扩大生产的可能性边界以及优化生产函数，从而通过资源配置的帕累托改进提高经济的生产力和生产效率，以促进经济结构的升级和变迁。

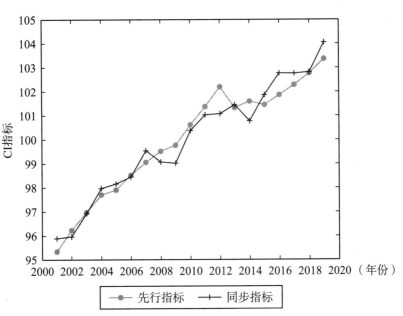

图 12 - 22　2000～2020 年南京市经济增长质量和效益景气综合指数预警

资料来源：笔者依据《江苏省统计年鉴 2021》计算得出。

图 12 - 23 反映了 2000～2020 年武汉市经济增长质量和效益景气综合指数预警，从图 12 - 23 中可以看出，同步指标和先行指标整体呈现稳定且持续、快速增长的基本态势，说明武汉市经济增长质量和效益发展情况较为良好，2001～2019

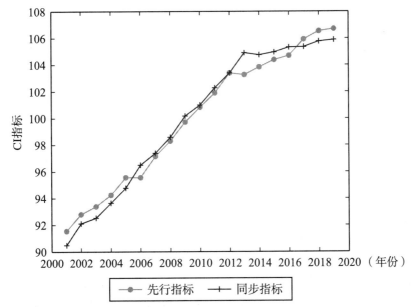

图 12 - 23　2000～2020 年武汉市经济增长质量和效益景气综合指数预警

资料来源：笔者依据《湖北省统计年鉴 2021》计算得出。

年并未出现较大的波动和转折，且整体表现为持续、稳定的增长模式。具体先行指标在 2012~2013 年有所回落，同步指标在 2013~2014 年呈现下滑，二者拐点相对应，可以认为先行指标提前一个时间周期对同步指标的波动行为进行预警。武汉市位于我国中部地区，具有"横贯东西，纵通南北"独特的地理位置，武汉市既可以学习并吸取东部城市的先进技术和经验，又能带动西部落后地区联动式发展，具有举足轻重的集聚和辐射作用。因此，武汉市需要在稳步提升城市内经济增长质量和效益的同时，需要关注促进区域内产业部门的相互拉动、要素流通机制，提高经济系统内部运作的区域联动效应，加强地区之间开放、互动、竞争的机制，以扩大地区的双轴辐射带动力。

三、重点城市层面经济增长质量和效益的仿真模拟及预测

基于对重点城市层面经济增长质量和效益的宏观预警分析，考量较长时间影响下，城市是否在未来会出现较大波动和重大转折，与此同时，从长期角度继续预测研究我国重点城市 2000~2050 年经济增长质量和效益的趋势性走势状态，从条件维度、过程维度、结果维度、效益维度以及经济增长质量和效益整体分别观测重点城市在现有状态下，随时间推送的发展变动的衍生路径效果，以探索地方经济增长质量和效益新阶段矛盾和不足，旨在对地方政府提出宏观政策建议信息，通过政府部门因势利导的制度嵌入，使各地区增强新常态适应性，促进地方经济增长质量和效益的稳步提升。

2000~2050 年乌鲁木齐市经济增长质量和效益指数预测如图 12-24 所示，2000 年乌鲁木齐市经济增长质量和效益指数较低，2000~2019 年，乌鲁木齐市经济增长质量和效益呈现波动提升，从分项维度看，该市经济增长的过程维度发展较好，然而条件维度和结果维度指数值偏低，中和了过程维度的高值优势。从 2020 年以后的预测值来看，乌鲁木齐市经济增长质量和效益指数会在长期处于逐渐增长的基本发展态势，并且在 2035 年以后具有较大的增长趋势，而分项维度预测值显示，未来乌鲁木齐市经济增长的效益维度相对发展更好，效益维度预测值最高，而乌鲁木齐市条件维度和结果维度指数值有待提高。一方面说明该地区需要通过资源的重新组合提高生产水平，以技术创新为路径达到要素重组和优化配置，提高能源使用率及生产要素利用率，从而形成更为高效的资源配置机制，使得生产力水平由规模报酬不变向规模报酬递增发展。另一方面说明地区生产着眼点于供给端的质量提升，加强优质供给，扩大有效供给，清理无效供给，加强市场对资源配置的基础性作用，以市场为导向找寻供需平衡。

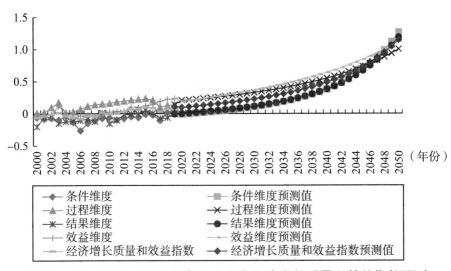

图 12 - 24 2000 ~ 2050 年乌鲁木齐市经济增长质量和效益指数预测

资料来源：笔者依据《新疆维吾尔自治区统计年鉴 2021》计算得出。

2000 ~ 2050 年哈尔滨市经济增长质量和效益指数预测如图 12 - 25 所示，2000 年哈尔滨市经济增长质量和效益指数较低，2000 ~ 2019 年，哈尔滨市经济增长质量和效益指数值表现为波动性增长，但是总体指数值总量较低。从分项维度来看，哈尔滨市过程维度、结果维度、效益维度指数值较低且增速较慢，而条件维度指数值严重低于其他三个维度，成为影响哈尔滨市经济增长质量和效益的主要制约，且条件维度指数值低的同时，还伴随较大的波动性行为，虽然整体来

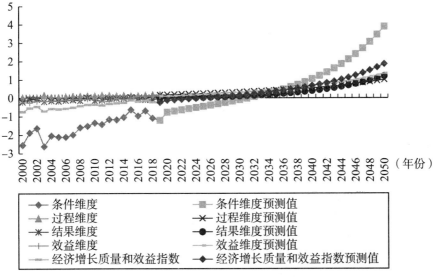

图 12 - 25 2000 ~ 2050 年哈尔滨市经济增长质量和效益指数预测

资料来源：笔者依据《黑龙江省统计年鉴 2021》计算得出。

看，2019 年条件维度指数值有所提升，但依然处于负值状态，阻碍了地区经济增长质量和效益的增强。2020 年以后的预测结果显示，未来地区经济增长质量和效益会逐渐增长，未来分项维度预测值中，结果维度、过程维度相对较低且增速缓慢，而条件维度可能出现较快增长，在 2035 年以后逐渐领先其他三个维度。这意味着，哈尔滨市需要加快推进经济结构转型，加大高新技术投入，通过产业升级和优化，加快建设规模报酬递增机制，增大投入产出比，促进生产的提质增效性，缓和地区的阶段性矛盾。

图 12－26 是 2000～2050 年西安市经济增长质量和效益指数预测，2000 年西安市经济增长质量和效益指数较低，2000～2019 年西安市经济增长质量和效益指数缓慢增长。从分项维度来看，西安市经济增长质量和效益指数值偏低是由经济增长的效益维度指数值较低影响的，西安市经济增长效益维度指数值在 2014 年才突破负值锁定，但是 2008 年以来，由于地方政府充分关注人民福祉的提高以及生态环境的治理，效益维度指数值开始呈现较为显著的提高。从 2020 年经济增长质量和效益的预测值来看，未来西安市经济增长质量和效益将会实现稳定、持续的提升，主要归功于效益维度以及条件维度的贡献作用，而经济增长的结果维度发展相对缓慢。这意味着，西安市未来要充分关注地区经济增长的质量和效益，一方面，国民素质的培养力度不够，地方政府应加大科教事业的支出所占比重，提高居民整体的教育程度和技术水平，实现人口质量提升。另一方面，需要加快推进供给侧结构性改革，供给产品要着眼于新领域、新产业、新产品、新业态，与世界科学技术的进步以及产业发展的趋势相适应。

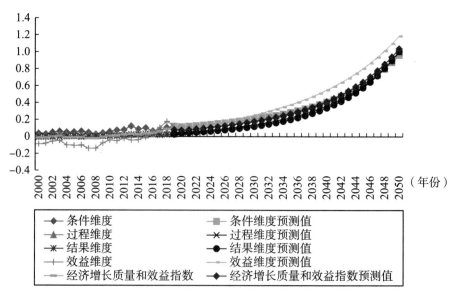

图 12－26 2000～2050 年西安市经济增长质量和效益指数预测

资料来源：笔者依据《陕西省统计年鉴 2021》计算得出。

2000～2050 年南京市经济增长质量和效益指数预测如图 12－27 所示，2000
年南京市经济增长质量和效益指数较低，但是 2000～2019 年，南京市经济增长质
量和效益整体呈现提升，从分项维度来看，南京市经济增长质量的条件维度和过
程维度指数值较高，近年来经济增长质量和效益的大幅度提高归功于经济增长的
效益维度指数呈现波动增长，而地区结果维度指数值依然偏低。从 2020 年以后的
预测值来看，南京市经济增长质量和效益指数值会持续快速增长，地区总体经济
增长质量和效益发展较好，而分项维度预测值显示，未来地区的效益维度指数值
发展趋势劲头良好，显著高于其他维度的发展水平。而结果维度预测值显示，虽
然前期南京市结果维度指数值偏低，但在 2040 年以后可能会实现快速增长，甚至
超越条件维度和过程维度。总体来说，2000 年以来，南京市充分重视生态效益、
社会效益与经济效益之间的协同发展和相互促进关系，在加快经济增长的同时，
关注地区人民福利水平以及绿色经济发展的新智慧。然而，地区未来应将着力于
提高经济增长的结果指数，以竞争市场为导向，改善供给端，以生产并提供高技
术、高质量的消费品，实现供求高层次的匹配。

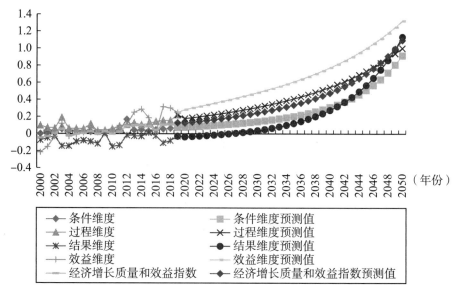

图 12－27　2020～2050 年南京市经济增长质量和效益指数预测

资料来源：笔者依据《江苏省统计年鉴 2021》计算得出。

2000～2050 年武汉市经济增长质量和效益指数预测如图 12－28 所示，2000～
2019 年，武汉市经济增长和效益指数呈现波动性增长的基本态势，2016 年以后，
武汉市经济增长和效益指数出现下滑状态。从分项维度来看，过程维度以及效益
维度指数值较高，尤其是经济增长的效益维度指数，拉动了地方经济增长质量和
效益的增长，而地方经济增长的条件维度以及结果维度指数值较低，尤其是条件

维度，呈现"先下降再上升再下降"的基本态势，抑制了经济增长质量和效益的稳定且持续的提升。从 2020 年以后经济增长质量和效益指数以及分项维度预测值可以看出，武汉市地方经济增长质量不断提高，效益维度和过程维度发展也处于较快水平，而条件维度和结果维度指数值在 2030 年以前将会持续低迷，2030 年以后可能出现快速发展。这意味着武汉市应充分重视地区发展的条件和结果因素影响。一方面，需要加大科学技术投入，加强人力资本的能力培养和潜力挖掘，以培养高素质的技术人员和高层次的创新人才，积蓄经济增长的新禀赋。另一方面，由于现阶段要素禀赋的改变，地区比较优势在短期里并未被甄别，而新意识形态在社会范围内尚未完全形成和构建，因此，地方亟待构建适应新阶段新特征的新制度框架以消除地方经济增长质量和效益的非均衡状态。

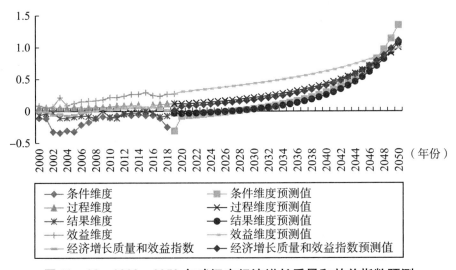

图 12 - 28   2000 ~ 2050 年武汉市经济增长质量和效益指数预测

资料来源：笔者依据《湖北省统计年鉴 2021》计算得出。

第十三章

我国地方经济增长质量和效益
提升所面临的约束条件

第一节　地方经济增长质量和效益
提升的结构性约束

当前我国经济已由高速增长阶段转向高质量发展阶段，深化供给侧结构性改革，加快新旧动能转换，推进经济发展质量变革、效率变革、动力变革，提高全要素生产率，推动产业结构转型升级成为地方经济实现高质量发展的关键。但是在我国地方经济增长质量和效益提升中仍面临着以下约束条件。

一、供给结构约束

供给结构是最为重要的经济结构之一，其影响着规模报酬、要素产出效率甚至经济长期可持续增长。20 世纪 90 年代末期持续到 2012 年左右我国经济长期采取改善需求的政策。至 2013 年经济下行压力的加大，供给约束日益凸显，不论在整个全国层面还是地方经济都面临着供给结构约束。第一，改革开放以来，中国明确了产业发展要与要素禀赋结构相匹配这一准则，通过实行"比较优势发展战略"来增加经济剩余。然而，基于劳动力优势所参与的国际分工主要依靠资源能源的优势，技术层级相对较低，进一步决定了我国只能更多的参与国际上的垂直分工。按照比较优势参与国际分工的发展模式便不可避免地导致了技术结构的失衡，体现为以模仿创新为主、自主创新缺失：从企业层面来看，当传统的优势在逐渐丧失的情况下，面对巨大调整成本的存在，企业缺乏承担转型风险的能力，所以宁愿固守传统产业而不是去尝试转型；从政府层面来看，受 GDP 考核导向的影响，地方政府致力于促进经济增长。地方政府从传统发展模式中获得了 GDP 快速的增长，到目前为止这种发展模式虽然式微，但政府基于就业、税收、资金投入、经济增长等考虑也难以割舍传统产业来支持转型升级，这样的导向存在使得固守低端产品和产业就成了一种路径依赖。从而造成我国整体低端供给丛生，严重的产能过剩，而明显缺乏优质的供给，供给无法满足消费，失衡态势明显。第二，由于在财政分权指挥棒的指引下，我国各地形成"为增长而竞争"的局面（周黎安，2007），为了追求经济数量的快速增长，地方政府不断刺激投资需求，试图在短期通过资本供给的扩张实现经济总量的快速增长，这种投资驱动的发展模式促进了经济总量的增长奇迹的实现，但是造成严重的供给效率不高的问题。长期的依靠要素投入驱动增长，只有供给量的重视，并未实现供给效率的改善。近些年随着我国资源禀赋状态发生明显的改变，资源环境约束的日益凸显，我国不论在总体还是地方层面的供给约束核心表现之一则为供给效率不高，供给质量存在短板。第三，我国供给层面抑制因素较多，行政成本高企的现象严重。改革开放之后，经过40多年的发展，中国市场经济从无到有、从小到大。中国经济发展也受益于新机制的建立和新配置方式的出现。但这个过程中其中政府主导的色彩和痕迹依然较多，所以不恰当的干预市场机制的自发演进作用造成了许多"阴差阳错"。截至目前，我国虽然基本实现了市场机制的基础配置作用，但市场和政府的边界有时仍然模糊，所以造成了供给中行政干预较多，监管失当，涉及供给侧的体制僵化。特别是目前地方政府角色定位"模糊"，供给层面的干预和抑制更为突出，构成了地方提升增长质量和效益的主要供给约束。

二、产业结构约束

产业结构称为国民经济的部门结构，是指国民经济各产业部门之间及各产业部门内部的构成。地方经济在提高要素配置效率、改善收入分配等方面需要产业结构发挥积极的促进作用。随着产业结构的不断升级，生产要素会在全社会范围内发生配置效率的改善和提高，即要素日益从生产率低的部门逐渐向生产率高的部门流动，为经济增长质量和效益提高创造空间。

在改革开放40多年发展中，我国各地方三大产业的结构比例也随着经济总量的提高发生了显著的变化，即也经历了配第—克拉克规律：总体来说各地农业产值在国民经济中的占比不断下降，在此过程中特别是第三产业在国民经济中的比重翻了一番，由此可见产业结构升级和演变为我国经济长期高速增长提供了强大动力源泉。但我国产业结构目前问题依然严重，构成了地方经济增长质量和效益提升的约束：第一，从三次产业结构来看，农业发展方式比较落后，传统农业生产方式没有得到根本改善；第二产业仍占主导，工业投资成为拉动工业增长的主要动力，这造成了整个工业只有"量"的优势，以竞争力为核心的"质"并没有随着投资的增长而快速提升。特别是目前中国工业粗放式发展特征显著，高耗能、高污染的企业和行业所占比重过高，从而使得工业不断扩张对资源环境造成了巨大的压力；对照中国所处发展阶段，目前我国地方整体第三产业所占 GDP 中比重偏低。我国地方第三产业仍以传统的零售业和中低端服务业为主，生产性第三产业和现代新兴第三产业等（如金融保险、信息、咨询、科技等）仍然发育不足。第二，从产业合理化和高级化程度来看，借鉴干春晖（2011）的研究，对我国各地方的产业合理化和高级化指数测算发现：随着三次结构不断演进，我国地方产业结构合理化程度不断在加深。在产业高级化程度方面，我国地方在产业高级化方面分化明显。诸多省份高附加值的技术、知识密集型的新兴现代服务业尚未对经济持续增长形成有效拉动。传统产业比较大，传统产业改造升级和新兴产业做大做强的步伐较慢。我国地方整体存在还未实现构建先进制造业、战略性新兴产业、现代服务业、现代农业为主体的现代产业体系等问题。第三，地方经济产业结构约束还表现为地区经济结构不合理，产业趋同和重复建设现象十分严重。诸多研究都重点研究了东中西部、京津冀、长三角和珠三角地区产业同构现象和程度（刘名远，2013；罗能生等，2016；孟凡琳等，2021），说明我国区域产业同构现象依然严重。这种区域分工模糊会阻碍了区域专业化的形成，不利于区域间在产业方面的协调发展与结构优化升级。同时掣肘区域间合作方面，使得区域间的壁垒以及矛盾和冲突依然存在，不利于形成整体地方发展的合力。

三、所有制结构约束

中国作为一个转型经济体，在企业层面存在多种所有制并存。这种异质性的结构特征对整体经济产生深远的影响：在计划经济时期（1952～1978 年），国有企业作为"重工业优先发展战略"的微观经济主体很好地弥补了重工业投资不足的缺陷。这种过渡性的制度安排使我国在较短时间内初步建成了门类齐全的工业体系，并改变了中国近代以来工业发展严重滞后的发展局面（姚洋和郑东雅，2007，2008）；随着时间的推移，国有企业弥补重工业的"外溢作用"呈现边际递减态势，特别是国有企业产权安排的缺陷不仅导致国有企业的"低效率"，还会产生非常严重的"增长拖累"（刘瑞明和石磊，2010）。与此相对的是，民营企业的不断成长、发展和壮大，为我国经济注入了活力，同时也改善了计划经济后期经济结构比例严重失调的局面，产业结构日趋合理化并在要素禀赋优势不断升级基础上实现产业结构高级化（潘士远和金戈，2008）。

但随着所有制改革的推进，我国目前在所有制方面仍存在约束：效率不高、人浮于事、包袱过重、市场反应慢等经营管理上的弊端，长期以来一直困扰着国有企业；而民营企业长期国民待遇难以保证，信贷、税费等歧视依然严重。特别是在地方层面，我国东西部在所有制改革推进的步伐方面差距较大，中西部地区在生产力布局方面，计划色彩浓厚，历史包袱沉重，机制僵化，适应性差，缺乏应有的竞争力。主要表现在国有经济比重偏大，非国有经济发展滞后，受传统体制惯性影响大，经济缺乏生机和活力。特别是在中西部地区，国家投资比重大，自筹资金能力弱，可利用的资金不足。所以地方在所有制方面的整体问题和差异问题都成为了目前提升增长质量和效益的结构性约束。

四、区域结构约束

促进城乡间、区域间的均衡协调发展，是结构之变的一道必答题。党的十一届三中全会后邓小平提出让一部分地区先发展起来。自20世纪80年代开始，我国推出"沿海发展战略"，再加上沿海地区本身较为良好的比较优势，沿海经济开始起飞，在这种"先"的带动下，我国经济腾飞且在增长数量方面取得了巨大的成就。特别是沿海地区的发展经验和教训对内地以及我国整体发展具有重要的意义。

但时至今日，不平衡增长战略造成的区域之间差距固化且不断扩大，所以在经济发展中区域结构不平衡约束越来越明显。一是区域差距固化和不断扩大，偏离共同富裕的基本目标。东部沿海地区和中西部地区仍属于割裂的状态，对实现"全国一盘棋"的战略是一种背离；二是东部地区与中西部地区之间结构性矛盾重生，区域之间难以形成完整的协同机制，在产业转移方面和产业链整合方面存在羁绊，从而进一步影响经济、政治、社会、文化和生态等区域全面协调发展；三是区域间长期的不平衡、不协调、不可持续的结构性矛盾和失衡问题会严重危害稳定，滋生不稳定因素，造成中央和地方关系的紧张以及地区间经济利益上的冲突，从而影响共同富裕的目标。

区域发展不平衡，成为了现阶段地方经济增长和效益要提高的重要结构约束之一，传统的"一亩三分地"的思维成为调结构、提效率、改分配等方面难以逾越的阻碍。

第二节　地方经济增长质量和效益
提升的体制性约束

一、财政分权体制的长期弊端

财政分权具体特指地方政府具有相对独立的税收，即财政体制层面的分权。

通常涉及有关公共职能的权力和责任在不同层级政府之间的划分。诸多研究证明财政主权在中国的成功运用造就了中国多年经济在增长率方面的优异表现。财政分权能够给地方政府提供市场化激励，使地方政府产生"为增长而竞争"的动力，进而极大地推动了中国的经济增长（Qian & Roland，1998；沈坤荣和付文林，2005；周业安和章泉，2008）。

财政分权给了地方政府"财权"的激励，即当地方政府以预先确定的比例进行财政收支包干时，它的角色和身份就发生了转变：其不再仅仅是一个纵向依赖的行政组织，而是转变成了具有独立经济利益目标的经济组织。于是地方政府在"收入最大化"的激励下，千方百计地扶助本地企业快速发展，从而出现经济增长数量方面的奇迹。在此过程中地方政府主要在短期通过资本供给扩张与我国丰富劳动力资源相结合的方式来促进经济总量快速增长，形成了"投资驱动"的发展模式。但是由于过度关注本地的经济总量的扩张和地区间竞争，与之相配合的是各地方政府采取有偏向的财政政策，从而忽略了对人力资本和公共服务方面的投入增长（傅勇和张晏，2007），导致了公共服务投资不足、技术进步增长缓慢、生态环境日趋恶劣，使得人力资本积累和技术创新对经济增长促进作用有限，资源环境约束日益严峻，严重限制了经济增长的可持续性，特别是极大地制约着地方增长质量和效益的提高。

二、晋升激励制度的考核效应

地方官员在地区任用时间有限性，造成官员们大多都会采用短期政策，并不会考虑当前政策实施的负面效用，更不会着力将政策负效用内部化。中央为了减少对地方官员政绩考核的误差，理性运用相对绩效评估的方法，这一方法可以增加激励效果（周黎安，2007），GDP 指标不仅数据明显可取而且方便比较，因此首选用来反映地方官员的政绩，因此地方官员的绩效就异化为"唯 GDP"——追求 GDP 的增长。而这种以 GDP 增长为首要目标的晋升激励会在省区市各级地方政府间逐层放大（周黎安，2007），层层地方政府都以"唯 GDP"为发展"指挥棒"，实现 GDP 增长为唯一目标。正是这种权力下的财政支出偏向与"唯 GDP"的晋升激励相结合刺激经济增长数量的不断增加，反而对经济增长质量的提升效果甚微。

三、市场经济的制度基础仍有短板

四十多年在走持续转型之路的中国，虽然在转型的过程中取得了显著的成绩和宝贵的经验，但现阶段谋求增长质量和效益在体制方面的最大约束在于市场机制仍不完善存在短板。在转型的过程中，我国长期存在政府和市场之间的界限和职能不明确不清楚的问题。主要表现在有些领域和方面市场在配置资源的基础性作用还不能充分发挥，以及相应的激励机制与约束机制不完善，以至于交易成本很难有效地降低，加剧了效率损失与公平缺失。

一是在产品市场方面，个别产品市场的市场机制有效性在政府的干预下存在缺失的问题，从而导致此类市场价格的调节机制和信息传递机制丧失，产品的供求关系不能反映稀缺程度及调剂余缺，从而造成高企的交易费用。同时，这类产品市场缺乏必要的市场保障和监督制度，一方面，由于缺乏完善必要的制度保证，不仅导致各类要素的投入产出效率较低，而且会对各经济体的积极性和创造性激励不足。另一方面，在发展中对外部性问题没有得到足够的重视和解决，正外部性缺乏补贴和鼓励，负外部性缺乏治理和内化，造成了巨大的社会成本，经济增长和发展的代价过大。二是在要素市场方面，目前表现最为突出的是要素市场价格无法反映其边际贡献，出现严重的要素扭曲现象。具体表现为分割的劳动力市场、市场化不足的资本市场、垄断的自然资源市场和不健全的技术市场等。在劳动力市场，我国受典型的人为分割二元结构的制约，劳动力自由流动的障碍在城乡间、区域间表现依然突出，这严重影响劳动要素自由流动带来的正面效应的发挥；在资本市场上，不论是直接融资市场还是间接融资市场，完善的市场机制并未形成，政府干预过度，特别是资本市场的"所有制歧视""规模歧视"等导致有限的资本不能流向生产率高的产业和行业，民营企业和中小型企业融资难的问题得不到有效解决，从而限制了市场主体的进一步完善；在自然资源市场，由于该市场缺乏完善的竞争机制，使得自然资源在开采和深加工方面的能力不足。同时个别自然资源的定价存在问题，使得价格无法反映自然资源的稀缺程度；在技术市场方面，由于中国自主创新能力有限，技术市场对外依赖强、自我发展的良性机制未形成，以至于难以形成经济增长的内生动力机制。

因此，在新常态背景下，我国市场经济基础方面的制度缺陷严重影响中国经济的长期增长潜力。而且对地方经济增长造成明显的约束：目前不甚完善的市场制度安排，不仅造成了严重的效率损失，导致资源不能通过竞争机制自发地形成良性循环发展，而且还会造成高额的交易费用和社会成本，形成发展的巨大代价，使得地方经济增长质量和效益提高难上加难。

第三节　地方经济增长质量和效益提升的技术性约束

新发展理念"创新、协调、绿色、开放、共享"中，创新驱动理念居于首位。新常态下，无论我国整体还是地方面向高质量发展，特别是要着眼于提高经济增长质量和效益，最根本的途径在于通过创新驱动来增强增长新动能。但创新长期实践滞后于理论，放飞中国创新翅膀的路途艰难。

一、原创性技术供给约束

党的十九大报告提出加快建立创新型国家，创新驱动发展战略已成为引领中国高质量发展的核心战略；"十四五"规划中提出要坚持创新在我国现代化建设全局中的核心地位。在创新驱动中，一国的自主创新、原创新技术供给居于核心位置。但是我国长期自主创新能力不足为中国经济持续发展带来了隐忧，原创新技术供给能力较差，这对经济约束表现在：创新活动难以得到充分的展开。中国企业在创新方面短板长期受制于无效制度的存在、必要环境的缺乏以及政府过度的管制。一方面，微观企业的研发和创新受制于要素错配。在中国，要素配置存在较为严重的扭曲和错配，生产性资源从无效供给领域自由流动到供给不足领域的过程中障碍重重，从而导致资源配置效率低下。特别是诸多领域存在"所有制歧视"的问题，富有活力的民营资本在较多领域受到极大限制，这就极大地抑制了这类企业的创新和创业的热情。另外，企业研发和创新是一种既需要大量投入且未来不确定性极高的经济活动。我国长期存在要素价格被低估的典型事实，所以企业在长短期、高投入低风险决策中，会更倾向于无风险的高投入、低端化生产获利，或者依靠政府补贴维持生存，这会造成对短期利润的追求"挤出"长期的创新。另一方面，制度供给结构也严重影响着企业的创新水平。创新作为一种有明显外溢效应的活动，所以各国都在制度层面安排了对其的补贴，但这种不同的制度安排也影响着企业的创新行为。与寻求补贴的成本相比，企业的创新成本存在明显高风险、高投入且时间长的特征。所以在这种不对等的成本收益中，企业更倾向于进行无创新的寻租套利活动，即通过策略性创新来获取扶持政策、生产补贴等。进而必然会发生企业在策略创新方面的投入"挤出"企业在实质性创新领域的投入，出现资金的错配问题，即这种扭曲的激励机制会使得企业真正自主创新动力严重不足。总体来看我国目前抑制创新的制度安排大量存在，相比来说有利于创新的制度安排相对较少。如此不甚合理的制度安排严重阻碍着创新活动的有效展开，比如金融抑制政策、所有制歧视政策、烦琐的行政审批制等。另外对知识产权的保护等有利于激发创新活力的制度长期得不到供给。众所周知，不健全的知识产权制度会使创新的回报得不到保证，从而使得整个社会丧失创新的动力。所以相关制度供给的缺乏使得中国的创新活动存在着明显的制度抑制特征。综上所述，正是企业创新激励不足，创新活动难以有效地展开，导致了中国自主研发的核心技术十分有限，从而也使得经济增长方式转变步履维艰，整个经济含金量明显不足。

另外，纵观中国技术进步的方式，中国作为技术追赶国，当处于开始发展初级阶段，此时要素禀赋特征表现为人力资本存量较低，且技术能力远离先进技术的前沿面，此时最优的技术追赶选择则是通过"模仿创新"实现的技术进步，此时模糊的知识产权保护等制度安排作为配合，会使得模仿创新顺利且有效的开展，从而助推经济的高速增长。在这种情境下，与当时中国的要素禀赋结构及发展阶段相适应的技术供给结构就是均衡的。但经过40多年的发展，时至今日中国已经迈入中等收入的国家行列，过去模仿创新模式的边际效应在不断递减，特别是随着发展阶段的跃升和要素禀赋结构的改变，都昭示着中国的技术追赶方式应从"模仿创新"转变为"自主创新"，从而发生中国技术结构供给方式根本性改变。但从目前来看，在新阶段传统制约技术进步的体制机制问题依然存在，所以导致中国技术供给的方式并未实现真正的革新和飞跃，存在明显的路径依赖的特征。整体来说仍无法从模仿创新的赶超路径中跳出来，原创性核心技术依然缺乏，自主创新的程度依然不高，这就造成了目前中国技术供给的路径深陷低端锁定状态，成为制约增长质量和效益的提升的重要因素。

二、科技创新成果转化约束

建设世界科技强国，关键在于创新成果要转化成现实的经济效益，但在科技创新成果转化方面中国存在很多问题。科技创新成果转化的制约表现在：一是从科研机构方面看。首先，科技立项问题。市场的潜在需求是科技成果转化的前提条件。现阶段的科研项目主要由高校和科研机构执行，在最初的研究和选题上缺少必要的市场调研和市场方面人员的参加，以至于与市场需求缺乏足够的对接，选题和研究方向往往偏重技术和理论，对市场需求因素考虑不足，造成科研成果与市场脱节；其次，科研机构自身的运行机制问题。科研机构的政策制度不健全，由此产生了"重科研、轻开发，重成果、轻推广"的不良倾向。最后，实验条件问题。资金和实验条件制约着科技成果的转化。虽然经过多年的发展，我国科研机构的实验条件发生了翻天覆地的变化，但某些技术领域依然存在着经费短缺、先进的实验技术和条件难以达到、实验基地缺乏、投入资金搞二次开发能力有限等问题。二是从企业需求方面看。首先，以利润最大化为目标的企业常会存在明显的短期行为问题，在"赚快钱"和"赚未来"中选择前者，不愿把有限的资金投入到长期且具有潜力的研发中去冒险，与此相对是更注重生产及营销环节以求得短期效益，这就造成科技成果持有者与企业需求之间难以逾越的鸿沟。其次，企业与科研机构之间信息沟通交流机制缺乏。企业、高校、科研院所，各主体之间难以形成有效的信息沟通机制，特别是企业对高校与科研院所的科技成果及转化工作了解不够，以及企业对自身需求定位模糊，所以各主体之间很难找到合作的切入点。三是从科技管理体制看。首先，科技创新成果转化体制问题，主要表现在科技开发与工程应用脱节。真正的需求者——设计单位、生产部门、配套单位以及用户很难有效地参与科技计划项目实施工作，从而造成了供需的不匹配以及研发成本大、研发周期长等问题，影响科技成果真正的转化。其次，技术市场中介和技术经纪人队伍问题。科技成果的转化的核心关键之一，是需要技术市场中介服务机构起到链接沟通桥梁的作用。在我国，相关技术服务中介机构大多起点较低、起步较晚、提供信息服务及时性和准确性有限，从而影响了技术服务中介机构作用的有效展开，导致科研机构和成果需要者之间的供需很难对接和匹配。科研机构在寻找需求者、企业需求者在寻找技术开发者之间存在较为明显的信息不对称，这些因素直接影响了我国科技成果的转化。最后，资金筹措问题。科技成果转化是一项需要雄厚资金支持的长周期、高风险、高投入的工作。这样在我国诸多资金约束明显的小规模企业则无力独自承担科技转化的巨额投入和风险，而其他社会组织在帮助小微企业筹措资金及驾驭和承担成果转化风险的作用还十分有限。所以科技成果转化的资金约束是长期突出的问题。

所以，现阶段我国在追求增长质量和效益方面，技术"落地难"是长期持续的约束。特别是在要素禀赋约束日益凸显下，过去长期依靠资源、资本、劳动力等要素持续投入带来的高速增长的经济发展模式和规模扩张方式已不可持续。因此，我国发展不得不进行方式变革、结构调整和动力转换结构。而在这一系列变革中，依靠科技创新、技术进步是基本的途径和方式。于是在经济寻找新动能、地方经济提质增效中对科技成果转化约束的重视变得紧要且迫切。

三、人力资本积累的约束

致天下之治者在人才。地方提高经济增长和效应，关键在于重视推进创新驱动发展的关键环节，即释放创新人才的最大潜力。创新人才的潜力取决于其自身所蕴含的人力资本。人力资本是指凝聚在劳动力身上的知识、技能及所表现出的能力。内生增长模型认为，新技术和人力资本是经济持续增长的动因，其中人力资本是一国经济增长的核心要素。

但是目前我国人力资本积累和投资仍存在明显的短板：一是人力资本的形成机制不健全。在人力资本形成机制方面，特别是对教育、职业培训、卫生医疗保健以及劳动力迁移等方面的投资仍然有限。教育资源有限且分布不均，导致教育水平整体偏低且呈现严重的分化；职业培训机会和水平有限，劳动者在入职后能够接受的培训和形成的积累明显不足；劳动力在进行行业或区域之间的流动仍存在障碍，这诸多人力资本形成的体制机制障碍，导致低附加值的简单劳动成为中国比较优势，以至于在遵循这种比较优势下中国传统增长方式呈现粗放的特征。

另外与物质资本的边际报酬相比，人力资本投入产出效率不高，回报率较低且投资成本高，从而导致人力资本投资的不足。二是高校扩张后人力资本分布地区差距明显。高校扩招政策后，高校毕业生形成的人力资本在自发驱动的机制下有着非常强的空间聚集的特征。我国由于地域差距较大，特别是在区域就业机会、预期工作、居住环境等差距较大，这些都成为影响高校毕业生的区域选择因素（葛玉好等，2011），特别是流入地和流出地差距越大，流动越容易出现（张萍，2007）。所以我国长期形成的区域差距，在高校扩招政策后大量的高校毕业生形成的人力资本呈现明显区域流动的特征，表现为人力资本在发达地区的不断集聚，特别是早期人力资本水平越高的地区其聚集的速度越快，从而产生了人力资本的"大分流"现象。三是较高人力资本的创新人才明显紧缺。目前我国具有高人力资本积累、高技能专业型人才存在人数紧缺、质量不高的现象。目前相对不够完善的分配体制使得科技人员与其他行业从业人员相比，在收入水平和福利待遇方面偏低的问题仍然比较突出，这会造成科技人员的积极性挫伤，容易造成人才流出，造成科技领域的人才真空。同时尊重科技人员的社会氛围不足。科技人员在社会上得不到应有的尊重，科技人员在社会层面的贡献得不到相应地肯定。另外教育体制的偏差，理论教育为主，忽视应用教育，实践教育缺乏，这种扭曲的教育体制不利于一流的工程师人才的培养，使得人才培养和社会需要之间存在脱节。

第十四章

我国地方经济增长质量和效益提升的
政策支撑体系构建

在中国经济发展进入新常态背景下，为适应当前发展阶段的特征，应当基于各地发展阶段的变化和特殊性，多方面构建提升地方经济增长质量和效益的政策支撑体系。具体而言，这些政策支撑体系包括四大维度，即结构转化维度的政策支撑、创新驱动维度的政策支撑、经济社会协调发展维度的政策支撑、重构收入分配格局维度的政策支撑。结构转化维度，就是要依据各地区经济发展阶段的特殊性，从产业结构升级、城乡结构调整和区域结构转型等角度，破除传统经济发展中的结构失衡现象，提高地方经济增长的质量和效益。创新驱动维度，就是以创新实现地方经济增长动力的转换，通过创新环境、创新人才和创新体制等多层面的改革，为地方经济增长培育新动能。经济社会协调发展维度，就是要实现从"唯GDP"的一元化发展目标转变为以提升增长质量和效益为导向的多元化发展目标，经济建设与社会建设同步发展。重构收入分配角度，就是针对传统经济发展过程中的收入差距和财富差距越来越大的情况，以改善国民收入初次分配格局为突破口，推进分配制度改革，使改革的成果能够被广大人民共享。

第一节　以结构转化提升地方经济增长质量
和效益的政策支撑

在新常态和供给侧结构性改革背景下，加快实现结构转化是各地提升经济增长质量和效益的关键点。结构转化能够提升各地经济发展中的资源配置效率，改善过去传统发展过程中的资源配置扭曲、产业同构与重复建设等经济增长效率低下的状况。各地加快经济结构转化的重点在三个方面：一是产业结构要加快升级，实现高级化；二是城乡结构要加快调整，推动新型城市化；三是区域结构要加快整合，依据各地发展的不同阶段和禀赋结构，构建全国统一分工体系。

一、产业结构转化的政策支撑

进入新常态阶段以来，我国各地区的产业结构演化实现了结构多元化，但是产业结构高级化和合理化并未实现。此时，我国就需要提升传统产业、培育新兴产业的快速发展，我们要从过度依赖资源、劳动力转向依靠科技进步，提高全要素生长率对经济增长的贡献率，以提高经济增长的质量与效益。

（1）提升传统产业结构，优化传统产业的发展方式。其一，对于落后产能要坚决淘汰，为优势产能留出空间。工业化的调整升级正处在一个关键时期，当前工作的重点应痛下决心，釜底抽薪，淘汰过剩的产能。对于传统产业，要加快智能概念和智能技术应用，创新经营模式，推动传统产业向指挥服务、智能制造拓展，激发传统产业的新活力。通过相应的税收、会计、折旧等政策，鼓励企业生产新的产品。依靠企业、政府、金融、科技的共同努力，对传统产业进行技术改造和转型升级。其二，需要优化产业供给。在长期供给体制扭曲的积累下，我国地区的结构性矛盾抑制了经济增长质量的进一步发展，第二产业低端饱和且高端锁定，第三产业正处于供给扩张阶段而尚未成熟。因此，一方面，要破除结构性障碍，降低企业成本，坚持放管并重，使企业轻装上阵，增强企业发展后劲，同时形成新的产业供给体系以适应新阶段的需求变化。另一方面，要推进供给侧结构性改革，引导新兴产业的形成及扩张，扭转经济颓势。

（2）构建现代化高质量产业体系。当今世界正面临着"智能制造"主导的第三次产业革命，我国要争取占据主导地位，掌握核心科技能力，并将突破性科技转换入生产中，调整结构层面的转变效应，从而建立一套高效率、低耗能、优结构的现代化高端产业体系，持续激励经济增长质量的发展。一方面，通过企业自主创新生产方法和生产技术，扩大现有生产的可能性边界，重构生产函数，实现生产效率的提升和资源配置的优化重组。另一方面，通过技术创新和科技创新的实力的不断提升，持续升级并优化经济结构，促进产业结构的高级化和合理化发展。

（3）要培育和壮大战略性新兴产业，推动新型产业加快崛起。战略性新兴产业的发展包括两个方面，一是作为新工业革命标志的高端产业，应通过产品智能化、生产智能化、装备智能化、管理智能化、服务智能化将其从"制造"迈向"智造"，如智能机器人、新能源、新材料、环保产业、生物技术等。二是大力培养发展新科技革命的互联网经济和数字经济。发展数字化、网络化、智能化的制造新模式，积极培育推广制造的模式，从而加快信息技术与制造业的融合，与此同时，应打造适应互联网时代的企业新型能力，培育企业的新型能力是推动信息化和工业化深度融合的出发点和落脚点。因此，我国大中型企业应把智能装备、工业软件设计、管理变革、流程优化等转化为自身的新型能力，以增强新兴产业在世界竞争格局中的自适应性，加快推进我国各地区战略性新兴产业和高新技术的产业结构优化。

二、城乡结构转化的政策支撑

新常态阶段我国农村经济发展缓慢，公共服务、基础设施不健全，使得大量劳动力从农村向城市转移，不仅阻碍了农业的发展，而且提高了城市的就业压力。同时，区域资源配置不平衡，农村金融机构不完善，要素无法自由流动，导致农村、县城及西部地区经济增长动力不足，经济增速缓慢且质量不高，依然处于相对落后之中。且由于财政分权和地方政府竞争激励机制的影响，出现了政府介入微观领域过多，导致要素市场扭曲等现象，一定程度上限制了经济增长质量和效益的提升。因此，需要修复城乡结构的差异性失衡，推动城乡之间新型城市化建设。

（1）加快城乡二元结构体制改革。在工业化进程加快的同时，人民生活水平虽然在不断提高，但收入差距增大，城乡二元分化差异等矛盾也十分尖锐，由于收入分配制度不完善，二次分配的调节作用没有充分发挥，并且农村地区的社会保障层次低且力度薄弱，导致二元差异分化较大。不仅如此，现阶段农村经济发展缓慢，公共服务质量低下且基础设施不健全，使得大量劳动力从农村向城市转移，不仅阻碍了农业的发展，而且增加了城市的就业压力。因此，我国要大力建立健全覆盖城乡的基本医疗卫生制度和现代医院管理制度，加快乡镇地区的公共产品供给，与此同时，完善并优化收入分配制度，缩小城乡收入差距。

（2）平衡城乡资源配置，优化农村金融机构。由于城乡之间要素无法自由流动，导致农村、县城及西部地区经济增长动力不足，经济增速缓慢且质量不高，经济发展相对落后。且我国农村地区融资结构不合理，金融发展严重不足，甚至农村金融机构萎缩。为打破城乡二元结构，缩小城市与农村的经济差距，农村地区作为重点发展和扶持项目，金融市场的良好构建，需要与农村经济发展的金融需求相对接。在发展和扩大农村商品市场规模，鼓励农村产业结构多元化、高级化的调控方向方面，资金要素载体起着至关重要的作用，而农村金融要素市场却滞后于产品市场的发育，金融要素市场资源配置功能失调。

（3）大力推进城乡一体化建设。工业化进程加快的同时，地区城乡之间经济发展水平分化增大、城乡发展不平衡等矛盾日趋直上。一方面，可以发展特色农业、培育现代化农业发展幼芽，加快建设农业科技园、农业现代化科技示范园区，形成西部农业高端产业链，推动乡镇地区经济增长。另一方面，要统筹城乡消费市场，重视农村及落后地区的政策倾斜，创新农村金融服务，进一步实现经济成果全民共享，经济效益惠及于民的终极目标。

三、区域结构转化的政策支撑

在传统经济区域经济模式下，我国地区之间存在产业层次较低、产业趋同化现状严重的巨大矛盾，区域之间产业链没有成形，地区的集聚和辐射作用有限，经济优势无法扩散。且各地之间存在市场分割和市场壁垒，相互并没有实现完全开放，从而影响了资源的空间配置效率，也保护了落后产业不被淘汰，对区域间贸易扩大形成了阻碍，区域之间的发展分化不仅影响区域经济的趋同性增长，而且会导致共同经济体内部的区域经济分割、路径发展背离，严重制约新常态下经济的稳定持续增长。因此，亟须加强开拓区域合作的新思路，消除区域间产业同构现象，加快区域间更大的分工体系形成，实现区域结构从分割向整合的路径转化。

（1）要构建区域间横纵双向的包容性竞争环境，允许区域间经济发展的多元化和差异性。在经济新常态下，我国亟须构建地区横纵双向包容化的竞争机制，区域内形成协调、兼容的竞争模式，在统一的战略规划下，因地制宜地进行整体布局，不仅要建立相辅相成的产业体系，而且要避免区域内恶性竞争、产业同构以及地区行业自成体系的情况。

（2）要在区域外打造稳定、包容、联动式的经济增长模式。由于区域间关联度较低、协作性较差，要素在空间层面上配置不均衡，经济发展数量和质量不协调等问题造成的区域间失衡严重、结构层次分化。因此在各区域之间，促进地区产业部门的相互拉动，要素流通机制，同时形成包容式的制度氛围，提高经济系统内部运作的区域联动效应，破除传统范式下的路径无关性，避免区域间政策碎片化，以调整地区经济的劣势收敛和优势激发。在此基础上加强区域间开放、互动、竞争的机制选择。

（3）平衡区域之间的技术差异。区域之间的技术水平存在着落差，技术溢出效应就使得技术从高势位向低势位移动，即随着资源的流动逐渐扩散到内陆的中西部地区，这种区域层面的技术流动的缓慢性扩散就逐渐造就了东部沿海地区发展速度快、西部地区发展迟缓的现有格局。在地区间实现区域优势互补，加强区域间的关联性和互动性，激发中部地区腹地优势，强化承接东西部地区的要素流动和技术扩散的协作功能，促进地区经济多向联动发展的新局面。

第二节　以创新驱动提升地方经济增长
质量和效益的政策支持

新常态背景下，我国必须以创新驱动提升地方经济增长质量和效益，只有通过创新驱动发展，优化产业结构，更新供给结构，嵌入绿色生产力，破除体制机制障碍，才能最大限度解放和激发科技蕴藏的巨大潜能。与此同时，要以产业创新为抓手，以制度创新为保障，以绿色创新为生产形态，坚定走创新型经济发展的道路。与此同时，还要培育高层次、高质量人才，也应重视高素质人才向创新型人才的培养，要加强创新科技成果及高新科技新产品的研发，创新动能有待进一步培育，需要增强科研创新领域的人力资本积累。中小型科技创新企业发展缓慢，配套能力弱，产业集聚优势发挥不明显，产业发展新增长点不多，产业整体竞争力不够强，与现代服务业发展融合度不高。这意味着，新兴战略性产业的发展规模需要扩大，产业集聚效应有待进一步增强，产业发展的新动能也需要适应新时代的变化被充分培育和有效激发。

一、创新驱动平台方面的政策支撑

构建地方经济创新驱动平台，以提升增长质量和效益，关键就在于深化有利于产学研协同创新的科技体制改革，提高科技资源配置效率，建设基于创新链的完整的产学研合作创新平台，为创新驱动发展提供平台保障。创新链指"知识创新—孵化高新技术—采用高新技术"的链条，其中大学和科研院所是知识创新的主体，提供原始创新的成果，各类孵化器将知识创新的成果孵化为高新技术，企业作为技术创新的主体将高新技术转化为现实的产品和生产力。通过完整的创新链，解决了知识创新和技术创新的对接，从而具备了强大的科技创新能力。进一步通过将科技创新成果产业化，就能够实现科技创新与产业创新的对接，进而实现科技发展与经济发展的协同。

（1）建立产学研协同创新的长效机制。推动高校研究机构与企业共建创新平台和新技术孵化器，处理好知识创新与技术创新的关系，提高科技创新能力。要解决长期以来以大学和研究机构为主体的知识创新体系和以企业为主体的技术创新体系所存在的"两张皮"的问题，改变过去以传统的技术转移的方式，推动大学和企业共同进入高新技术孵化领域，实现科学价值和商业价值的结合。要在重点领域尽快实现突破，围绕经济结构调整建设高校一流学科，聚焦国家战略性新兴产业，形成一批新的增长点。

（2）建立科技创新成果的产业化机制。作为创新型经济构建的主动力，科技创新要实，实就实在产业化创新。因此，要处理好科技创新与产业创新的关系，根据地方产业的不同特色和禀赋，对不同类型的产业采取不同的创新方式。具体来说，在人工智能、航空航天、生物制药、增材制造等需要突破型创新的领域，实施以知识创新带动型产业化创新，更偏重于以大学及其科学家的作用。而在高端装备制造、电子信息及需要渐进型创新的领域，实施技术创新带动型产业化创新，更偏重于企业自身创新的作用。同时，对服装、食品、家具等传统行业，实施采取新技术型产业化创新，特别是要重视"互联网 ＋ "对传统产业的提升作用。在每一类不同的产业中，都要积极引导科技创新资源向主导产业和骨干企业集聚，形成新的增长动力源泉。

（3）建立有效的创新创业激励机制。处理好科技创新与科技创业的关系，构建创新创业的"互联网 ＋ "平台，将科技创新转化为增长动力。首先是建立创新创业风险共担机制和创新创业利益共享机制，利用风险分担机制来吸引风险投资，利用利益分担机制实现各类创新创业人才的价值共享，通过这两方面形成有效的创业激励。其次是建立创新创业的"互联网 ＋ "平台，提供众创的无限平台，通过大数据和云计算降低市场和技术的门槛，既能够提供信息，也能够借助平台提供融资、研发、制造在内的创新团队，还能够借助平台解决新产品的市场问题，从而降低创新创业的风险。

二、创新驱动人才方面的政策支撑

各地在实施创新驱动发展战略中，最不可缺少的就是人才。未来各地方经济发展的竞争，最终都会演变为人才的竞争。因此，构建地方创新驱动发展的人才保障，关键就在于深化人才发展的体制机制改革，大力引进和培养高端创新创业人才，为创新驱动提升经济增长质量和效益提供坚实的人力资源保障。传统经济增长中各种增长要素跟着资本走，现在重点在创新，各种创新要素跟着人才走，因此需要重点引进高端创新创业人才，依据人才是第一资源的思路建立集聚创新创业人才的制度，形成具有竞争力的人才制度优势。

（1）完善人才供求、价格和竞争机制，在高端创新创业人才引进方面，要重点加大投入力度。传统的发展过程中强调低劳动力和低要素成本作为比较优势。这种低成本比较优势在贸易领域是有效的，但在创新型经济中就不适用了。新经济条件下发展主要依靠知识要素和人力资本要素，这意味着传统经济发展过程中以低成本为主要特征的比较优势战略需要转变为以强调创新、人才和科技为特征的竞争优势战略。因此，在新常态和供给侧结构性改革背景下，各地经济发展战略要从比较优势战略转变为竞争优势战略，高度重视人力资本的供给。要加大投入，要把人才作为科技创新最关键的一环，加强人才引进，积极打破系统、地域等界限，整合各类人才资源，拓展人才发展平台，通过各种平台吸引高层次创新创业人才，为创新型经济提供强大人才支持和智力保障。

（2）建立以创新创业为导向的人才培养机制，完善产学研用结合的协同育人模式。要加快培育重点行业、重要领域、战略性新兴产业人才，加大对新兴产业及重点领域、企业急需紧缺人才支持力度。建立基础研究人才培养长期稳定支持机制。建立产教融合、校企合作的技术技能人才培养模式。为构建全面创新体系构筑坚实的人力资本基础。

（3）强化人才创新创业激励机制，为创新创业人才提供宜居、宜研、宜产业化的环境。充分调动各种创新人才的积极性，形成尊重人才、用好人才的制度和机制保障，形成有利于"大众创业、万众创新"的创新创业生态。为创新创业人才提供相应的生活保障，提供体制机制和政策上的便利，解决高端创新创业人才发展的后顾之忧，最大限度激发广大科技人才的创新动力和创业人才的创业激情。

三、创新驱动环境方面的政策支撑

创新环境建设是地方实施创新驱动发展战略的重点保障。创新环境建设中最重要的就是构建高效并有集成创新能力的创新型政府，改善创新治理，完善创新激励的政策体系。创新驱动的前提是体制机制创新，体制机制创新的发动者首先是政府，特别是地方政府。同时由于创新成果具有溢出效应，具有公共产品的属性。这就决定了政府作为社会代表来支付创新的社会成本，制定重大科技创新计划，并通过公共财政对关键技术创新进行直接或引导性投入。政府的创新职责在于构建良好的创新环境，使得创新系统中各个环节之间围绕某个创新目标能够实现高效协同和衔接，从而为创新驱动提升地方经济增长质量和效益提供环境保障。

（1）提升政府的集成创新能力，完善有利于创新的体制机制。政府介入创新最重要的是对企业的技术创新与大学的知识创新两大创新系统的集成，因此要通过构建一系列有利于提升集成创新能力的体制机理，改善创新治理，完善创新激励。首先是高校和科研机构的创新激励机制，以保证其不断提供创新成果和科学突破。其次是科研成果转化机制，以保证带动新产业的繁育，新产品的生产和新技术的运用。再次是新产品和创新的融资机制，以推动创新活动的发展。最后是严格的知识产权保护制度，以保证创新活动的生命力。

（2）建立现代创新政策体系，实现从"科技政策"向"创新政策"的转变，现代创新型经济中，创新政策的概念要大于科技政策。因此，要把创新政策融入科技政策、产业政策、财税金融政策、贸易和教育政策等各项政策中，使之形成全面有效的创新政策体系。同时，要促进创新政策体系中各方面政策协调，通过加强各环节投入的协调性和连续性以实现全方位的协同创新。

（3）加强创新环境建设，也就是形成大众创业、万众创新的氛围。首先，要增强经济的活力，强化市场竞争，建设创新创业文化，增强企业进行技术创新的动力。其次，政府要提供自主创新的引导性和公益性投资，同时为创新成果的采用提供必要的鼓励和强制措施，包括政府优先采购自主创新的产品和服务等。创新文化建设等。最后，要推进科技、金融融合，加大支持力度，培育更多投资、担保类市场主体，把更多社会资金引导到科技创新上来。

第三节　以经济社会协调发展提升地方经济增长质量和效益的政策支撑

改革开放以来，我国经济快速发展，而社会建设比较滞后。在经济发展水平相对不高的情况下，地方发展中以经济建设为中心是必要的，但在经济总量做大以后则要注意经济和社会之间的平衡，否则就会出现"中等收入陷阱""阿喀琉斯之踵"等问题，引发一系列社会矛盾。因此，在进入新常态后，经济社会协调发展就成为新阶段发展的必然要求，也是地方经济增长质量和效益提升的关键。因此，首先要实现传统地方发展过程中增长目标的转型，以改善民生和改善政府治理为重点，全面深化改革，推进地方经济建设与社会建设同步发展。

一、以增长目标转型促进协调发展的政策支撑

在中国地方经济从数量型向质量型增长转变中，经济增长的目标要实现从"国富优先"到"民富优先"的转型，由经济总量导向转向国民收入导向。传统经济增长是以国富为导向，国富优先的优点在于集中力量办大事、扩展经济总量。但是国富优先使财富集中于国家，强化政府主导的投资扩张，扭曲市场，形成了经济发展方式转变的路径依赖，延缓了经济结构调整，加剧产能过剩的矛盾。这从另一方面也要求经济增长的目标从实现规模扩张转向提升地方经济增长的质量和效益，从数量的一元化目标转变为质量的多元化目标。

（1）从"国富优先"目标向"民富优先"目标的转变。经济增长的最终目标定位于人的全面发展，经济增长的最终目的不是简单地追求物质的增长，而是要实现人的全面发展，大力发展民生事业，实现公共服务的均等化。经济增长成果分配的导向要由"让一部分人先富起来"转向共同富裕。经济增长不是简单地

追求一部分人的富裕，而是要把提高大多数人的幸福作为经济增长的终极目标。缩小收入分配差距，使增长成果惠及所有社会成员。

（2）从数量扩张性目标向质量效益型目标转变。经济增长的原则要实现数量、质量和效益的统一，改变过去单纯追求经济增长数量的做法，在经济增长中既要追求数量增长，还要从结构优化、稳定性提高、代价最小化、收入分配改善等方面追求经济增长的质量，要把经济效益、社会效益和生态效益相结合追求经济增长的效益。

二、以改善民生促进协调发展的政策支撑

在新常态阶段，我国在未来的发展中应着重提高全民福利分配和国民素质水平，在经济增长速度加快、经济增长质量不断提高的同时，也要将经济效益与社会效益进行融合，提高地区民生建设。要加强福利机制扩张，提高全民成果分配水平：一方面要充分发挥三次分配的调节功能，避免制度内初次分配的失衡，同时注重二次分配的平等程度，促进人民收入多样化，增收稳定化；另一方面要大力推进各项民生工程的实施，扩大基本公共服务的覆盖面，同时需要提升地区人民全面财富水平。

（1）提高教育质量，促进教育公平。高校资源的优势使得我国在人力资源上有着天然的优势，我国在今后的发展建设中应当持续挖掘高校资源优势，培养出更多地高素质人才，从而发挥出人力资源在经济建设中的作用。与此同时，新常态阶段，为了激发人口质量红利，我国也应积极推进培育人才质量、完善职业培训制度、健全技能提升激励机制等方面的建设，以推动劳动力素质的持续提高、人力资本能力的逐渐增强，劳动力质量和层次水平持续提高。

（2）促进就业创业。在人力资本的就业和资源配置方面，通过高新技术产业就业新动能的培育，发展新技术新产品新业态，促进新常态阶段我国高新技术产业培育升级，有效带动了更多高技术人才在创新、技术、管理岗位的高质量就业。开展了生活服务业创新服务试点工作，扩大现代服务业就业岗位容量。不仅如此，充分发挥旅游产业关联度高、综合带动性强和促进就业的积极作用，激发全域旅游产业就业新潜力。通过就业创新环境的改善，制度体系的保障，使得我国人力资本的就业规模持续扩大，就业岗位不断增加，以提高全民的生活水平和福利水平。

（3）完善全民社会保障制度，加快推进乡村振兴效果响应。虽然我国现阶段社会保障制度发展的初具成效，然而领域改革进展不平衡，各试点单位工作进展速度和效率不一，整体试点工作推进缓慢等矛盾却依然存在。与此同时，探索推进城乡居民基本医疗保险制度整合工作，由于部门协调难度大，各地区的整合进

度也存在不平衡现象，因此要深入完善社会保障制度改革，进一步使得社会保险覆盖范围持续扩大，加快推进全民参保登记计划实施，积极开展社会保险扩面征缴工作。不仅如此，由于统筹推进改革任务方面不够协调，信息共享不够、统一协作不够、资源整合不够，导致出现统计口径不一致、政策理解不到位、贯彻落实不彻底等问题也依然存在，这些都不同程度地影响了改革发展任务的加快推进。因此需要大力推进信息服务平台建设，积极实施"互联网 + 人社"行动计划，养老保险、医保工伤就业服务、劳动关系等领域在地区内进行集中建设。

三、以改善政府治理促进协调发展的政策支撑

数量型经济增长强调以比较优势为基础，主要依靠政府的宏观经济调控，辅助以市场机制，采用扩大有形要素投入，关注国民经济总量的积累。然而当要素资源禀赋逐渐趋于稀缺之后，规模扩张和需求管理约束力增强，就需要充分重视政府和市场之间的关系，改善政府治理是促进经济社会协调发展的重要保障。

（1）从全能政府到有限政府。一方面，政府需要营造法治、健康的市场经济环境，减少对市场的过多干预，完善企业的进入和退出机制，降低企业成本，优化其运营模式，降低企业进入行业的门槛，加快形成公平有序的市场体系。与此同时，打破行业垄断和地域分割，使得要素自由流动，发挥市场竞争的主导优势。另一方面，则要求政府转变发挥职能作用的思路，从治理市场经济结构，转变为建设致力于鼓励自主创新、保障分配公平、促进生产效率、维护竞争规范有序的新市场，找到阶段性经济发展目标和宏观政策的黄金平衡点，营造激励创新、包容风险的新氛围。

（2）实现从增长主义政府向公共服务政府转型。在数量型增长背景下，政府实施的是增长主义原则，经济增长是政府的核心任务；在从数量型增长向质量型增长转变的过程中，要实现政府从增长主义原则向服务性原则的转变。以实现基本公共服务均等化的目标，以服务社会、服务公众为基本职能，协调处理好公共服务的覆盖面、保障和供给水平，创新公共服务体制，改进政府公共服务方式，形成公共服务供给的新机制。

（3）从管理型政府转变为治理型政府。传统的政府是一种管理型政府，干预了市场机制，影响了经济效率。治理型政府尊重市场经济规律，依靠法律治理经济和社会，把法治作为基础和制度保障，同时也把政府的诚信和责任作为伦理基础。以法律约束政府，控制政府权力，以法治整合公平与效率，实现公平与效率的统一。

四、以全面深化改革促进协调发展的政策支撑

在中国地方经济从数量型向质量型增长转变中，为了实现经济建设与社会建设同步发展，要从单一经济方面的改革转向包含经济、社会与行政领域的全方位综合配套改革，从而为不断提升地方经济增长质量和效益提供动力。

（1）以完善社会主义市场经济为目标进行经济体制改革。在过去 40 多年，通过建立社会主义市场经济体制，发挥市场机制在资源配置中的职能，实现了中国经济的数量型增长，形成了经济增长的"中国奇迹"。在未来从数量型增长向质量型增长转变的过程中，要以完善社会主义市场经济体制为动力，建设统一、开放、竞争有序的现代化市场体系，健全收入再分配体制，减少由于收入分配差距过大而导致的社会不稳定。理顺政府、企业、消费者、中介组织等市场经济相关主体的基本关系。适应经济发展、科技革命和对外开放的变化而积极推进体制创新。

（2）以公共需求为主线推进社会体制改革。随着经济数量的增长，私人需求已经基本得到了满足，而社会需求不足进一步凸显，表现为城乡公共设施建设、教育、科技、文化、卫生、体育等公共事业发展不足。在中国经济增长从数量增长向质量型增长转变的过程中，要以公共服务为主线推进社会体制改革，社会体制的改革是继经济体制改革以后一项影响深远的社会变革，将为经济增长质量的提高提供新的动力。未来社会体制的改革包括，民生体制保障方面的改革、公共产品和公共服务供给体制的改革、社会分配体制的改革。

（3）以政府转型为主线推进行政体制改革。政府转型是行政体制改革的核心，在中国经济增长从数量型向质量型转变的过程中，要形成政府、市场和社会互相制衡、互相服务的新格局。推进政企分开、政资分开、政事分开、政社分开，建设职能科学、结构优化的服务型政府。推动政府职能向创造良好发展环境、提供优质公共服务、维护社会公平正义转变。在完善和健全市场机制，有效配置资源，减少政府行政干预的同时，对各种社会利益群体之间的利益关系进行有效调节，调节各种社会各种利益的冲突。

第四节　以重构收入分配格局提升经济增长
质量和效益的政策支撑

分配结构对于经济增长质量的提高具有举足轻重的作用，高质量的经济增长必然要求均衡的分配结构。虽然改革开放以来中国经济一直处于快速增长的水

平，但收入差距也正在不断地扩大，分配结构的失衡制约着中国经济增长质量的提高。当前，中国分配结构失衡的状态在宏观层面上表现为国民收入分配向政府和企业倾斜，劳动者报酬比重不断下降，在微观层面上表现为居民收入分配向富人倾斜，城乡间、个体间收入差距不断扩大。因此，重构收入分配格局，是实现"共富"目标的关键，是实现改革发展成果由大多数人共享的关键，也是经济增长质量和效益提升的重要体现。

一、改善初次分配格局的政策支撑

我国现阶段国民普遍收入水平较低且收入差距较大，劳动工资报酬占比较低，初次分配的比重向政府和企业倾斜，使得消费需求显著不足。完善收入分配制度，不仅要切实提高劳动者的收入水平、健全公共服务体系的长效机制，而且要调整财政支出结构，大力扶持民生经济和生活服务业，坚持公共财政的民生取向。

（1）优化我国收入分配制度。国民收入分配的结构失衡导致社会整体的需求不足，对我国现阶段经济增长质量产生了抑制作用。一方面，收入差距的增大形成了马太效应，出现富人越富，穷人越穷的现象；另一方面，使得国内需求显著不足，穷人由于货币持有不足，通过减少消费需求将货币预防性储蓄，富有的人群基本消费品处于饱和，导致内需动力作用无法发挥。21世纪以来我国虽加大推进公共服务建设，但是基本公共服务供给仍然不足，社会保障制度不完善，分配制度、户籍制度的不健全使得人民对公共资源的占有不均，成为内需不足的重要约束力，因此，在经济增长新常态，亟须优化我国收入分配制度，提高分配的公平性，促进我国经济增长质量和效益成果普惠于民。

（2）应当扩大中等收入者的比重，在收入普遍提高的基础上缩小收入分配的差距。收入分配不平等通过市场规模、投资水平、财富积累激励、政治经济以及社会政治环境等机制制约了经济增长，影响了整体居民福利水平的改善。在现阶段，社会分配不公已经不仅是一个社会道德问题，而且是危及社会稳定的社会问题与国家政权稳定的长期问题。因此，在提高经济增长质量的过程中我们应当以共同富裕为目标，既要打破新的平均主义，又要控制收入分配差距，扩大中等收入者的比重，提高低收入者的收入水平。

（3）初次分配基于就业岗位的基本保障和就业结构的充分优化，因此，应实施就业优先战略和更加积极的就业政策。市场需要的技能型、创新型人才难以获得，特别是技能型高级人才严重短缺。而低层次的岗位竞争则十分激烈，这种分层次的供求失衡现象意味着我国就业结构性矛盾依然突出，人力资源错配严重。此时，要充分重视人才的高层次培育朝向高技术产业、创新研究领域的流动，以及低层次人力资本的合理配置。与此同时，我国缺乏对新经济、新业态数据统计以及职位空缺调查分析，相关政策措施实施效果的监测评价尚未建立，就业市场供求情况的动态观测缓慢且延迟，使得就业对接失敏，对于新经济、新业态的就业政策也需进一步完善，以灵活人力资本的传输机制。

二、健全再分配体制的政策支撑

健全再分配体制是调整国民收入分配格局的重要方面。除了调整国民收入的初次分配格局之外，应当通过相应的税收、社会保障、转移支付等手段，并加强对收入分配秩序的整顿，加大再分配调节力度，从而实现增长成果被社会共享。

（1）完善收入分配改革的各项软硬件基础设施。把握全社会的个人的收入信息，加快推行不动产登记和个人财产申报制度。构建涵盖个人家庭企业政府等全方位收入的信息系统，尤其是对个人收入信息的全覆盖，不仅要包括各种工资性收入，还要包括各种非工资性收入，为收入分配改革奠定信息基础。加快税收体制改革尤其是加快房地产税的立法工作，稳步推动房产税、遗产税等开征工作，为收入分配改革提供必要的手段。

（2）推进户籍制度改革和城乡一体化，稳步提升农村居民的养老保险、医疗保险，实现社会保障全覆盖。加大税收调节力度，改革个人所得税，完善财产税，为收入分配二次的改革提供一些必要的手段。降低中低收入者的税收负担，加大对高收入者的调节力度，在适当时机可研究推行对高收入者实行合理额度的累进税制，既可以调节社会收入差距又不至于影响其创造社会财富的积极性。

（3）大力整顿和规范收入分配秩序，加强制度建设，健全法律法规，加强执法监管，加大反腐力度，保护合法收入，规范隐性收入，取缔非法收入。收入分配秩序不规范，以不正当手段谋取经济利益的现象广泛存在，市场规则不统一，导致权力寻租，行政垄断等现象存在，因此亟须加快建立综合和分项相结合的个人所得税制度，并多渠道增加全民的财产性收入。

三、构建社会安全网和乡村振兴的政策支撑

在重构收入分配格局过程中，政府也应以"共富"为战略目标，在脱贫攻坚全面胜利的基础上持续推进乡村振兴。应选择构建社会安全网的策略，把对所有社会群体进行救助和提供服务的责任充分承担起来，兼顾收入安全和社会公平的政策目标，让能够自立的社会群体最大限度地自立，持续巩固拓展脱贫攻坚成果，从而达到利用最低的经济成本保障社会安定的社会福利和社会保障政策，以确保实现经济增长的质量和效益。

（1）持续推进乡村振兴工程。在新常态阶段，我国要继续加快产业乡村振兴工作意见、加快推进发展相对落后的农村地区产业乡村振兴工作实施方案以及"小众"产业发展、新型经营主体带动、农业科技帮扶等配套意见，着力解决农村地区特色产业精准选择、新型经营主体带动机制、贫困户技术帮扶等难题。从加大资金投入和持续推进特色产业发展入手，加快推进一县一业、一村一品，构建农村地区的优势产品和比较优势产业，进一步提高农村地区特色产业聚集度和覆盖面。不仅如此，还要加快推进三产融合发展，培育发展新兴产业，以壮大村集体经济。以"三变"改革为抓手，加快推进清产核资，强化机制联结利益共享，壮大农村集体经济。

（2）加快福利机构建设，统筹推进社会救助体系建设。支持社会福利和慈善事业发展，健全以扶老、助残、爱幼、济困为重点的社会福利制度。建立邻里互助会，采取捐助、行助、心助等形式，实现互帮互助，解决群众生活上的急难事。通过子女拿一点、社会捐一点、财政补一点的办法，在村上成立养老孝道基金，改善农村老人生活质量。以帮助弱势群体为重点，建爱心超市，通过参与公益活动获得积分，以积分免费换取生活必备品，实现爱心帮扶。

（3）健全社会保障体系以保障人民基本生活。完善城乡居民最低生活保障制度，逐步提高保障水平。根据维持最基本的生活需求的标准设立一条最低生活保障线，使每一个公民，当其收入水平低于最低生活保障线而生活发生困难时，都有权利依法得到国家提供的现金和实物救助提高社会保障支出在财政支出中的比例。提高社会保障支出在财政支出中的比例，使更充裕的资金用于增加社会福利，为无劳动能力者和低收入者提供生活保障。健全廉租住房制度，利用财政专款建设廉租房，解决城市低收入家庭住房困难，为低收入家庭和失地农民提供福利性社会保障。

第十五章

地方经济增长质量和效益提升
过程中政策取向的转变与调整

随着要素禀赋结构的变迁与国际经济格局的变化，长期以来支持中国经济增长的人口红利、改革红利及全球化红利等均出现不同程度的消退，导致三期叠加下的中国经济面临着巨大的下行压力。区域经济发展失衡是新常态下中国经济发展面临的重要挑战之一。地区地理位置与要素禀赋的空间差异及地区工业化与城市化路径的时序差异使得我国地区经济增长的质量和效益存在较大差异，非协调的地区发展不仅制约了资源配置重置与技术扩散，限制了经济增长速度，还由于非均等的公共服务和差异化的经济增长代价，制约了经济增长的质量。因此，新阶段的经济发展需要积极转变和调整经济政策取向，为提升地区经济增长质量和效益提供制度环境。

第一节　提升地方经济增长质量和效益

随着我国经济体制改革的不断深化，市场机制日趋完善，政府与市场关系的优化调整削弱了各级政府通过行政手段直接干预经济的能力，降低了传统宏观经济政策的可控性。与此同时，持续推进的行政体制改革的推进，降低了政府失灵的情况，优化了政府政策制定、实施及评估及调整的水平，但同时地区竞争与晋升考核机制对宏观调控政策的实施效果有着重要影响。因此，需要积极转变政策取向，构建着眼于长期经济发展的宏观整体的政策体系，利用供给管理提升地区经济增长质量和收益。

一、从微观到宏观整体的政策体系

为弥补计划经济向市场经济过渡时期市场机制的缺失，有效纠正市场失灵、实现赶超战略，我国长期推行以行政干预为主要措施的宏观经济政策，利用宏观调控直接干预微观主体经济活动。在需求方面，政府采用税收政策和货币政策及公共服务政策直接影响居民的消费投资结构。通过管控资本和劳动力等要素市场影响要素价格和居民收入，利用在医疗、教育等民生支出方面的政策调控居民的消费预期和消费结构。在供给方面，一方面，政府利用要素价格体系的管控及产业政策直接干预微观主体活动，扭曲的价格信号和低效的市场竞争机制，使得企业难以依据市场价格信号做出有效的生产决策，制约了要素重置效率和技术创新与扩散水平。特别是，劳动力跨部门、跨区域流动的制度障碍以及政府对资本市场的直接管控，严重影响了欠发达地区承接发达地区产业转移的能力，限制了生产效率高、规模较小的中小企业的投融资效率。另一方面，特惠性和选择性的产业政策对产业结构的合理化和高级化存在不同程度的影响。政府部门参照发达经济体工业化进程，依据产业生命周期理论，对产业内特定企业、特定技术、特定产品的选择性扶持及对产业组织形态的干预调控，并采取目录指导、市场准入、项目审批与核准、供地审批、贷款的行政核准、强制性清理、淘汰落后产能等行政管控式的产业扶持和淘汰政策直接干预产业结构的变迁，这种政策导向型的产业结构变迁，尽管能够有效提高在经济起飞阶段工业化的速率，但随着发展阶段的变迁，强制性的产业结构变迁限制了产业自身演化的能力，造成了产能过剩、限制了产业结构合理化与高级化程度，制约了地区工业化进程。

因此，需要转变微观干预的经济政策体系，构建宏观整体的政策体系，以宏观调控替代微观干预，通过公平竞争的市场秩序和法制化政府行为，用法制手段替代行政手段，以间接调控替代直接调控，避免直接干预生产者的行为。构建宏观整体的政策体系具体应建立健全以下三种机制：一是构建消除价格刚性的价格政策。准确反映市场供求关系的价格机制是进一步推行需求管理和供给管理的基础，灵活的价格机制是保障市场机制有效发挥的关键。因此，政府需要消除价格管制，不仅要确立有效反映要素稀缺性的价格信号，保障有限要素配置到效率较高的企业和产业。还应减少对企业生产经营活动的行政干预，提高企业以市场为导向，以价格机制为信号的生产决策能力和生产效率。二是推行注重需求质量的需求管理政策。传统的需求管理主要通过降低需求成本刺激投资消费，然而虽然能通过扩张性的财政政策和低利率的货币政策弥补需求不足，但也会加剧通货膨胀，形成资产泡沫，加剧债务危机的风险。因此，政府需要通过提高投资的边际收益和消费的边际效益刺激需求，提高投资消费的质量。一方面，应促进需求总量的扩张，鼓励新兴产业的发展，推动产业创新和产品创新，利用市场创新拉动需求。另一方面，应进一步优化消费投资结构。不仅要通过优化公共服务水平和制度环境提升居民的消费预期和企业的生产经营活动的市场预期。还应调整政府的投资消费活动，协调政府投资与企业投资活动，提高企业的投资效率与居民消费结构升级。三是构建有利于完善市场机制，提高企业生产率供给管理政策的体系。旨在实现高质量可持续经济发展的供给管理，是培育高质量生产要素，构建可持续增长动力的关键支持。

有效的市场机制和有序的市场竞争是供给管理的基础。因此，一是要减少政府对生产、流通、销售等各经济环境的直接干预，通过调整政府与市场的关系，积极完善市场机制，保证市场机制对要素配置的决定性作用。二是有效发挥政府对市场机制的补充作用，不仅要弥补市场失灵，加强政府在技术创新领域的支持力度和风险分担作用，通过税收和补贴政策，提高企业的生产和自主创新活力。同时还应通过优化投融资环境和信息市场，保证市场交易效率，降低交易费用，特别是对于后发追赶型经济体，政府不仅可以利用要素政策，发挥比较优势、培育竞争优势，提高要素配置效率，提高自主创新水平，还可以利用产业政策，推进工业化进程，促进产业升级及全球价值链分工。

具有系统性和全局性的宏观整体的政策安排是提升整个国民经济增长质量和收益的关键，同时基于地区比较优势和发展阶段的政策措施是提高地区间经济发展的协同效应，缩小地区经济发展差异的重要支撑。

二、短期政策向长期政策的转变

转变经济政策目标是构建宏观整体的经济政策体系的基础。旨在实现短期经济快速增长的微观干预政策体系，一方面，利用增加政府支出来调节市场需求，通过短期调整税收政策和货币政策，刺激市场供给，缓解短期内经济通胀压力，防止经济过大幅度的通货膨胀，实现经济数量快速积累。另一方面，强调政府对微观活动的行政干预，以及对企业生产决策、产业结构变迁以及消费投资结构等各个方面的直接影响，在短期内快速扩大供给，刺激需求，实现规模扩张型的高速经济增长。然而这种短期政策会限制经济增长效率，增加经济增长的成本，提高经济增长的代价。需要积极构建有利于不断释放经济增长潜力，形成长久经济增长动力机制，促进经济增长质量和收益提升的长期的经济政策。

关注长期经济发展，推行长期经济政策。首先，应在提高传统要素的配置效率的基础上，完善国家创新体系，优化人力资本培养体制，培育有利于全要素生产率提升的高质量长期经济增长要素，促进要素禀赋结构升级。其次，长期经济发展不仅需要完善政府的公共服务水平，优化激励制度，释放市场主体活力，还需要健全约束机制和产权制度，限制企业生产活动的负外部性，降低经济增长的代价。最后，需要加强地区协同发展机制促进区域增长差异收敛，全面提高地区经济增长质量。不仅需要减少要素跨区域流动的制度约束，促进区域市场统一，实现要素的自由流动，还应加强落后地区基础设施建设，提高产业转移的能力，通过创新扩散、技术扩散及产业扩散，提高地区间经济增长的协同机制。此外，还应发挥各地区的比较优势，弱化区域产业结构趋同趋势，降低区域间产业分布的一致性，通过差异化的产业布局提高地区协同发展，提高地区经济增长质量和效应。

非均衡的发展路径强调差异化、阶梯化的区域发展模式，通过率先推动部分地区、部分产业的发展，进而提高经济增长速率。但提升地区经济增长质量更需要均衡协同的发展路径，在有效发挥各地区的比较优势的基础下，强调地区间的互补和互促机制。长期政策是实现均衡发展的关键，不仅有助于释放经济增长潜力，形成可持续的经济增长动力，还能优化经济结构，形成促进经济增长质量和收益提升的新的动力机制。

三、需求管理向供给管理转变

长期政策应着眼于影响经济可持续发展的供给侧因素，积极调整管理路径。需求管理注重应对短期经济增长的波动，克服经济衰退的短期政策，侧重通过政府直接参与经济活动，发挥国有企业的主导作用，推动工业化的进程，加快国民经济体系的完善；通过扩张性的财政政策和货币政策，提高部分经济主体的活动，扶持部分产业的快速发展，对改革开放以来我国长期高速增长有着重要意义。尽管短期的需求管理对经济起飞阶段保持经济增速、加快工业化进程有着积极作用，但也导致了产能过剩、企业高债务等问题，制约了长期经济发展。因此，为了实现长期经济发展的宏观整体的经济政策体系，需要转变政策实施路径，由需求管理转变为供给管理，通过释放影响潜在产出的动力因素，通过供给侧改革推进经济结构的不断优化升级，应对日益复杂的经济系统和多元化的经济发展目标。

供给管理强调政府通过体制机制改革和政策调整来改变要素所有者面临的激励约束条件和生产组织方式，从而提高生产要素的利用效率，优化生产要素的配置结构。完善的市场环境和高效的市场机制是供给管理的基础。因此，应有效发挥市场机制在要素配置中的决定性作用，提高企业生产决策的效率和产出水平。通过资源的合理配置，保障资源的自由流动和技术创新的扩散，促进产业结构自发升级，积极解决产能结构性过剩等问题。在此基础上，应进一步优化政府与市场的关系，调整政府职能，在减少对经济活动直接干预的同时，弥补市场机制在公平领域的不足。一方面，应减少对经济主体的生产经营活动的直接干预，完善市场进入和准出制度及要素重置制度环境，降低企业的交易费用，提高其生产效率与技术创新水平，最大限度地激发个人和企业劳动、投资、创业、发明创造的积极性。另一方面，应通过稳定的宏观政策，为结构性改革营造稳定的货币金融环境，优化地方财政体系，适当扩大地方财税来源，进一步推进稳健货币政策的同时，加入更多的灵活性。不容忽视的是，对于后发追赶型经济体，应注重政府对构建学习型社会，健全国家创新体系，实施赶超战略的支持作用。在保证地区发挥比较优势的同时，积极培育地区的竞争优势，促进企业在全球价值链分工地位的提升，以及产业结构的升级。

供给管理作为实现长期经济政策的主要路径，通过发挥市场机制在资源配置中的决定作用，促进要素在地区间的有效流动，通过实施有利于发挥比较优势、培育高级要素的要素政策，有利于全球价值链升级以及产业结构变迁的产业政策和促进地区协同发展的区域政策等措施，提升要素配置效率，提高产业自发演进水平，提升地区经济增长质量和收益。

供给管理的核心在于实施供给侧结构性改革，而供给侧结构性改革需要从以下三方面着手：一是发挥科技进步在地方经济增长质量和效益提升中的推动作用。随着我国经济的不断增长，靠后发优势来实现经济增长的作用不断递减，要保持国民经济的稳定成长，提升地方经济增长质量和效益，就要加大科技创新在地方经济增长质量和效益提升中的地位，地方政府需要创造公平竞争的市场并对创新行为做出相应的保护以鼓励、引导科技创新，使地方经济增长质量和效益提升能够依托科技进步来取得进一步的增长。二是推进再工业化。我国工业化刚刚进入中期阶段，距发达国家水平尚有不小差距，这就要通过政府的帮助来实现旧工业部门的复兴和鼓励新兴工业部门的增长，从而推动产业体系的健全和高端产业的发展，带动地方经济增长质量和效益提升。三是提高产业发展水平。推进地方经济发展的供给侧结构性改革必须着力提高产品和服务质量，推进产业结构转型升级。深入推进农业供给侧结构性改革，着力提升农业供给体系质量和效率，加快推进农业现代化。重点要优化农产品结构和产业结构，加强产业链从种植环节向种业研发、精深加工、特色品牌建设等两端延伸。大力推进制造业高质量发展。把制造业发展作为地方经济发展的根基，坚持传统产业和新兴产业发展并重，加快重塑新的竞争优势。重点要支持传统产业的技术改造升级，鼓励新兴技术与制造业深度融合。支持地方建设制造业发展关键共性技术研发平台，健全需求为导向、企业为主体的产学研一体化创新机制，着力增强制造业创新能力。全面提升服务业发展水平，激发服务业发展的巨大潜力，加快旅游、体育文化、健康、养老等产业的发展，加快中小企业提升服务质量和技术水准，着力优化地方服务业发展的政策和环境。

第二节　提升地方经济增长质量和效益的政策调整

提升地方经济增长质量和效益，应在积极转变政策目标的引导下，进一步优化调整具体政策。基于宏观整体的政策体系和地区经济增长质量提升的要求，应着重优化要素政策、产业政策、区域政策等供给管理政策。

一、要素政策的调整和优化

长期以来，我国经济推行粗放式的经济发展模式，注重通过发挥人口红利和资源红利，以规模扩张的形式促进经济增长。地方政府通过对要素流动的管制，一方面，将有限的资源集中到国有企业和政府重点扶持产业，行政干预下的要素配置机制导致要素价格扭曲，要素配置低效，另一方面，地方保护主义导致的要素市场分割，限制了要素跨部门、跨区域重置的效率，阻碍了产业结构变迁质量。可见，要素市场的地区分割是地区发展失衡的根本因素。随着我国刘易斯拐点的到来和生态环境约束的增强，使得劳动力从无限供给转为有限供给，不可再生资源的过度使用也增加了我国经济增长的成本和代价，原有以廉价劳动力和资源为优势的粗放式的出口导向型经济增长方式难以为继，因此，为实现新阶段经济的可持续性发展，我国亟须调整要素政策，优化传统要素的配置效率，培育技术进步和人力资本等高级要素，形成经济增长的可持续动力。

要素政策的关键是构建统一完善的要素市场和以市场机制为基础的要素价格体系。因此，应减少政府对要素配置的直接干预和对价格机制的扭曲，形成能够有效反映要素供求的灵活价格机制，推进要素在区域间产业间的自由流动，提高要素的配置效率和企业的生产决策能力，缓解要素市场的区域分割和产业分割，促进产业结构的自发升级，还能加强地区经济合作，有效发挥地区间的互促机制。随着资源环境约束的不断扩大，原有依靠要素大规模投入的粗放式生产方式难以为继，因此，需要提高传统要素的配置效率，培养技术、人力资本等影响经济长期高级要素。一是提高传统要素配置效率，一方面，完善产权制度，明确资源的所有权和使用权，完善资源的定价机制。以市场为基础的有效要素定价机制，能够在提升要素产出水平的基础上，激励企业在生产过程中的技术创新，加大新能源的开发力度，通过调整生产方式，投入新能源等产业创新，降低经济体对不能再生资源的依赖。另一方面，完善的产权制度能够有效降低企业生产活动的外部性，不仅可以通过提升自主创新能力获取垄断利润，还可以约束企业生产对自然环境的污染。二是培育高级要素，加强对技术进步和人力资本等扩大生产可能性边界，实现规模报酬递增的要素的培育。

在技术进步方面，由于技术进步主要基于后发优势的技术引进，以及基于竞争优势的自主创新。随着我国经济发展水平的提高，与发达经济体的技术差距也逐渐缩小，发挥后发优势，通过技术设备引进提高全要素生产率的空间也受到制约。因此，需要构建以自主创新为主，辅之以模仿创新。一是应从扩大技术引进转为培育自主创新，发挥政府在构建国家创新体系中的重要支撑作用；加大科学技术研发的投入力度，加强创新风险补偿机制和技术创新的产权保护机制，提高不同创新主体的创新活力，形成以企业为核心，产学研为一体的协同创新网络，加强知识创新、技术创新、产品创新、产业创新、市场创新等各创新环节的协同机制。二是应进一步优化对外经贸合作的基础设施和政策环境，吸引外商来华直接投资，通过多元化的对外合作，进一步充分释放后发优势对全要素生产率的贡献。在人力资本方面，随着我国人口结构的变化，人口红利的衰减，导致我国在国际产业分工中的比较优势逐渐缩小。需要通过提高劳动力的质量弥补劳动力数量衰减，培育人力资本，创造新的人口红利。因此，不仅要加强教育投入力度，尤其是在教育、医疗、社会保障、基础设置等方面适当加大对欠发达地区的倾斜和投入，缓解教育资源的地区分布不均导致的地区劳动力配置失衡，加大各层次教育的支持力度，全面提高国民素质。还应注重技术教育投入，推行有针对性的职能培训，增加技能型劳动力的有效供给，缓解劳动力跨部门流动的技能约束，缓解劳动力供给结构与劳动力需求结构之间的失衡，有效减少结构性失业。

要素禀赋结构是地区经济可持续发展的基础，一方面，构建以市场机制为基础的价格机制，减少要素重置的制度约束，提高要素配置效率；另一方面，通过构建学习型社会和国家创新体系，实施创新驱动战略以促进技术进步，扩大人力资本投入，优化劳动力市场供给，培育技术创新与人力资本等高级要素，优化地区要素禀赋结构。

二、产业政策的调整和优化

产业政策作为政府促进产业结构调整与转型升级的重要举措，是政府增进市场功能与扩展市场作用范围，促进市场主体之间自发的协调机制发展的手段。是政府弥补市场失灵，实现赶超发展的重要调控方式，对企业生产经营活动、产业间的协同发展以及全球贸易分工都有着重要的影响。我国长期实施政府直接干预市场、替代市场与限制竞争为特征的选择性产业政策，通过"扶大限小"、选择特定企业、特定技术、特定产品等进行扶持的产业政策模式推进产业结构变迁。尽管有效地推进了我国工业化的进程，加快完善国民经济体系。面临新型工业革命带来的机遇和调整，以及在国际市场上传统的低成本竞争优势的逐渐消失，中国已经不具有实施选择性产业政策的条件，规模扩张的产业发展方式也难以为继。因此，面对新常态下中国对地区经济增长质量和效益的要求，需要转变产业政策，构建以竞争政策为核心的政策体系。

一方面，企业间的市场关系和组织形态对于产业结构升级有着重要影响。产业升级不仅包括了以技术进步为基础的要素配置效率的提升与产出水平的提高，还包括企业要素，即由低附加值的劳动密集型产品向高附加值的资本或技术密集型产品转变，有中间加工制造环境向两边的研发和销售环节延伸。有序的市场竞争和适度的规模经济是培育企业竞争优势，促进产品价值链升级的关键。但是长期以来，我国推行产业集中、培育企业规模经济的产业组织政策，与此同时，国有企业的行政垄断地位也进一步抑制了中小企业的发展，限制了企业组织效率。因此，需要进一步深化国有企业改革，规范国有资本管理，提高国有企业效率，降低行政垄断对要素配置和企业创新的制约。优化营商环境，完善市场准入和退出制度，释放中小企业活力，约束企业不正当竞争、不公平竞争等问题，发挥市场的优胜劣汰机制，激励企业提升效率。

另一方面，由于中国工业发展面临技术路线、产品、市场、商业模式等方面的高度不确定性，难以依靠政府决策扶持或淘汰某些产业，需要建立健全市场机制，促进产业结构的自发演进，因此，一是需要放松政府管制，消除选择性产业政策，清除（除生态环境、生产安全、社会安全领域以外）政府对微观经济的不必要干预，促进要素重置，提高产业结构的合理化水平。二是注重政府对市场机制的辅助协调作用，在有效的市场机制的引导下，发挥政府在基础创新和要素培育方面的支持作用，以及对战略新兴企业的扶持和落后产能的淘汰，促进产业自身演替能力，促进产业结构的高级化。三是提高地方政府的公共服务水平，完善基础设施、促进技术创新与机制转移、加强节能减排与安全生产监管，特别是加强落后地区的基础设施建设，提高落后地区的产业转移承接能力，为产业结构的空间分布提供有效的基础设施保障。四是加快产能国际战略布局，通过多元化的对外开放合作，通过亚洲基础设施开发银行和丝绸基金等国际合作，为国内传统优势产业的出口贸易提供战略支持。

三、区域政策的调整和优化

非均衡的区域政策能够通过培育经济发展的重点区域，通过政策倾斜、政策优惠等优化部分地区的经济发展的基础设施环境和制度环境，差异化的地区发展模式，通过行政干预的方式诱致要素流转和产业布局，实现了部分地区的快速发展，但加剧了地区经济发展的差异性和非协调性。因此，为了有效提高地区经济增长质量和效益，需要积极调整区域政策，形成弥合空间差异、协调区域发展，推动体制改革进程的政策环境。

首先，应推行因地制宜的区域政策，针对各地区发展的特征和发展阶段，推行多元化的区域政策供给，发挥地区协同发展机制，优化发达地区的产业布局，加强落后地区承载产业转移能力。应根据各地区资源禀赋和地理位置，结合地区工业化程度与经济发展水平，明确地区的战略地位，有效释放地区的比较优势，并在产业政策的扶持下培育符合发展阶段的竞争优势。在全面推进各地区发展的同时，进一步增加多元化的区域协调发展政策，利用经济带、城市群等区域协同发展战略，深化地区专业分工，增强地区间的技术要素、产品产业等各方面的协同发展。一方面，对工业化程度较高、国际贸易参与度较高的东部沿海地区，应进一步增强对地区产业竞争优势的培育，一是不仅要促进企业生产，由劳动密集型向高附加值的资本和技术密集型转换，还要促进企业试生产由中间的制造环节向两边的研发和售后环节延伸。二是应进一步扩大开放，深化国际合作方式，优化地区产业发展的制度环境和技术环境，促进发达地区深度参与国际合作与竞争，提高地区产业在全球产业分工中的地位。三是完善发达地区的技术扩散和产业转移政策，有效发挥发达地区对企业地区的带动作用。另一方面，对于发展相对滞后的中西部地区，不仅应加强地区基础设施条件水平，提升产业转移的承载能力，促进产业集聚，以规模经济推进工业化进程，促进地区经济增长，还应优化地方政府行为，降低政府对地区经济发展的直接参与，进一步深化地区市场化改革，不断释放市场主体活力，培育地区产业发展的内生动力。

其次，应推行协调地区间经济发展的政策，一是应统一地区的要素市场，不仅要优化劳动力市场，减少阻碍要素跨部门配置的制度障碍，促进要素在地区间产业间的合理配置，提高要素配置效率，还应完善技术市场，促进技术在区域间的扩散，全面提高地区的全要素生产率。二是优化地区产业合作，促进地区产业一体化，一方面应依据地区比较优势和产业布局，细化区域产业分工，推进区域间的产业合作。另一方面需要进一步优化地区基础设施与市场环境，促进区域间产业转移和集聚。三是利用多元化的地区协同发展战略，不仅促进省域间合作，积极发挥东部地区对中西部地区的带动作用，还应积极推进城市间的协调发展，通过城市群、经济带等发展战略，促进地区全面协调发展。四是通过"一带一路""长江经济带""黄河流域"等经济带的建设使我国的区域经济合作形式更加多样化，由以往的四大板块内部的区域合作到现在的四大板块之间的合作，合作范围不断扩大，合作形式更加多样化。四大区域板块通过经济带、经济区进行衔接合作，可以加速产业向中西部转移，优化区域分工，实现东部加速转型升级，中部形成大的制造业中心，西部能源产业更加优化发展的目标。

最后，应强化基本公共服务均等化程度，构建经济发展成果的共享机制，全面提高各地区居民的生活条件和国民素质。首先应优化各地区的教育、医疗等公共服务的水平，改善欠发达地区的教育资源和教育基础设施水平，缩小地区教育资源的差异；同时还应进一步完善欠发达地区农村卫生服务网络和城市社区卫生服务体系建设，通过转移支付，政策补贴等支持政策，完善各地区，尤其是欠发达地区的医疗卫生保障体系，提高地区医疗卫生水平。与此同时，由于劳动力、自然资源以及经济活动分布的失衡导致产出效率和资源产地严重脱节的问题，因此，需要推进要素资源和产业分布的空间均衡。加快户籍制度的改革，打破城乡和区域分割，加强大中型城市对外来务工人员的教育、医疗等社会保障机制积极推进新型城镇化建设，有效缓解留守老人、留守儿童等问题；另外，除了积极推进产业转移和产业集聚，提高中西部地区的基础设施条件，鼓励东部沿海地区产业向中西部转移，还应积极培育中西部地区的市场主体，促进地区剩余劳动力就地转移到生产率水平较高的部门。

通过调整经济政策，转变政策取向，利用供给管理，构建旨在提升长期经济发展的宏观整体政策体系，在实现宏观整体经济增长质量和收益全面提升的基础上，加快地区间的协同发展机制，缩小地区间的发展差异，有效提高地区经济增长的质量和收益。

四、人才政策的调整和优化

人才政策创新是提高地区经济增长质量和效益的一项重要内容，党的十九大报告提出要"实行更加积极、更加开放、更加有效的人才政策"①。在提高地区经济增长质量和效益的过程中，需要全面优化人才政策，推动人才政策的调整和优化。一是增强创新创业支持政策的普惠性。在政策对象上体现全面覆盖，同时，使人才能够真正享受到工作生活各方面的基础政策保障。在实施创新驱动发展战略和鼓励"大众创业、万众创新"的新形势下，地方政府必须从长远考虑，在涉及人才创新创业以及工作生活的基础性问题上出台具有普惠性的支持政策，做好不同群体之间创新创业优惠和支持政策的有效衔接，完善政策导向的公平机制。二是进一步向用人主体放权，为人才松绑。在法律允许范围内，用人主体在人才引进、评价、使用、激励等方面的自主权应得到充分的尊重，给用人主体足够的自主权。着力破除束缚人才发展的思想观念和体制机制障碍，进一步向用人主体放权，为人才松绑，充分激发人才创新活力，形成具有竞争力的人才制度优势。三是提高地方政府人才管理和服务水平。按照管宏观、管政策、管协调、管服务的要求，搞好统筹规划，完善政策措施，整合工作力量，提供有效服务。地方政府要掌握人才宏观整体状况，谋划人才发展大局，在人才政策制定和实施过程中，需要形成相关职能部门各司其职、密切配合、协调联动的政府人才工作总体格局。从长远出发制定科学的、完整的、可持续的政策体系，形成人才发展长效机制。

---

① 习近平. 决胜全面建成小康社会 夺取新时代中国特色社会主义伟大胜利 ［N］. 人民日报, 2017 - 10 - 28 （001）.

第十六章

结论与展望

　　本书首先把经济增长质量的基本内涵的确定作为经济增长质量分析的逻辑起点，构建以经济增长质量和效益为目标的宏观经济监测预警分析的理论框架，建立经济增长质量和效益监测预警的模型，研究经济增长质量和效益监测预警的理论机理。其次又进行了重点难点问题的专项研究。构建地方经济增长质量和效益监测预警的指标体系，为测算和监测地方经济增长质量和效益确定基本的统计方法，在此基础上构建我国地方经济增长质量和效益的预警系统。最后进行了政策层面的具体研究。结合地方经济增长质量和效益监测预警系统监测的具体结果，明晰我国各地方经济增长质量和效益提高面临的制约因素，并构建我国各地方经济增长质量和效益提高的路径转型和政策支撑体系。

第一节　研究的结论

一、构建了以经济增长质量和效益为目标的监测预警的理论分析框架

　　通过对经济增长质量和效益的基本内涵进行界定，明晰其理论维度和价值判断体系，并分析现有以数量和速度为核心的宏观经济监测预警理论的缺陷，研究从数量增长向质量效益型增长宏观经济监测预警的转型，从而构建以经济增长质量和效益为目标的宏观经济监测预警的理论分析框架，这是本书研究的理论结论。

二、进行了新常态下我国地方经济增长质量和效益监测预警指标体系的构建与方法选择

　　依据中国经济进入新常态的背景，通过构建经济增长质量和效益监测预警的指标体系，利用计算机技术开发地方经济增长质量和效益监测预警的软件，利用

大数据分析技术，采取相应统计方法对我国省级地方经济、区域经济和重点城市的经济增长质量和效益进行测度和评价，并构建系统仿真模型对各地方经济增长质量和效益进行模拟和预测，进一步构建预警系统实现经济增长质量和效益的预警，这是本书拟解决的关键问题之一。

三、建立了新常态下我国地方经济增长质量和效益的监测数据获取和处理的方法

获取监测指标的现实数据是监测、预测和预警的关键所在，地方经济增长质量和效益的监测主要依赖于数据的获取和处理，数据获取和处理直接关系着监测、预测和预警的科学性及政策的有效性，因此数据的获取和处理是本书拟解决的关键问题之二。

第二节　研究的展望

一、新常态下我国地方经济增长质量和效益的监测预警指标体系构建和仿真模拟

以经济增长质量和效益的理论维度为出发点，构建经济增长质量和效益的监测预警多指标评价指标体系，需要在此基础上进一步构建系统动力学仿真模型对我国地方经济增长质量进行模拟预测，这是作者在后续问题研究上重点需要突破的问题。

二、我国地方经济增长质量和效益的监测数据获取和处理的复杂性

由于地方经济增长质量与效益的监测预警涉及省域经济、重点区域经济和重点城市经济，需要获取和处理海量数据。同时，由于在经济新常态的背景下地方发展的多样性，导致数据获取难度较大，同时各地数据差异较大，加工处理复杂。因此，作者在数据获取和处理上需要作进一步研究。

三、经济增长质量和效益检测预警的警限确定

结合经济新常态的大背景，确立地方经济增长质量和效益的预警警限，从而为监测预警系统的构建提供重要依据，这是作者需要进一步加深研究的问题。

参 考 文 献

［1］毕大川，刘树成．经济周期与预警系统［M］．北京：科学出版社，1991：139－146.

［2］蔡昉，都阳，王美艳．经济发展方式转变与节能减排内在动力［J］．经济研究，2008（6）：4－11，36.

［3］蔡昉，王文德，都阳．比较优势差异、变化及其对地区差距的影响［J］．中国社会科学，2002（5）：41－54.

［4］蔡昉．从中国经济发展大历史和大逻辑认识新常态［J］．数量经济技术经济研究，2016，33（8）：3－12.

［5］蔡昉．挖掘增长潜力与稳定宏观经济［J］．中共中央党校学报，2014，18（4）：79－86.

［6］蔡昉．未来的人口红利——中国经济增长源泉的开拓［J］．中国人口科学，2009（1）：2－10，111.

［7］蔡昉．中国经济增长如何转向全要素生产率驱动型［J］．中国社会科学，2013（1）：56－71，206.

［8］钞小静，任保平．城乡收入差距与中国经济增长质量［J］．财贸研究，2014，25（5）：1－9.

［9］钞小静，任保平．中国的经济转型与经济增长质量：基于TFP贡献的考察［J］．当代经济科学，2008（4）：23－29，124－125.

［10］钞小静，任保平．中国经济增长质量的时序变化与地区差异分析［J］．经济研究，2011（4）：26－40.

［11］钞小静，任保平．资源环境约束下的中国经济增长质量研究［J］．中国人口·资源与环境，2012，22（4）：102－107.

［12］陈德刚．模糊粗糙集理论与方法［M］．北京：科学出版社，2013.

［13］陈海梁．论经济增长质的内涵［J］．中国统计，2006（8）：56－57.

［14］陈理．深刻理解把握新发展理念的由来、内涵和要义［J］．当代世界与社会主义，2021（3）：4－21.

［15］陈启清．正确理解和适应新常态［J］．中国国情国力，2014（10）：21－23.

［16］陈诗一，刘文杰．要素市场化配置与经济高质量发展［J］．财经问题研

究，2021（9）：3－11.

[17] 陈述云．建立经济监测预警系统的方法初探［J］．科学管理研究，1993（2）：49－52.

[18] 楚翠玲，马恩涛．我国地方政府性债务风险预警研究——基于BP神经网络的分析［J］．广西财经学院学报，2016，29（5）：58－67.

[19] 崔斌．对宏观经济监测预警分析系统的改进［J］．统计研究，1997（2）：46－51.

[20] 戴觅，茅锐．产业异质性、产业结构与中国省级经济收敛［J］．管理世界，2015（6）：34－62.

[21] 邓创，曹子雯．中国经济高质量发展水平的测度与区域异质性分析［J］．西安交通大学学报（社会科学版），2022（2）：1－11.

[22] 邓忠奇，高廷帆，朱峰．地区差距与供给侧结构性改革——"三期叠加"下的内生增长［J］．经济研究，2020，55（10）：22－37.

[23] 丁守海，徐政，左晟吉．经济高质量发展的历史进程、多元挑战与发展思路——基于双循环视角［J］．西北师大学报（社会科学版），2022，59（1）：135－144.

[24] 丁岳维，朱维敏，陈小霞，谢亚卫．转型期西北地区经济增长质量评价研究［J］．河南社会科学，2011（1）：127－130，21.

[25] 董文泉，高铁梅．经济周期波动的分析与预测方法［M］．长春：吉林大学出版社，1998.

[26] 段俊宇．省级地方官员的任期与经济增长［J］．经济资料译丛，2016（1）：23－27.

[27] 范剑勇，朱国林．中国地区差距的演变及其结构分解［J］．管理世界，2002（7）：37－44.

[28] 范庆泉，储成君，高佳宁．环境规制、产业结构升级对经济高质量发展的影响［J］．中国人口·资源与环境，2020，30（6）：84－94.

[29] 冯之浚，方新．适应新常态，强化新动力［J］．科学学研究，2015（1）：1－3.

[30] 傅勇，张晏．中国式分权与财政支出结构偏向：为增长而竞争的代价［J］．管理世界，2007（3）：4－22.

[31] 干春晖，郑若谷，余典范．中国产业结构变迁对经济增长和波动的影响［J］．经济研究，2011（5）：4－16.

[32] 干春晖，郑若谷．改革开放以来产业结构演进与生产率增研究——对中国1978～2007年的"结构红利假说"的检验［J］．中国工业经济，2009（2）：55－65.

［33］高建昆，程恩富．论对中国经济新常态的认识、适应与引领［J］．当代经济研究，2015（9）：51－59，97.

［34］高铁梅，王金明，陈飞．中国转轨时期经济增长周期波动特征的实证分析［J］．财经问题研究，2009（1）：22－29.

［35］葛玉好，车小凡，刘峰．大学生就业地域选择的影响因素分析——基于扩展的托达罗人口流动模型［J］．中国人民大学教育学刊，2011（4）：81－89.

［36］巩师恩．经济新常态下的收入分配结构优化［J］．社会科学研究，2016（3）：28－32.

［37］顾海兵，余丽亚．未雨绸缪——宏观经济问题预警研究［M］．北京：经济日报出版社，1993：56－80.

［38］顾学东，邱梦珍，李崇新．建立宏观经济运行的监测、预警、调控系统初探［J］．财经研究，1988（10）：13－18，31－65.

［39］郭晗，任保平．基本公共服务均等化视角下的中国经济增长质量研究［J］．产经评论，2011（4）：95－103.

［40］郭晗．以供给侧改革促进创新型经济发展的机理与保障措施［J］．黑龙江社会科学，2017（3）：66－70.

［41］郭华，罗彤，张洋．金融资源配置水平与经济高质量发展［J］．统计与决策，2021，37（23）：136－140.

［42］郭旭红．经济新常态背景下中国 GDP 中高速增长研究［J］．湖北社会科学，2015（2）：88－92.

［43］洪银兴．对新中国经济增长质量的系统评价［J］．福建论坛（人文社会科学版），2010（7）：164－165.

［44］洪银兴．论中高速增长新常态及其支撑常态［J］．经济学动态，2014（11）：4－7.

［45］洪银兴．新发展理念与中国特色社会主义政治经济学的新发展［J］．南京政治学院学报，2017（1）：1－5.

［46］洪源，刘兴琳．地方政府债务风险非线性仿真预警系统的构建——基于粗糙集—BP 神经网络方法集成的研究［J］．山西财经大学学报，2012（3）：1－10.

［47］胡清华，于达仁，谢宗霞．基于邻域粒化和粗糙逼近的数值属性约简［J］．软件学报，2008（3）：640－649.

［48］胡雪瑶，张子龙，陈兴鹏，王月菊．县域经济发展时空差异和影响因素的地理探测——以甘肃省为例［J］．地理研究，2019，38（4）：772－783.

［49］黄海量，韩冬梅，屠梅曾．一种基于面向服务架构的宏观经济监测与预警系统［J］．上海交通大学学报，2007（8）：1334－1338，1342.

[50] 黄寰，王凡，吴安兵. 我国地区经济高质量发展的测度及时空演变特征 [J]. 统计与决策，2021，37（17）：112 - 117.

[51] 黄萍，宣昌勇. 金融集聚、空间溢出与经济高质量发展 [J]. 江苏大学学报（社会科学版），2021，23（6）：49 - 65.

[52] 黄群慧. "新常态"、工业化后期与工业增长新动力 [J]. 中国工业经济，2014（10）：5 - 19.

[53] 吉林大学数量经济研究中心宏观经济监测预警课题组. 对我国经济周期波动变化特征的实证分析 [J]. 吉林大学社会科学学报，2004（5）：60 - 66.

[54] 贾康. 把握经济发展"新常态"，打造中国经济升级版 [J]. 国家行政学院学报，2015（1）：4 - 10，14.

[55] 贾彧，付言言. 制造业结构变动与经济增长质量的关联性研究——基于陕西的数据 [J]. 西安财经学院学报，2012（4）：22 - 26.

[56] 姜琛. 我国财政支出绩效评价的困境及思路分析 [J]. 财经界（学术版），2012（6）：7 - 8.

[57] 金碚. 中国经济发展新常态研究 [J]. 中国工业经济，2015（1）：5 - 18.

[58] 金成晓，姜旭. 结构性货币政策与经济高质量发展：作用机制与优化路径 [J]. 经济问题探索，2021（11）：122 - 134.

[59] 金瑞庭，原倩. 建设更高水平开放型经济新体制：基本思路和政策取向 [J]. 宏观经济研究，2021（8）：48 - 58，175.

[60]《经济监测预警分析系统》课题组. 中国经济监测预警分析系统的框架与结构 [J]. 统计研究，1993（4）：8 - 13.

[61] 康梅. 投资增长模式下经济增长因素分解与经济增长质量 [J]. 数量经济技术经济研究，2006（2）：153 - 160.

[62] 柯善咨，赵曜. 产业结构、城市规模与中国城市生产率 [J]. 经济研究，2014（4）：13 - 21.

[63] 李变花. 新增长理论与中国经济增长质量的提高 [J]. 经济体制改革，2004（2）：23 - 26.

[64] 李斌，刘苹. 中国外贸发展方式对经济增长质量影响的实证研究 [J]. 经济问题探索，2012（4）：1 - 6.

[65] 李稻葵. 什么是中国与世界的新常态？[J]. 金融经济，2014（21）：19 - 20.

[66] 李国勇，杨丽娟. 神经·模糊·预测控制及其 MATLAB 实现 [M]. 北京：电子工业出版社，2013.

[67] 李环. 基于数据仓库的宏观经济监测预警系统的设计 [J]. 电脑开发与

应用，2008（6）：56-58.

[68] 李剑，沈坤荣. 研发活动对经济增长的影响——大中型工业企业的面板协整动态 OLS 估计 [J]. 山西财经大学学报，2009（3）：21-27.

[69] 李静，李文溥. 走向经济发展新常态的理论探索——宏观经济学视角的述评 [J]. 中国高校社会科学，2015（2）：116-128，158-159.

[70] 李娟伟，任保平，刚翠翠. 提高中国经济增长质量与效益的结构转化路径研究 [J]. 经济问题探索，2014（4）：161-167.

[71] 李娟伟，任保平. 国际收支失衡、经济波动与中国经济增长质量 [J]. 当代财经，2013（1）：23-31.

[72] 李俊霖. 经济增长质量的内涵与评价 [J]. 生产力研究，2007（15）：9-10，30.

[73] 李梦雨. 中国金融风险预警系统的构建研究——基于 K-均值聚类算法和 BP 神经网络 [J]. 中央财经大学学报，2012（10）：25-30.

[74] 李平，张玉，许家云. 智力外流、人力资本积累与经济增长——基于我国省级面板数据的实证研究 [J]. 财贸经济，2012（7）：71-78.

[75] 李强，刘庆发. 财政分权、地方竞争与经济增长质量 [J]. 大连理工大学学报（社会科学版），2021，42（5）：33-40.

[76] 李瑞，董璐. 金融发展对经济高质量发展影响效应的实证检验 [J]. 统计与决策，2021，37（20）：136-140.

[77] 李文军. 经济新常态下加快产业转型升级的路径 [J]. 经济纵横，2015（8）：73-77.

[78] 李扬，张晓晶.“新常态”：经济发展的逻辑与前景 [J]. 经济研究，2015，50（5）：4-19.

[79] 李影，沈坤荣. 能源结构约束与中国经济增长——基于能源“尾效”的计量检验 [J]. 资源科学，2010，32（11）：2192-2199.

[80] 李永友，沈坤荣. 财政支出结构、相对贫困与经济增长 [J]. 管理世界，2007（11）：14-26，171.

[81] 李元华.“新常态”下中国稳增长与促平衡的新挑战和新动力 [J]. 经济纵横，2015（1）：46-50.

[82] 李正辉. 金融发展视角下中国经济增长质量的分析 [J]. 经济问题，2006（8）：22-23.

[83] 李智. 新常态下中国经济发展态势和结构动向研究 [J]. 价格理论与实践，2014（11）：7-12.

[84] 李佐军. 引领经济新常态，走向好的新常态 [J]. 国家行政学院学报，2015（1）：21-25.

[85] 连平. 中国经济运行"新常态"解析 [J]. 科学发展, 2014 (8): 5 - 8.

[86] 梁循. 支持向量机算法及其金融应用 [M]. 北京: 知识产权出版社, 2012.

[87] 林毅夫, 刘明兴. 中国的经济增长收敛与收入分配 [J]. 世界经济, 2003 (8): 3 - 14.

[88] 林毅夫, 刘培林. 经济发展战略对劳均资本的积累和技术进步的影响——基于中国经验的实证研究 [J]. 中国社会科学, 2003 (4): 18 - 32.

[89] 林毅夫, 苏剑. 论我国经济增长方式的转换 [J]. 管理世界, 2007 (11): 5 - 13.

[90] 林毅夫, 张军, 王勇, 寇宗来: 产业政策总结、反思与展望 [M]. 北京: 北京大学出版社, 2018 (1).

[91] 林毅夫, 张鹏飞. 适宜技术、技术选择和发展中国家的经济增长 [J]. 经济学 (季刊), 2006 (3): 985 - 1006.

[92] 林毅夫. 新常态下中国经济的转型和升级: 新结构经济学的视角 [J]. 新金融, 2015 (6): 4 - 8.

[93] 刘秉镰, 孙鹏博. 新发展格局下中国城市高质量发展的重大问题展望 [J]. 西安交通大学学报 (社会科学版), 2021, 41 (3): 1 - 8.

[94] 刘丹鹤, 唐诗磊, 李杜. 技术进步与中国经济增长质量分析 (1978 ~ 2007) [J]. 经济问题, 2009 (3): 30 - 33, 93.

[95] 刘海英, 张纯洪. 非国有经济发展对中国经济增长质量影响机理研究——来自 VEC 模型的新证据 [J]. 经济学家, 2007 (6): 63 - 70.

[96] 刘名远, 林民书. 区际贸易、要素价格扭曲与区域经济利益空间失衡——基于空间面板误差模型的实证分析 [J]. 财经科学, 2013 (2): 56 - 64.

[97] 刘瑞. 国有企业实现高质量发展的标志、关键及活力 [J]. 企业经济, 2021, 40 (10): 2, 5 - 13.

[98] 刘瑞明, 石磊. 国有企业的双重效率损失与经济增长 [J]. 经济研究, 2010 (1): 127 - 137.

[99] 刘瑞翔, 安同良. 中国经济增长的动力来源与转换展望——基于最终需求角度的分析 [J]. 经济研究, 2011 (7): 30 - 41.

[100] 刘瑞翔. 探寻中国经济增长源泉: 要素投入、生产率与环境消耗 [J]. 世界经济, 123 - 141.

[101] 刘世锦. "新常态"下如何处理好政府与市场的关系 [J]. 求是, 2014 (18): 28 - 30.

[102] 刘伟, 苏剑. "新常态"下的中国宏观调控 [J]. 经济科学, 2014 (4): 5 - 13.

［103］刘有章，刘潇潇，向晓祥．基于循环经济理念的经济增长质量研究［J］．统计与决策，2011（4）：105－108.

［104］柳剑平，程时雄．中国经济增长的驱动力及其国际比较［J］．海派经济学，2013（2）：46－50.

［105］龙翠红，洪银兴．农村人力资本外溢与中国城乡居民收入差距关系的实证分析［J］．经济经纬，2012（3）：106－110.

［106］卢方元，靳丹丹．我国 R&D 投入对经济增长的影响——基于面板数据的实证分析［J］．中国工业经济，2011（3）：149－157.

［107］芦苇．新常态下科技创新的困境与出路［J］．经济问题，2016（6）：19－24.

［108］卢现祥，徐俊武．公共政策、减贫与有利于穷人的经济增长——基于1995～2006 年中国各省转移支付的分析［J］．制度经济学研究，2009（2）：112－125.

［109］陆铭，陈钊，朱希伟，徐现祥．中国区域经济发展回顾与展望［M］．上海：格致出版社，2011：1.

［110］吕捷，王高望．CPI 与 PPI "背离" 的结构性解释［J］．经济研究，2015（4）：136－149.

［111］罗浩．自然资源与经济增长：资源瓶颈及其解决途径［J］．经济研究，2007（6）：142－153.

［112］罗能生，谭晶．区域产业同构对产业效率的影响研究［J］．工业技术经济，2016，35（2）：81－89.

［113］马建新，申世军．中国经济增长质量问题的初步研究［J］．财经问题研究，2007（3）：18－23.

［114］毛其淋．对外经济开放、区域市场整合与全要素生产率［J］．经济学（季刊），2012（1）：181－210.

［115］毛太田，肖锏，邹凯．一种基于粗糙集条件信息熵的多指标综合评价方法研究［J］．统计研究，2014，31（7）：92－96.

［116］孟凡琳，王文平．长三角地区产业同构合意性研究［J］．统计与决策，2021，37（4）：133－137.

［117］南开大学机器人与信息自动化研究所．基于模糊神经网络的宏观经济预警研究［J］．预测，2000（4）：42－45.

［118］潘士远，金戈．发展战略、产业政策与产业结构变迁——中国的经验［J］．世界经济文汇，2008（1）：64－76.

［119］潘文卿．中国的区域关联与经济增长的空间溢出效应［J］．经济研究，2012（1）：54－65.

［120］彭明生，范从来．论高质量发展阶段中国货币政策的新框架［J］．人文杂志，2019（7）：39－46．

［121］彭薇，熊朗羽．经济新常态下供给侧结构性改革与居民消费升级——基于"改革门槛"与"消费黏性"的视角［J］．暨南学报（哲学社会科学版），2021，43（4）：55－68．

［122］齐建国，王红，彭绪庶，刘生龙．中国经济新常态的内涵和形成机制［J］．经济纵横，2015（3）：7－17．

［123］齐绍洲，王班班．开放条件下的技术进步、要素替代和中国能源强度分解［J］．世界经济研究，2013（9）：3－9，87．

［124］冉光和，李敬，熊德平，温涛．中国金融发展与经济增长关系的区域差异——基于东部和西部面板数据的检验和分析［J］．中国软科学，2006（2）：102－110．

［125］任保平，钞小静，魏婕．中国经济增长质量报告（2012）——中国经济增长质量指数及省区排名［M］．北京：中国经济出版社，2012：17－19．

［126］任保平，杜宇翔．高质量发展目标下的中国经济发展成本度量［J］．财经问题研究，2020（6）：13－22．

［127］任保平，段雨晨．新常态下中国经济增长的长期趋势与短期机制［J］．学术研究，2017（1）：80－87．

［128］任保平，甘海霞．中国经济增长质量提高的微观机制构建［J］．贵州社会科学，2016（5）：111－118．

［129］任保平，郭晗．新常态下提高我国经济增长质量的路径选择与改革取向［J］．天津社会科学，2015（5）：84－90．

［130］任保平，郭晗．新增长红利时代我国大国发展战略的转型［J］．人文杂志，2013（9）：30－37．

［131］任保平，李娟伟．实现中国经济增长数量、质量和效益的统一［J］．西北大学学报（哲学社会科学版），2013（1）：110－115．

［132］任保平，李梦欣．进入新常态后我国地方经济增长分化的理论解释［J］．经济学家，2017（10）：31－41．

［133］任保平，李梦欣．我国省域经济增长质量监测预警指标体系的构建及其合成方法［J］．西安财经学院学报，2017，30（2）：5－13．

［134］任保平，李梦欣．我国主要城市经济增长质量的状态、特征和比较分析［J］．中共中央党校学报，2017（12）：107－118．

［135］任保平，李梦欣．新常态下地方经济增长质量监测预警的理论与方法［J］．统计与信息论坛，2017，32（5）：23－30．

［136］任保平，李梦欣．中国经济新阶段质量型增长的动力转换难点与破解

思路 [J]. 经济纵横, 2016 (9): 33-40.

[137] 任保平, 刘笑. 新时代我国高质量发展中的三维质量变革及其协调 [J]. 江苏行政学院学报, 2018 (6): 37-43.

[138] 任保平, 宋文月. 中国经济增速放缓与稳增长的路径选择 [J]. 社会科学研究, 2014 (3): 22-27.

[139] 任保平, 张蓓. 我国省级地方经济增长中数量与质量不一致性及其理论解释 [J]. 社会科学研究, 2016 (5): 57-64.

[140] 任保平, 张蓓. 新常态下我国地方经济增长质量的转型及其宏观调控的转向 [J]. 人文杂志, 2017 (8): 22-29.

[141] 任保平, 赵通. 高质量发展的核心要义与政策取向 [J]. 红旗文稿, 2019 (13): 23-25.

[142] 任保平, 周志龙. 新常态下以工业化逻辑开发中国经济增长的潜力 [J]. 社会科学研究, 2015 (2): 35-41.

[143] 任保平, 朱晓萌. 新时代我国区域经济高质量发展转型和政策调整研究 [J]. 财经问题研究, 2021 (4): 3-10.

[144] 任保平. 结构失衡新特征背景下加快中国经济发展方式转变的机制 [J]. 社会科学战线, 2013 (3): 73-80.

[145] 任保平. 经济增长质量: 理论阐释、基本命题与伦理原则 [J]. 学术月刊, 2012 (2): 63-70.

[146] 任保平. 经济增长质量的逻辑 [M]. 北京: 人民出版社, 2015.

[147] 任保平. 我国高质量发展的目标要求和重点 [J]. 红旗文稿, 2018 (24): 21-23.

[148] 任保平. 新常态要素禀赋结构变化背景下中国经济增长潜力开发的动力转换 [J]. 经济学家, 2015 (5): 13-19.

[149] 任保平. 新时代高质量发展的政治经济学理论逻辑及其现实性 [J]. 人文杂志, 2018 (2): 26-34.

[150] 任保平. 中国经济增长质量报告2012——中国经济增长质量指数及各省区分析 [M]. 北京: 中国经济出版社, 2012.

[151] 任保平. 中国经济增长质量的观察与思考 [J]. 社会科学辑刊, 2012 (2): 80-85.

[152] 邵晓, 任保平. 结构偏差、转化机制与中国经济增长质量 [J]. 社会科学研究, 2009 (5): 14-20.

[153] 沈坤荣, 曹扬. 以创新驱动提升经济增长质量 [J]. 江苏社会科学, 2017 (2): 50-55.

[154] 沈坤荣, 付文林. 中国的财政分权制度与地区经济增长 [J]. 管理世

界，2005（1）：31－39.

［155］沈坤荣，傅元海．外资技术转移与内资经济增长质量——基于中国区域面板数据的检验［J］．中国工业经济，2010（11）：5－15.

［156］沈坤荣，马俊．中国经济增长的"俱乐部收敛"特征及其成因研究［J］．经济研究，2002（1）：33－39.

［157］沈坤荣．以深化供给侧结构性改革激发经济长期增长活力［J］．经济纵横，2017（7）：30－34.

［158］石建勋，张悦．中国经济新常态趋势分析及战略选择［J］．新疆师范大学学报（哲学社会科学版），2015（4）：1－7，9.

［159］石凯，刘力臻．包容性增长视角下中国经济增长质量的综合评价［J］．华东经济管理，2012（11）：51－55.

［160］石磊，高帆．地区经济差距：一个基于经济结构转变的实证研究［J］．管理世界，2006（5）：35－44.

［161］史丽娜，唐根年．中国省际高质量发展时空特征及障碍因子分析［J］．统计与决策，2021，37（16）：114－118.

［162］斯蒂格利茨．增长的方法：学习型社会与经济增长的新引擎［M］．北京：中信出版社，2017：1.

［163］宋民雪，刘德海，尹伟巍．经济新常态、污染防治与政府规制：环境突发事件演化博弈模型［J］．系统工程理论与实践，2021，41（6）：1454－1464.

［164］宋美喆，蔡晓春．我国经济增长质量与能源消费关系的统计检验［J］．统计与决策，2010（14）：73－75.

［165］随洪光．FDI 资本效应对东道国经济增长质量的影响分析［J］．现代管理科学，2011（1）：44－46.

［166］孙久文．新常态下的"十三五"时期区域发展面临的机遇与挑战［J］．区域经济评论，2015（1）：23－25.

［167］孙铁山．中国三大城市群集聚空间结构演化与地区经济增长［J］．经济地理，2016（5）：11－18.

［168］孙学涛．产业结构变迁对城市经济高质量发展的影响研究［J］．中国科技论坛，2021（7）：86－96.

［169］唐东波，张军．中国的经济增长、城市化与收入分配的 Kuznets 进程：理论与经验［J］．世界经济文汇，2011（5）：15－34.

［170］田伟，田红云．晋升博弈、地方官员行为与中国区域经济差异［J］．南开经济研究，2009（1）：133－152.

［171］汪春，傅元海．FDI 对我国经济增长质量的影响［J］．湖南商学院学报，2009（5）：21－24.

[172] 王慧敏，陈宝书．基于理性预期的宏观经济预警系统研究［J］．中国矿业大学学报，1998（3）：54－57．

[173] 王慧敏．基于理性预期的宏观经济预警系统研究［J］．中国矿业大学学报，1998（9）：70－72．

[174] 王建成，王静，胡上序．基于概率模式分类的宏观经济预警系统设计［J］．系统工程理论与实践，1998（8）：6－10，63．

[175] 王金明，高铁梅．经济周期波动理论的演进历程及学派研究［J］．首都经济贸易大学学报，2006（3）：23－28．

[176] 王琳，马艳．中国共产党百年经济发展质量思想的演进脉络与转换逻辑［J］．财经研究，2021，47（10）：4－18，34．

[177] 王睿，李连发．宏观不确定性与金融不确定性：测度与动态关系研究［J］．经济问题探索，2021（3）：27－42．

[178] 王少平，欧阳志刚．我国城乡收入差距的度量及其对经济增长的效应［J］．经济研究，2007，42（10）：44－55．

[179] 王贤彬，徐现祥．地方官员来源、任期、去向与经济增长［J］．管理世界，2008（3）：16－26．

[180] 王向东，刘卫东．中国空间规划体系：现状、问题与重构［J］．经济地理，2012（5）：5－12．

[181] 王辛欣，任保平．以城乡关系的协调推进经济增长质量的提高［J］．财经科学，2010（9）：115－124．

[182] 王一鸣．全面认识中国经济新常态［J］．求是，2014（22）：40－43．

[183] 王跃生．中国经济新常态的国际经济条件［J］．中国高校社会科学，2015（3）：144－155，159．

[184] 魏杰，汪浩．结构红利和改革红利：当前中国经济增长潜力探究［J］．社会科学研究，2016（1）：28－33．

[185] 魏杰，杨林．经济新常态下的产业结构调整及相关改革［J］．经济纵横，2015（6）：1－5．

[186] 魏婕，任保平，李勇．双重结构扭曲下的经济失衡：理论与经验证据［J］．南开经济研究，2016（5）：89－109．

[187] 魏婕，任保平．中国各地区经济增长质量指数的测度及其排序［J］．经济学动态，2012（4）：27－33．

[188] 魏婕．中国宏观经济结构失衡：理论与实证研究［D］．西安：西北大学，2014．

[189] 温渤，郑桂环，徐山鹰等．面向辅助决策的宏观经济监测预警系统研究［J］．运筹与管理，2009（4）：11－19．

［190］吴敬琏．以深化改革确立中国经济新常态［J］．探索与争鸣，2015（3）：4－7，2.

［191］吴明录，贺剑敏．我国短期经济波动的监测预警系统［J］．系统工程理论与实践，1994（3）：84－86.

［192］吴尚智，苟平章．粗糙集和信息熵的属性约简算法及其应用［J］．计算机工程，2011，37（7）：56－58.

［193］吴永钢，尚宇轩，卜林．新常态下"双支柱"政策协调研究［J］．国际金融，2021（2）：49－54.

［194］习近平．决胜全面建成小康社会夺取新时代中国特色社会主义伟大胜利［N］．人民日报，2017－10－28（001）.

［195］习近平．谋求持久发展 共筑亚太梦想［N］．人民日报，2014－11－10（002）.

［196］习近平．在全国脱贫攻坚总结表彰大会上的讲话［N］．人民日报，2021－02－26（002）.

［197］向书坚，郑瑞坤．增长质量、阶段特征与经济转型的关联度［J］．改革，2012（1）：33－40.

［198］邢武晋．一种宏观经济监测预警系统的开发［J］．系统工程，1998（6）：20－23.

［199］徐康宁，王剑．自然资源丰裕程度与经济发展水平关系的研究［J］．经济研究，2006（1）：78－89.

［200］徐现祥，李郇，王美今．区域一体化、经济增长与政治晋升［J］．经济学（季刊），2007（4）：1075－1096.

［201］徐政，左晟吉，丁守海．碳达峰、碳中和赋能高质量发展：内在逻辑与实现路径［J］．经济学家，2021（11）：62－71.

［202］许召元，李善同．近年来中国地区差距的变化趋势［J］．经济研究，2006（7）：106－116.

［203］严成樑．产业结构变迁、经济增长与区域发展差距［J］．经济社会体制比较，2016（4）：40－53.

［204］严成樑．新常态下中国经济增长动力分析［J］．中国高校社会科学，2017（6）：44－51，154.

［205］杨斐，任保平．中国经济增长质量：碳排放视角的评价［J］．软科学，2011，25（11）：89－93.

［206］杨俊，李雪松．教育不平等、人力资本积累与经济增长：基于中国的实证研究［J］．数量经济技术经济研究，2007（2）：37－45.

［207］杨瑞龙．经济新常态阶段的新挑战［J］．中国高校社会科学，2015

（3）：135 – 136.

[208] 杨新铭，杜江 . 所有制结构调整的演进逻辑、现实基础与政策取向 [J]. 政治经济学评论，2021，12（5）：80 – 106.

[209] 杨伊佳 . 走向中国经济社会发展新常态 [J]. 中国高校社会科学，2015（1）：46 – 60，157.

[210] 姚树洁，张帆 . 区域经济均衡高质量发展与"双循环"新发展格局 [J]. 宏观质量研究，2021，39（6）：1 – 16.

[211] 姚洋，郑东雅 . 外部性与重工业优先发展 [J]. 中国经济学前沿，2007（4）：2 – 13.

[212] 姚洋，郑东雅 . 重工业与经济发展：计划经济时代再考察 [J]. 经济研究，2008（4）：26 – 40.

[213] 余斌，吴振宇 . 中国经济新常态与宏观调控政策取向 [J]. 改革，2014（11）：17 – 25.

[214] 余根钱 . 中国经济监测预警系统的研制 [J]. 统计研究，2005（6）：39 – 44.

[215] 余泳泽，段胜岚，林彬彬 . 新发展格局下中国产业高质量发展：现实困境与政策导向 [J]. 宏观质量研究，2021，9（4）：78 – 98.

[216] 余泳泽，潘妍 . 中国经济高速增长与服务业结构升级滞后并存之谜——基于地方经济增长目标约束视角的解释 [J]. 经济研究，2019，54（3）：150 – 165.

[217] 袁兴林 . 经济循环波动的分析与预测 [J]. 统计研究，1988（3）：1 – 7.

[218] 詹新宇，曾傅雯 . 经济增长目标动员与地方政府债务融资 [J]. 经济学动态，2021（6）：83 – 97.

[219] 张超，钟昌标 . 金融创新、产业结构变迁与经济高质量发展 [J]. 江汉论坛，2021（4）：5 – 16.

[220] 张萃 . 中国经济增长与贫困减少——基于产业构成视角的分析 [J]. 数量经济技术经济研究，2011，28（5）：51 – 63.

[221] 张洁，欧阳志刚 . 经济增长与通货膨胀的趋势和周期——基于内生结构变化的共同趋势和相依周期的研究 [J]. 系统工程理论与实践，2021，41（4）：809 – 829.

[222] 张军，陈诗一 . 结构改革与中国工业增长 [J]. 经济研究，2009（7）：4 – 20.

[223] 张军扩，余斌，吴振宇 . 增长阶段转换的成因、挑战和对策 [J]. 管理世界，2014（12）.

［224］张军扩．着力增强经济增长内生动力［J］．行政管理改革，2017（3）：10 – 12.

［225］张来明，李建伟．中国经济发展新常态重要思想的科学性与理论涵义［J］．经济纵横，2015（3）：1 – 6.

［226］张萍．当前大学生就业地域取向及其思考［J］．中国大学生就业，2007（14）：31 – 32.

［227］张慎霞，耿国华，朱艳红．经济新常态下收入分配改革的挑战、机遇与对策［J］．经济纵横，2016（2）：25 – 28.

［228］张守一，葛新权，林寅．宏观经济监测预警系统新方法论初探［J］．数量经济技术经济研究，1991（8）：23 – 33.

［229］张为杰，张景．地区产业转型对经济增长质量的贡献度研究——来自京津冀地区的经验［J］．经济体制改革，2012（2）：44 – 48.

［230］张洋．深入学习坚决贯彻党的十九届五中全会精神　确保全面建设社会主义现代化国家开好局［N］．人民日报，2021 – 01 – 12（001）.

［231］张友国．中国城乡融合高质量发展研究［J］．人民论坛，2021（32）：78 – 81.

［232］张占斌，周跃辉．关于中国经济新常态若干问题的解析与思考［J］．经济体制改革，2015（1）：34 – 38.

［233］张占仓．中国经济新常态与可持续发展新趋势［J］．河南科学，2015（1）：91 – 98.

［234］赵英才，张纯洪，刘海英．转轨以来中国经济增长质量的综合评价研究［J］．吉林大学社会科学学报，2006（3）：27 – 35.

［235］赵进文，范继涛．经济增长与能源消费内在依从关系的实证研究［J］．经济研究，2007（8）：31 – 42.

［236］赵振华．中国经济发展新常态的认识误区及解读［J］．经济纵横，2015（3）：18 – 22.

［237］赵振全，刘柏．基于国际收支的宏观经济景气预警研究［J］．吉林大学社会科学学报，2007（3）：99 – 105.

［238］赵志君．论中国经济增长潜力与发展战略转型［J］．经济学动态，2013（9）：11 – 19.

［239］郑嘉伟．新常态下的中国宏观经济形势分析与展望［J］．当代经济管理，2015（5）：39 – 44.

［240］郑京平．中国经济的新常态及应对建议［J］．中国发展观察，2014（11）：42 – 44.

［241］郑艳婷，杨慧丹，孟大虎．我国南北经济增速差距扩大的机理分析

[J]. 经济纵横，2021（3）：100 - 106.

[242] 郑玉歆. 全要素生产率的再认识——用 TFP 分析经济增长质量存在的若干局限 [J]. 数量经济技术经济研究，2007（9）：3 - 11.

[243] 中共中央关于党的百年奋斗重大成就和历史经验的决议 [M]. 北京：人民出版社，2021：34.

[244] 中共中央关于制定国民经济和社会发展第十四个五年规划和二〇三五年远景目标的建议 [M]. 北京：人民出版社，2020：23 - 37.

[245] 中共中央文献研究室. 习近平关于社会主义经济建设论述摘编 [M]. 北京：中央文献出版社.

[246] 中共中央宣传部. 习近平新时代中国特色社会主义思想学习问答 [M]. 北京：学习出版社，人民出版社：2021：242.

[247] 中共中央宣传部. 习近平总书记系列重要讲话读本（2016 年版） [M]. 北京：学习出版社，人民出版社，2016：141.

[248] 中国人民银行上海总部课题组. 上海市经济运行先行指标体系研究 [J]. 中国金融，2005（23）：24 - 26.

[249] 钟经文. 论中国经济发展新常态 [J]. 中国中小企业，2014（8）：54 - 57.

[250] 周开士. 中国经济监测预警系统 [J]. 数量经济技术经济研究，1992（10）：51 - 58.

[251] 周黎安. 中国地方官员的晋升锦标赛模式研究 [J]. 经济研究，2007（7）：36 - 50.

[252] 周文，陈跃. 新常态下中国经济发展转型与改革路径突破 [J]. 学习与探索，2017（1）：103 - 110.

[253] 周文，方茜. 习近平新时代中国特色社会主义经济思想的深刻内涵 [J]. 中国高校社会科学，2018（4）：22 - 31，157.

[254] 周业安，章泉. 财政分权、经济增长和波动 [J]. 管理世界，2008（3）：6 - 15.

[255] 朱承亮，岳宏志，李婷. 中国经济增长效率及其影响因素的实证研究：1985 ~ 2007 年 [J]. 数量经济技术经济研究，2009（9）：52 - 63.

[256] 朱恒金，马轶群. 中国劳动力转移影响经济增长质量的实证分析 [J]. 西北人口，2012（6）：7 - 12.

[257] DE Bumelhart, JL Mcclelland. Paralfef Histributed Processing：Ezplorations in the Microstructure of Cognition [M]. Behavioral & Brain Sciences，1986.

[258] Li H., Zhou L. Political Turnover and Economic Performance：The Incentive Role of Personnel Control in China [J]. Journal of Public Economics, No. 9 - 10,

2005, 89: 1743 - 1762.

［259］ R. B. Bhatt, M. Gopal. On Fuzzy-rough Sets Approach to Feature Selection ［J］. Pattern Recognition Lett. 2005 （26）: 965 - 975.

［260］ Ying Y., Qian G. Roland. Federalism and the Soft Budget Constraint ［J］. American Economic Review, 1998 （88）: 1143 - 1162.

后　记

　　本书是我主持的国家社科基金重大项目《新常态下地方经济增长质量和效益的监测预警系统及政策支撑体系构建研究》（15ZDA012）的最终成果，自 2015 年 7 月《新常态下地方经济增长质量和效益的监测预警系统及政策支撑体系构建研究》立项以来，课题组沿着课题的研究框架开展研究，先后在 2015 年 9 月 28 日召开了国家社科基金重大项目开题研讨会，在 2016 年 10 月 31 日召开了第五届中国经济增长质量论坛，在 2017 年 10 月 24 日召开了第六届中国经济增长质量论坛，2018 年 1 月 9 日召开了"超越数量：以高质量发展助推陕西追赶超越"研讨会，2018 年 7 月 22 日召开了"西北大学增长质量指数发布会暨西北高质量发展联合调查启动会"，对课题研究进行了规划和总结。其中课题组在研究过程中又召开 10 余次讨论会对课题研究中的问题进行了研究和探索。截至目前对《新常态下地方经济增长质量和效益的监测预警系统及政策支撑体系构建研究》课题的研究，已经在人民出版社、中国经济出版社出版了 6 部。在《经济学家》《学术月刊》《学术研究》《中共中央党校学报》《社会科学战线》《社会科学辑刊》等核心期刊上发表论文 60 余篇。相关成果发表后，形成的专项研究报告被教育部、陕西省决策咨询委等采纳上报。

　　目前课题组已经完成经济增长质量和效益监测预警的理论机理研究，并构建了以经济增长质量和效益为目标的宏观经济监测预警分析的理论框架，建立了经济增长质量和效益监测预警模型。在此基础上，确定了测算和监测地方经济增长质量和效益确定基本的统计方法，对目前我国区域、省级和重点城市的经济增长质量和效益的状态进行了测度、评价和聚类分析，同时运用比较前沿的统计预警方法，对未来地方经济增长质量和效益的趋势及特征进行了模拟分析。并结合地方经济增长质量和效益监测预警系统监测的具体结果，初步构建出我国各地方提高经济增长质量和效益的路径转型和政策支撑体系。经过课题组的努力，目前已经形成了呈现在读者面前的这部书稿，书稿各部分分工如下：第一章：任保平、第二章：任保平、第三章：任保平、第四章：付雅梅、第五章：田洪志、第六章：王竹君、第七章：王薇、第八章：田丰华、第九章：钞小静、第十章：张蓓、第十一章：魏语谦、第十二章：李梦欣、第十三章：魏婕、第十四章：郭晗、第十五章：宋文月、第十六章：任保平。书稿完成以后，由于等待结题证书，同时由于其他一些因素影响，没有及时出版，数据资料部分有些陈旧。随后我组织我指导的博士研究生和硕士研究生又对书稿进行了补充和完善，在补充完善中，李梦欣博士、王思琛博士、何苗博士、张倩博士、杜宇翔硕士、苗新宇硕士、邹起浩硕士、巩羽浩硕士参与了完善和补充。

本书的出版首先感谢国家社科办和陕西省社科规划办的大力支持，感谢教育部人文社会科学重点研究基地——西北大学中国西部经济发展研究院的大力支持。同时感谢经济科学出版社编辑和其他人员的大力支持。

任保平

2022 年 2 月